日本音響学会 編
The Acoustical Society of Japan

音響サイエンスシリーズ 11

視聴覚融合の科学

岩宮眞一郎
編著

北川智利　積山　薫
金　基弘　高木　創
笠松広司
共著

コロナ社

音響サイエンスシリーズ編集委員会

編集委員長
富山県立大学
工学博士　平原　達也

編 集 委 員

上智大学　　　　　　　　　　　　熊本大学
博士(工学)　　荒井　隆行　　　博士(工学)　　苣木　禎史

小林理学研究所　　　　　　　　　関西大学
博士(工学)　　土肥　哲也　　　博士(工学)　　豊田　政弘

日本電信電話株式会社　　　　　　同志社大学
博士(工学)　　廣谷　定男　　　博士(工学)　　松川　真美

金沢工業大学
博士(芸術工学)　山田　真司

(五十音順)

(2014年6月現在)

刊行のことば

　音響サイエンスシリーズは，音響学の学際的，基盤的，先端的トピックについての知識体系と理解の現状と最近の研究動向などを解説し，音響学の面白さを幅広い読者に伝えるためのシリーズである。
　音響学は音にかかわるさまざまなものごとの学際的な学問分野である。音には音波という物理的側面だけでなく，その音波を受容して音が運ぶ情報の濾過処理をする聴覚系の生理学的側面も，音の聴こえという心理学的側面もある。物理的な側面に限っても，空気中だけでなく水の中や固体の中を伝わる周波数が数ヘルツの超低周波音から数ギガヘルツの超音波までもが音響学の対象である。また，機械的な振動物体だけでなく，音を出し，音を聴いて生きている動物たちも音響学の対象である。さらに，私たちは自分の想いや考えを相手に伝えたり注意を喚起したりする手段として音を用いているし，音によって喜んだり悲しんだり悩まされたりする。すなわち，社会の中で音が果たす役割は大きく，理科系だけでなく人文系や芸術系の諸分野も音響学の対象である。
　サイエンス（science）の語源であるラテン語の *scientia* は「知識」あるいは「理解」を意味したという。現在，サイエンスという言葉は，広義には学問という意味で用いられ，ものごとの本質を理解するための知識や考え方や方法論といった，学問の基盤が含まれる。そのため，できなかったことをできるようにしたり，性能や効率を向上させたりすることが主たる目的であるテクノロジーよりも，サイエンスのほうがすこし広い守備範囲を持つ。また，音響学のように対象が広範囲にわたる学問分野では，テクノロジーの側面だけでは捉えきれない事柄が多い。
　最近は，何かを知ろうとしたときに，専門家の話を聞きに行ったり，図書館や本屋に足を運んだりすることは少なくなった。インターネットで検索し，リ

刊行のことば

ストアップされたいくつかの記事を見てわかった気になる。映像や音などを視聴できるファンシー（fancy）な記事も多いし，的を射たことが書かれてある記事も少なくない。しかし，誰が書いたのかを明示して，適切な導入部と十分な奥深さでその分野の現状を体系的に著した記事は多くない。そして，書かれてある内容の信頼性については，いくつもの眼を通したのちに公刊される学術論文や専門書には及ばないものが多い。

　音響サイエンスシリーズは，テクノロジーの側面だけでは捉えきれない音響学の多様なトピックをとりあげて，当該分野で活動する現役の研究者がそのトピックのフロンティアとバックグラウンドを体系的にまとめた専門書である。著者の思い入れのある項目については，かなり深く記述されていることもあるので，容易に読めない部分もあるかもしれない。ただ，内容の理解を助けるカラー画像や映像や音を附録 CD-ROM や DVD に収録した書籍もあるし，内容については十分に信頼性があると確信する。

　一冊の本を編むには企画から一年以上の時間がかかるために，即時性という点ではインターネット記事にかなわない。しかし，本シリーズで選定したトピックは一年や二年で陳腐化するようなものではない。まだまだインターネットに公開されている記事よりも実のあるものを本として提供できると考えている。

　本シリーズを通じて音響学のフロンティアに触れ，音響学の面白さを知るとともに，読者諸氏が抱いていた音についての疑問が解けたり，新たな疑問を抱いたりすることにつながれば幸いである。また，本シリーズが，音響学の世界のどこかに新しい石ころをひとつ積むきっかけになれば，なお幸いである。

2014 年 6 月

音響サイエンスシリーズ編集委員会

編集委員長　平原　達也

まえがき

　視覚と聴覚という感覚は，非常に重要な感覚で，別々のタイプの情報を受け取っている。しかし，われわれは，両方の経路から受け取った感覚を統合して，一つの情報として活かすことも多い。例えば，喋っている人の映像とその声を同時に提示されたとき，音源の方向が映像に映る人間の方向と少し異なったとしても，人間の口元から声が聞こえてくる。音の方向が視覚情報によって，実際の方向とは異なった方向が知覚されるのである。このような現象は，「腹話術効果」と呼ばれているが，脳内で視覚情報と聴覚情報が統合され，両情報が融合して一つの知覚像を形成されるときに生じるのである。

　言葉の認識でも，脳内における視聴覚情報の融合が，独特の現象を引き起こすことが知られている。「ガ」と発音をしている人の映像を見ながら，「バ」という声を聞くと，「ダ」と聴き誤ってしまうという現象で，「マガーク効果」といわれている。言葉の認識は，主として耳からの情報が利用されるが，目からの情報も有効に機能しているのである。

　視覚情報と聴覚情報を統合して伝達する過程は，テレビや映画や現実の環境など，さまざまな局面で経験する。テレビや映画などの映像メディアにおいて，各種の効果音や音楽など情緒的な情報を付加することによって，映像の世界は完成する。視聴覚の情報が融合して，物語が形成される。映像作品を制作する現場においても，いかに視聴覚情報を統合するのかに関しては細心の注意を注ぐ。映像作品の中で，音は映像と寄り添い，映像の意味を補い，場合によっては音は映像と対立する。音の存在なくしては，映像作品は成立しない。

　このような視覚と聴覚の相互作用，融合過程に関しては，各種の基礎研究や視聴覚メディアの可能性を探る応用研究も盛んに行われている。本書の1章，2章では，心理学的な観点からの視聴覚融合の基礎科学的な知見を解説し，3

章では映像メディアにおける視聴覚融合の科学的な知見を体系的に論じる。4章では，映像メディアの制作現場での視聴覚融合の実践活動を紹介し，そのあり方を論じている。本書では，視覚情報と聴覚情報の融合過程に関わる諸科学を多角的に解説するとともに，その背後にある脳内のメカニズムに迫り，視聴覚メディアの可能性を示す。視聴覚の融合に関する研究や脳内メカニズムに興味のある方のみならず，映像メディアや環境デザインの制作現場に従事する方にも，有効な知識を提供できる書である。視聴覚融合の科学的知見を，制作現場に活かすことが期待される。

本書では，視覚情報と聴覚情報が「統合」あるいは「融合」した状況を対象とする。その際，両情報が単に組み合わさる状況，あるいは一つの事象の二つの側面（例えば，話をしている人間の口の動きと声）が組み合わさる場合を「統合」という。「融合」という状況は，両情報が組み合わされて一つの知覚像ができあがり，錯覚を生じさせるような状況（例えば，音の知覚方向が視覚情報に影響を受ける）を作り出すこと，あるいは本来異質なものであるにも関わらず分かちがたい一体のものとして理解されるような状況（例えば，映画の1シーンと映画音楽）を作り出すことを「融合」と呼ぶ。

本書のように，「視聴覚融合」をテーマとして，関連分野を包括的に解説した書はこれまでになかったものである。本書により，視聴覚融合の諸様相を包括的に解説するとともに，「視聴覚融合デザイン」に活かしうる体系的な知見を提供したい。

2014 年 9 月

岩宮眞一郎

執筆分担

1 章　北川智利	3 章　金　基弘・岩宮眞一郎
2 章　積山　薫	4 章　高木　創・笠松広司

目　　　次

第1章　非音声知覚における視聴覚情報の統合処理

1.1　はじめに …………………………………………………………… 1
1.2　多感覚統合の法則 ………………………………………………… 4
1.3　聴覚と視覚の相互作用の空間的要因 …………………………… 5
　1.3.1　腹話術効果 …………………………………………………… 5
　1.3.2　視聴覚の空間的一致の可塑性 ……………………………… 8
1.4　聴覚と視覚の相互作用の時間的要因 …………………………… 10
　1.4.1　同時性を測定する代表的な方法 …………………………… 10
　1.4.2　同時性の時間窓 ……………………………………………… 12
　1.4.3　主観的同時点 ………………………………………………… 13
　1.4.4　時間的な知覚における聴覚の優位性 ……………………… 15
1.5　視聴覚による運動知覚 …………………………………………… 16
1.6　感覚モダリティ間対応 …………………………………………… 18
1.7　視聴覚統合による行動の促進効果 ……………………………… 20
　1.7.1　反応時間の短縮 ……………………………………………… 20
　1.7.2　あいまい性の解消 …………………………………………… 21
　1.7.3　検出課題の促進 ……………………………………………… 22
1.8　感覚モダリティの優位性 ………………………………………… 22
1.9　おわりに …………………………………………………………… 24
引用・参考文献 ………………………………………………………… 24

第2章 音声情報の視聴覚統合処理

- 2.1 はじめに ……………………………………………………………… 31
- 2.2 顔と声による音声知覚 ……………………………………………… 32
  - 2.2.1 読唇情報による音声知覚の向上 ……………………………… 32
  - 2.2.2 マガーク効果 …………………………………………………… 33
  - 2.2.3 マガーク効果の頑健性 ………………………………………… 34
- 2.3 言語経験の影響 ……………………………………………………… 35
  - 2.3.1 発達的変化 ……………………………………………………… 35
  - 2.3.2 母語によるマガーク効果の違い ……………………………… 36
  - 2.3.3 言語差の発達的起源 …………………………………………… 39
- 2.4 乳児における視聴覚音声知覚 ……………………………………… 41
  - 2.4.1 音声−口形マッチング ………………………………………… 41
  - 2.4.2 知覚狭小化をめぐって ………………………………………… 43
  - 2.4.3 音韻情報の視聴覚統合 ………………………………………… 44
- 2.5 脳活動から見た視聴覚音声統合 …………………………………… 48
  - 2.5.1 視聴覚音声統合に関わる脳部位 ……………………………… 48
  - 2.5.2 視聴覚音声処理過程の時間的推移 …………………………… 50
- 2.6 加齢の影響 …………………………………………………………… 53
- 2.7 おわりに ……………………………………………………………… 54
- 引用・参考文献 …………………………………………………………… 54

第3章 映像メディアにおける視聴覚融合

- 3.1 はじめに ……………………………………………………………… 62
- 3.2 映像メディアにおける音と映像の関係に関する分析的考察 …… 63
  - 3.2.1 音と映像の関係についての分析モデル ……………………… 63
  - 3.2.2 音楽(映画音楽)の役割 ……………………………………… 67
  - 3.2.3 映像美学の観点から見た音の選択と構成 …………………… 69
- 3.3 音が映像の印象,解釈に及ぼす影響 ……………………………… 73

3.3.1　映画やテレビドラマにおける音楽が
　　　　　　　　　　　　映像の印象に及ぼす影響 ………… *74*
　　3.3.2　「笑い」を誘発する効果音，音楽 ……………………… *81*
　　3.3.3　音楽が映像の展開の予想，解釈，記憶に及ぼす影響 … *83*
3.4　テレビゲームにおける音の効果 ………………………………… *91*
3.5　視聴覚融合をもたらすメカニズム ……………………………… *98*
　　3.5.1　構造的調和 ……………………………………………… *99*
　　3.5.2　意味的調和 ……………………………………………… *102*
　　3.5.3　音と画の対位法―あえて意味的調和を崩す手法の効果― … *109*
　　3.5.4　音と映像の変化パターンの調和 ……………………… *113*
　　3.5.5　視聴覚融合のモデル …………………………………… *124*
3.6　お わ り に ……………………………………………………… *128*
引用・参考文献 ……………………………………………………… *129*

第4章　視聴覚融合をデザインする現場

4.1　は じ め に ……………………………………………………… *136*
4.2　映像に伴う音響の過去と未来 …………………………………… *136*
　　4.2.1　映画とラジオの黎明期について ……………………… *136*
　　4.2.2　「音響効果」の誕生と初期録音技術に関して ………… *139*
　　4.2.3　トーキー映画とラジオ放送 …………………………… *139*
　　4.2.4　黎明期の音響効果技術について ……………………… *140*
　　4.2.5　日本初のトーキー映画『黎明』 ……………………… *142*
　　4.2.6　映画館やホームシアターで再生される立体音響の
　　　　　　成り立ちと現行の再生形式 … *146*
4.3　音響制作 2000 年から 2010 年にかけての実務例 ……………… *154*
　　4.3.1　実写劇映画，テレビドキュメンタリーの録音 ……… *154*
　　4.3.2　ドラマにおける台詞の整音 …………………………… *167*
　　4.3.3　生音（Foley）について ……………………………… *173*
　　4.3.4　音響効果ライブラリーの構築 ………………………… *178*
　　4.3.5　映像に対する音楽について …………………………… *180*
　　4.3.6　ファイナルミックスへ至るプロセス ………………… *182*

4.4 音が観客に届くとき …………………………………………… *189*
   4.4.1 録音スタジオと映画館との音量差 ……………………… *191*
   4.4.2 年齢層による聴取音量差 ………………………………… *195*
   4.4.3 映画とテレビの違い ……………………………………… *198*
4.5 音をデザインしながら考えていること ……………………… *199*
4.6 お わ り に …………………………………………………… *201*
引用・参考文献 ……………………………………………………… *202*

付　　表 …………………………………………………… *206*
索　　引 …………………………………………………… *210*

第1章 非音声知覚における視聴覚情報の統合処理

1.1 はじめに

　「耳で聴く，目で視る」というように「聴くこと」と「視ること」は，それぞれ別の感覚器官と結びついた異なる経験である。二つの感覚は異なる物理的な刺激（聴覚は音に，視覚は光）に反応する。私たちは聴覚と視覚によって，異なる側面から外界についての情報を得ているのである。複数の感覚をもつことで，外界をよりよく知ることができる。それは私たちの生存を有利にしてきたのであろう。そしてまた，複数の感覚をもつことによって，私たちの知覚経験は豊かなものになっているといえるだろう。美しい夕焼けの空を楽しむことは視覚に特有の経験だし，音楽を聴いて感動するのは聴覚に特有の経験で，それぞれほかの感覚で代替することは難しい。

　「聴くこと」と「視ること」は異なる経験であり，おたがいに独立で影響し合うことがないように感じるかもしれない。しかし，近年の研究では，聴覚と視覚の間には強いつながりが存在していることが明らかになってきた。自然界では，音が発生するときには必ず音源があり，その音源には音を発生させる何かしらの物理的な「動き」が存在する。私たちは，そのような音源と音の間の強い因果関係を生まれてからずっと経験し学習している。

　音源と音の間の因果関係が成立しないとき，私たちは何か不思議な，不気味な，あるいは神秘的な印象さえもつことがある。例えば，図1.1に示す腹話術（口をほとんど動かさずに発話する技能）は，現在は人形がしゃべっている

口を動かさないで出した声は，口をパクパクしている人形の口から聞こえてくる。

図1.1 腹話術

ように錯覚させる舞台芸として楽しまれているが，古代には交霊術の中で死者の魂の声を伝えたり，神のお告げを伝えたりするために用いられていて，その神秘性から魔術として迫害された時代もあった（腹話術の歴史については文献1), 2) を参照）。音源がどこにも存在しないように見えるのに，どこからともなく聞こえてくる声は，音を記録して再生する技術が存在しなかった時代には，いまの私たちが考えるよりもずっと不思議なものだったのだろう。現代においても，暗い夜道を歩いているときに，あたりに何もないのに音が聞こえれば，なにか恐ろしいような気持ちになることもあるだろう。これも私たち人間が，音が鳴ったときに音源の存在を意識するためである。

環境中に音源と音の強い因果関係があるために，私たちの知覚系においても「音を聴くこと」と「音源を視ること」は強く結びついている。知覚系は，何かの音を聞けば，その音源が存在すると推測するし，何か物体が動いているのを見れば，その音が聞こえると推測するだろう。このような知覚的な推測は多くの場合，意識に上らないレベルで自動的に生じる。外界で何かしらの事象が起こったとき，例えば誰かが手を叩いたとき，耳から入った手を叩いた音と，目から入った手を叩く映像を，私たちはバラバラで関係ないものとして経験するのではなく，統合され融合した一つの事象として経験するのである（視聴覚統合）[†]。

それでは，聴覚情報と視覚情報はどのように統合され，私たちは両者が融合

[†] 統合と融合の違いについてはまえがき参照。

した世界を経験するのであろうか。聴覚情報と視覚情報を統合するときに重要なのは，聴覚と視覚で共通した物理的な特性が存在している点である。手を叩いた音が鳴るのは両手が触れた瞬間である。だから，音が聞こえるのと両手が合わさるのが見えるのは，おおよそ同時のはずである。また，音が聞こえてくる位置と手が見える位置も同じである。このように，時間や空間は聴覚と視覚で共通の物理的特性であるし，ほかにも，物理的な強さ，数，形なども感覚間で共通の特性といえるかもしれない。このような感覚間で共通する物理的特性については，複数の感覚で冗長な情報を受け取っていることになる。そのことによって，異なる感覚はたがいに相補的な役割を果たすことができる。例えば，暗闇のように周囲の環境に関する視覚情報が十分に得られないときでも，私たちは聴覚や体性感覚に頼って行動することができる。

　本章では，聴覚と視覚がどのように関わり合っているのか，聴覚情報と視覚情報がどのように統合されるのかを解説していく。聴覚と視覚の関係を調べるときに有効なのが，両者を組み合わせたときに特有に観察される錯覚である。例えば，映像と一緒に音を聴くことで音の聴こえ方が変わってしまう現象や，反対に音が付加されることによって，物の見え方が変わってしまう現象である。このような聴覚と視覚に関する錯覚が研究されるようになったのは，それほど昔のことではない。例えば，聴覚と視覚の間で生じる代表的な錯覚である腹話術が，古代には神秘的な能力と考えられていたことはすでに述べたが，その後18世紀になり娯楽として楽しまれるようになった後も，声を物理的に任意の方向に飛ばすことができる特殊な能力だと考えられていた。腹話術が錯覚として実験的に研究されるようになったのは1940年代からである[3),4)]†。異なる感覚からの情報がどのように統合されるのかという問題は，その後もそれほど多くの興味を引く研究分野ではなかったが，1990年代後半から爆発的に研究が増加し始め，現在も発展中の研究分野である。

---

　† 肩付数字は各章末の引用・参考文献番号を表す。

1.2 多感覚統合の法則

音と光の情報は脳でどのように統合されるのだろうか。ほ乳類の中脳に位置する上丘（superior colliculus）と呼ばれる部位において，多感覚統合の神経メカニズムについて多くの研究が行われてきた[5]。上丘の深部層には，異なる感覚モダリティ（視覚・聴覚・体性感覚）から入力を受ける神経細胞が存在している。それらの神経細胞の活動を記録した研究から，聴覚や視覚など異なる感覚からの情報統合に関して三つの法則（**空間法則**（spatial rule）・**時間法則**（temporal rule）・**逆効力の法則**（principle of inverse effectiveness））が提案されている。

空間法則は，聴覚刺激（音）と視覚刺激（光）が同じ場所から提示されたときに統合が最も強く生じることを指している。神経細胞の受容野（その範囲に刺激が提示されると神経細胞が発火する空間領域）は，複数の感覚（例えば，聴覚と視覚）で重なっていて，異なる感覚だが，空間的には同じ領域の刺激に反応する。一方，時間法則とは，聴覚刺激と視覚刺激がほぼ同時に提示されたときに，神経細胞が最もよく活動し，情報統合が生じることをいう。

逆効力の法則は，聴覚刺激と視覚刺激のそれぞれの効果が弱いときに，最も強く両者の統合が生じることを指している（**図 1.2**）。刺激強度が弱く単独で提示されたときには，神経細胞に弱い反応しか生じさせないような聴覚刺激と視覚刺激を組み合わせると，神経細胞は非常に強く反応する。ところが，刺激強度が強く，個別に提示した際にも神経細胞が強く反応するような聴覚刺激と視覚刺激の組合せには，この神経細胞はそれほど強く活動しない。つまり，上丘の多感覚細胞は，個別の感覚刺激が弱いときほど効率よく情報を統合し，その刺激の存在を強調していることになる。このことが逆効力の法則と呼ばれる。

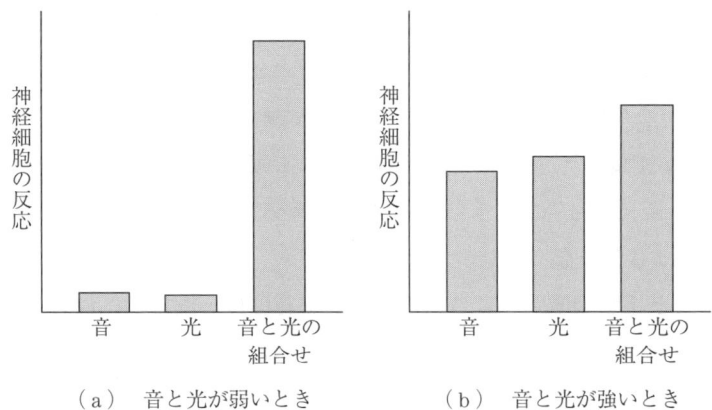

(a) 音と光が弱いとき　　　（b) 音と光が強いとき

音と光の両方に反応する上丘の神経細胞は，弱い音と光が単独で提示されたときには弱い反応しか示さないが，その弱い音と光が同時に提示されると強く反応する（a）。一方，音と光が強いときには両者が同時に提示されても統合の効果は小さい（b）。

図1.2　逆効力の法則のイメージ図

1.3　聴覚と視覚の相互作用の空間的要因

1.3.1　腹話術効果

　聴覚情報と視覚情報を統合する際に，両者の空間的な位置が一致しているかどうかは重要な手がかりの一つとなる。同じ場所で同時に発生した音と光は，同一の事象によって生じた可能性が高いため，空間的に一致している聴覚情報と視覚情報は統合されやすい。聴覚情報と視覚情報が空間的に離れている場合，どの程度の距離までなら両者は統合されるのであろうか。また，そのとき両者の位置はどのように知覚されるのだろうか。

　音と光が異なる位置から同時に提示された場合，位置の違いがある程度の範囲内なら，音と光は一つの事象として同じ位置で生じたように感じる。このとき，多くの場合，音は光が提示されている方向に知覚される[6]。この現象は，腹話術師の声が人形の位置から聞こえることに例えて，**腹話術効果**と呼ばれている。聴覚刺激と視覚刺激の位置が空間的に融合して，一つの事象だと知覚さ

れるのはどの程度の範囲だろうか。非常に単純な聴覚刺激と視覚刺激の組合せを調べた研究[7]では，発光ダイオードの点灯と 1 kHz 正弦波の音を同時に 200 ms だけ，異なる位置から提示して，観察者に両者が同じ位置だったか否かを答えさせた。両者の位置が同じだと感じられる確率は，聴覚刺激と視覚刺激の水平方向の距離が 4°のときには約 90％だが 8°になると 20％程度に減少し 12°ではほぼ 0 ％になった。

聴覚刺激と視覚刺激が統合される空間的な範囲は，固定的に決まっているわけではない。空間的な融合が生じる範囲は，研究によって 10〜30°と大きく異なり，実験を行う環境に依存することもある。また，聴覚刺激と視覚刺激が垂直方向に離れている場合には，水平方向と比較して両者がより遠く離れていても腹話術効果が生じる[8],[9]。同様に，両者が奥行き方向に離れている場合にも腹話術効果は生じやすいことが報告されている[10],[11]。聴覚では，水平方向での音像定位には両耳間の時間差と強度差が有効な手がかりとなっている一方で，垂直方向や奥行き方向では，これらの手がかりが使えず音像定位の精度が低い[12]。垂直方向や奥行き方向で腹話術効果が生じやすいのは，音像定位の精度が低いほど視覚的な手がかりの影響を受けやすいことを反映しているのであろう。

それでは視覚における定位精度は腹話術効果にどのように影響するのだろうか。円形の視覚刺激のサイズを変化させた実験が行われている[13]。この視覚刺激は周辺をぼかしているため，サイズが大きくなるほど正確な位置を把握するのが難しくなる（定位精度が低くなる）。この聴覚刺激と視覚刺激の組合せの定位を調べると，視覚刺激が小さい場合（視角 4°）には定位は視覚刺激の位置により強く依存していたが，視覚刺激が大きい場合（視角 64°）にはこの関係が逆転し，定位は聴覚刺激の位置により強く依存することがわかった（逆腹話術効果）。これは，視覚刺激が大きくぼやけているために，聴覚刺激のほうが定位に関して相対的に精度の高い情報を提供したためであろう。腹話術効果はつねに視覚情報が聴覚に影響を与えるという現象ではなく，私たちの知覚系が聴覚にしろ視覚にしろより精度の高い情報により重みづけをして両者を統合

した結果として生じるのだろう。

　空間知覚における聴覚と視覚の相互作用は自動的に生じるようである。聴覚刺激と視覚刺激との距離が大きく離れていて，両者が知覚的には融合しない場合にさえ，音像は視覚刺激の方向にずれることが報告されている[14]。また，**反応バイアス**（コラム1）が影響しにくい方法で測定しても腹話術効果は観察される[15]。腹話術効果が聴覚による空間的注意の機能が働く以前の段階で生じる

> **コラム1**
>
> ### 反応バイアス
>
> 　反応バイアス（response bias）とは，おもに実験手続き上の理由で，反応に偏りが出てしまうことを指す。人間から何かしらの反応をとる実験や調査をするときには，つねに注意をしなければならない問題であり，異なる感覚間の相互作用を調べるときにも注意が必要である。例えば，「音と光が同時に提示されると，音は光の位置から聞こえるように知覚される」という現象を実験的に調べたいとする。そのとき，頭の正面から音を提示し，同時に光を左や右に30°離れた位置から提示して，実験参加者には「音が正面より左から聞こえたか，右から聞こえたかを答えて下さい」と頼んだとする。音はつねに正面から提示されているので，光の影響がなければ「左」と「右」の回答はだいたい同じくらいの頻度で起きるはずである。もし，光の影響で，音が光の位置から聞こえるとすると，右に光が提示されたときには「右」と答える頻度が増加し，左に光が提示されたときには「左」と答える頻度が増加するだろう。ただし，このような実験結果が得られたとしても，「音は光の位置から聞こえるように知覚される」と結論することはできない。なぜなら，この結果は反応バイアスによるものかもしれないからである。実験参加者は光が提示されたときにも音は正面から聞こえていたかもしれない。しかし，「右」か「左」かという二者択一の回答をするときに，左に光が提示されていれば，「左」と答えるような反応の偏り（バイアス）が生じやすくなるだろう。反対に右に光が提示されているときには，「右」と答える偏りが生じやすい。音の知覚は変化していないにも関わらず，反応バイアスによって「光によって音の聞こえる位置が変わった」ように見える結果が得られてしまうのである。反応バイアスの影響を除外するのは，場合によっては非常に難しいが，実験をデザインする際の醍醐味でもある（この例の場合，例えば文献15) のような方法が提案されている）。

ことも示されている[16]。同一話者が発話した二つの音声が同じ場所から提示されると，そのうちの一つの音声だけを選択的に聴取することは難しい。しかし，少し離れたところに一方の音声を発話している映像を提示すると，音声の聞き取り成績がよくなったのである。映像を離れた位置に提示することにより，腹話術効果が生じ（つまり一方の音声が映像の位置に定位され），その結果，二つの音声が空間的に分離されるので選択的聴取が容易になったと解釈できる。

腹話術効果が自動的に生じることを示す研究がある一方で，注意や興味などより高次の認知処理の効果を報告する研究もある[17]。例えば，男女二人の発話者が並んでいる映像に対して，それぞれの話者の発話を映像とは異なる位置から提示すると，腹話術効果が生じて声の音像は実際よりも映像の方向にずれて知覚される。このとき，男性が音像の位置を評価した場合には，腹話術効果は女性の話者に対してより強く生じた。反対に女性が音像の位置を評価した場合には，腹話術効果は男性の話者に対して強く生じた。腹話術効果は自動的に生じるが，観察者の注意や興味のような認知的な要因によっても効果の大きさが変化するのであろう。

1.3.2 視聴覚の空間的一致の可塑性

1.3.1項で述べたように，聴覚事象と視覚事象は，両者がある位置関係にあるときに，同じ位置にあると知覚される。このような両者の空間的な位置関係が固定的ではないことを示す腹話術残効という現象が報告されている[18]〜[21]。空間的に離れている聴覚刺激と視覚刺激の組合せをしばらく経験する（順応する）と，その後に知覚される音像が視覚刺激の方向にシフトする現象である。聴覚刺激の位置から右に8°離れた位置から視覚刺激を同時に提示し，この組合せに20〜30分間順応すると，その後に聴覚単独で知覚される音像が視覚刺激の方向に約8°ずれることが報告されている[22]。正面の音源を例にとると，順応前には正面に定位されていた音が，順応後には右に8°の位置に定位されるようになったわけである。この結果は，聴覚の空間表象が聴覚刺激と視覚刺

1.3 聴覚と視覚の相互作用の空間的要因

激の対応関係によってつねに調整されていることを示唆している。

　腹話術残効が生じるためには，順応時に聴覚刺激と視覚刺激が同期して提示される必要がある[23]。また，順応時に用いた音の周波数と近い周波数の音に対してしか残効は生じないという周波数選択性が報告されている[23]〜[25]。したがって，神経系において異なる周波数帯域の情報が分離して処理されている段階で腹話術残効が生じていることが示唆される（ただしある条件下では周波数間転移が生じるとの報告もある[26]）。また，空間選択性も報告されており，順応した空間の近傍でしか残効は生じない[27]。

　視覚系では，対象の空間内での位置はまず網膜上の位置として定義される（網膜中心座標系）。それに対して聴覚では，水平方向の音像定位はおもに両耳間差が手がかりになるため，対象の位置は頭部を中心に定義される（頭部中心座標系）。視覚と聴覚間で対象の位置を比較するためには，座標系の変換が必要になる。それでは腹話術残効は網膜中心座標系と頭部中心座標系のどちらの座標系を用いた処理において生じているのだろうか。順応後に凝視点を移動することでこの点を検討できる。もし腹話術残効が頭部中心座標系で生じているのであれば，凝視点を移動させても残効に変化はないはずである。一方，網膜中心座標系で生じているのであれば，凝視点の移動に合わせて残効が生じる範囲も移動するはずである。実験の結果，凝視点の位置によって腹話術残効の生じる範囲は変化するものの，網膜中心座標系に一致するほどには変化せず，頭部中心座標系と網膜中心座標系との間くらいで，両方の座標系が関わっているようである[28]。

　腹話術残効はほとんどの場合，聴覚による音像定位の変化として測定されている。視覚による定位に残効が生じるかどうかという問題に関しては，弱い残効を報告した研究[24]があるが，体系的な検討はまったく行われていない。今後の検討が期待される。

1.4 聴覚と視覚の相互作用の時間的要因

1.4.1 同時性を測定する代表的な方法

聴覚事象と視覚事象が時間的にどれくらい近いと，私たちはそれを同時だと感じるのだろうか，あるいは両者が時間的にどれくらい離れているとそのずれに気づくことができるのだろうか。聴覚と視覚の同時性の特性を測定するために広く用いられてきた方法として，**同時性判断**（simultaneity judgment）課題と**時間順序判断**（temporal order judgment）課題がある。

同時性判断では聴覚刺激と視覚刺激をさまざまな**時間差**（stimulus onset asynchrony：**SOA**）で提示して，両者が同時だったか否かを答えさせる課題である。同時と答えた確率を SOA に対してプロットすると，SOA が小さいときには最も高く，SOA が大きくなるに従って低くなるという**図 1.3** に示す正規分布のような曲線が得られる。この関数から，視聴覚の同時性に関して二つの特性を知ることができる。この関数の頂点に対応する SOA では，聴覚刺激と視覚刺激が同時に発生したと感じられることが最も多い。この SOA の値は**主観的同時点**（point of subjective simultaneity）と呼ばれる。また，この関数において同時反応が 75 % 以上になる SOA の範囲は，聴覚刺激と視覚刺激が同時だと感じられる時間幅（**同時性の時間窓**）の指標となる。

一方，時間順序判断では，さまざまな SOA で提示された視覚刺激と聴覚刺激に対して，聴覚刺激（音）が先だったか，視覚刺激（光）が先だったかを答える。視覚刺激が先だったと答えた確率を SOA に対してプロットすると，図 1.3 の点線に示すような S 字型の曲線が得られる。時間順序判断でも同時性判断のときと同じように二つの特性を見ることができる。視覚刺激が先と答えた確率が 50 % に対応する SOA では，どちらの刺激が先だったかが最もわかりにくい（つまり最も同時だと感じられやすい）ので，この SOA の値が主観的同時点である。また，S 字型曲線の傾きは，主観的同時点から，SOA がどれくらい離れると時間順序判断ができるようになるか，つまり時間ずれに対する感度

1.4 聴覚と視覚の相互作用の時間的要因

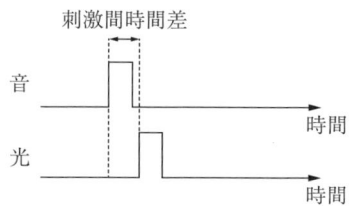

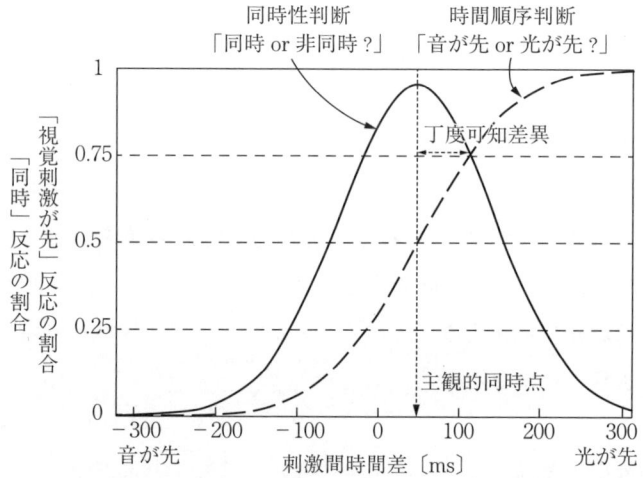

横軸は聴覚刺激と視覚刺激の間の時間差で，正の値は視覚刺激（光）が，負の値は聴覚刺激（音）が先に提示されることを示す．

図1.3 同時性判断と時間順序判断から得られる典型的な結果

を示しているので，同時性の時間窓の指標となる．この指標は丁度可知差異（just noticeable difference）と呼ばれ（多くの場合75％と25％に対応するSOAの差の半分として定義される），両者の順序を正確に判断できる最短の時間差として定義される．

同時性判断と時間順序判断のどちらからも，視覚と聴覚の同時性の知覚に関して，同時性の時間窓と主観的同時点という二つの指標が得られる．理想的には二つの方法で測定値はほぼ同じになるが，実際には二つの方法から得られた値が一致しないことも多い[29]．

同時性の時間窓の広さを調べる場合，同時性判断を用いると反応バイアスの

影響を受けやすいという点を考慮する必要がある。例えば太鼓を叩く映像に太鼓の音が提示された場合，同じ映像にピアノの音が提示された場合よりも，被験者には「同時」とより多く答えるようなバイアスがかかるかもしれない。その結果として同時性の時間窓は広く推定されてしまうであろう。反応バイアスの影響を受けない方法として，視覚刺激と聴覚刺激が同時に提示されたペアと非同時に提示されたペアの二つを順番に提示して，どちらが非同時であったかを答えさせる同時・非同時弁別課題もある。

時間順序判断課題を用いた場合にも注意が必要である。一般的に課題が難しくなると丁度可知差異の値は大きくなる。例えば，課題をやりにくい状況をつくるだけで丁度可知差異の値は大きくなるが，それによって同時性の時間窓が広くなったということはできないだろう。主観的同時点の値を調べるときには，時間順序判断は反応バイアスの影響を受けやすくなる。例えば，何らかの理由で「視覚刺激が先」と答える反応バイアスがかかると，主観的同時点の位置が移動してしまうことになる。

1.4.2 同時性の時間窓

HirshとSherrick[30]は，聴覚刺激，視覚刺激をさまざまなSOAで提示して，どちらの刺激が時間的に先だったかを答える時間順序判断を行わせた。その結果，丁度可知差異はおおよそ20 msと報告している。つまり，聴覚事象と視覚事象が同時であると感じられる時間の範囲（同時性の時間窓）は，両者の時間ずれが20 ms以内ということになる。彼らの報告では，この時間窓の幅は触覚も含めて感覚の組合せによらずおおよそ一定であった。しかし，その後の研究から，同時性の時間窓は決まった幅ではなく，さまざまな要因で変化することがわかってきている。また個人差も大きいことが知られている[31]。

同時性の時間窓の広さは，刺激の物理的な特性（特に刺激の立ち上がりの鋭さ）に強く依存する。単純なビープ音や光のフラッシュのように，刺激が突然始まる場合，両者の立ち上がりの時間ずれを検出するのは容易である。しかし，音や光がだんだんと強くなるような刺激の場合には，両者の時間ずれには

気づきにくくなり，結果として立ち上がりの緩やかな刺激を同時だと感じる時間幅は広くなる。音声と発話画像を用いたときの同時性の時間窓は，より単純な刺激を用いたときよりも広くなることが繰り返し報告されている[32]。例えば，発話刺激を用いたときの時間窓は－131〜258 ms（負の値は音が進んでいることを示す），より単純な刺激を用いたときには－75〜188 ms との報告がある[33]。音声や発話時の口の動きは緩やかに変化することが多く，そのことが同時性の時間窓を広くしているのであろう。

同時性の時間窓は，聴覚刺激と視覚刺激が空間的に異なる位置から提示されると，同じ場所から提示された場合よりも狭くなる[34],[35]。つまり，聴覚刺激と視覚刺激が異なる場所にあると，時間のずれが検出しやすくなるのである。例えば，二つの刺激の位置が同じ場所から提示されたときの丁度可知差異が53 ms であったのに対し，異なる場所から提示されたときは42 ms になるとの報告がある[34]。一つの可能性として，同じ場所から提示された聴覚刺激と視覚刺激は同一事象として結びつけられやすくなるために，時間ずれがより大きくても同時だと感じられやすくなるとの主張もあるが，これを確かめるにはさらに検討が必要であろう。

1.4.3 主観的同時点

聴覚刺激と視覚刺激が同時だと感じられる両者の時間差の値は主観的同時点と呼ばれる。聴覚刺激と視覚刺激の時間差がゼロのときに，主観的に同時だと感じられてもよさそうなものだが，実際にはそうはならない。聴覚事象と視覚事象が同期しているかどうかを判断するのは，神経系にとって非常に難しい問題の一つである。音と光は空気中の伝搬速度が異なる。音の速度は約 340 m/s だが，光は約 30 万 km/s である。したがって環境中で視覚事象と聴覚事象が同時に生じた場合には，光は音よりも早く人間の感覚器官に到達することになるし，事象が生じた距離に依存して，音と光の時間ずれは変化する。例えば，5 m 先で音と光が同時に発生した場合，音が耳に到達するのは，光が眼に到達するのよりも 1 ms 程度遅くなるが，100 m 先で生じたときには，音は光より

300 ms 遅れて耳に到達する。また脳内での情報処理にかかる時間は視覚系のほうが聴覚系よりも長い。これらのことから，聴覚刺激と視覚刺激の間のある固定された時間差をもって，両者が同時であると決めることはできないのである。

聴覚刺激と視覚刺激の同時性を判断させると，聴覚刺激が視覚刺激よりやや遅れて提示されたときに，両者が同時と感じられることが繰り返し報告されている[33),36),7)]。一例をあげると，視覚刺激と聴覚刺激を継時的に提示して，二つの刺激の時間順序判断を行った実験[35)]では，聴覚刺激と視覚刺激の主観的同時点は，視覚刺激が聴覚刺激よりも 60～80 ms 先に提示されたときだと報告されている。

一般的に聴覚刺激の神経系での処理は，視覚刺激の処理よりも速い。したがって，視覚刺激よりも聴覚刺激を遅らせて提示したときに，両者の処理が神経系で同時になるのかもしれない。あるいは，主観的同時点が視覚刺激が先に提示される方向にずれる傾向は，実際の環境中で，同一事象から生じた光が音よりも速く感覚器官に到達する傾向を反映しているのかもしれない。また，注意を向けた刺激は，ほかの刺激よりも時間的に先に知覚される Prior entry という現象も関係することもあるだろう[37)]。

この問題に関連して，聴覚刺激と視覚刺激の主観的同時点が，対象までの距離に依存して変化することが報告されている[38),39)]。実際の環境では，観察距離が長くなるほど，光よりも音が遅れて到達する。したがって観察距離が遠くなるほど，音が遅れて聴こえたときに，音と光が同時だと感じるかもしれない。Sugita と Suzuki[39)] は，さまざまな観察距離における聴覚刺激と視覚刺激の主観的同時点を時間順序判断課題で検討した。その結果，観察距離が長くなるほど，聴覚刺激がより遅れて提示されたときに，視覚刺激と聴覚刺激が同時だと感じられたのである。主観的同時点は，観察距離が 1 m のときは音が数ミリ秒遅れて提示される点だが，20 m のときはそれが約 50 ms に延びたのである。しかし，その後の研究では，このような距離による主観的同時点の再校正が生じないとする結果も報告されており[40),41)]。結果の食い違いがどんな要

因によるものなのか検討が必要であるが，判断の際に，聴覚刺激と視覚刺激が同じ事象から生じていると意識するかどうかが関わっているのではないかという指摘もある[40]。

聴覚刺激と視覚刺激の同時性の知覚が経験によって変化することが示されている[42]。Fujisakiら[43]は，ある一定の時間的なずれをもって提示される聴覚刺激と視覚刺激の組合せを3分間経験（順応）した後には，主観的同時点が順応した時間ずれの方向へ移動することを報告している。視覚刺激が聴覚刺激よりも 235 ms 先に提示される組合せに順応した後には，視覚刺激が 27 ms 先に提示されるときに視覚刺激と聴覚刺激が同時であると知覚され，反対に視覚刺激が 235 ms 遅れる組合せに順応した後には，視覚刺激が 32 ms 遅れて提示されたときに両者が同時であると知覚された。この研究は，視覚と聴覚の間で同時であると知覚される時間的なずれが固定的なものではなく，実際の環境における光と音のずれに合わせてつねに調整されて決まる可能性を示している。

1.4.4　時間的な知覚における聴覚の優位性

空間的な知覚では，腹話術効果のように視覚が聴覚よりも優位になる場合が多い。一方，時間的な課題においては聴覚的な手がかりが視覚に影響を与える現象が報告されている。例えば，短い時間感覚で提示される二つの視覚刺激に対する時間的な精度が聴覚刺激の負荷によって向上することが報告されている[44]。二つの視覚刺激を継時的に提示して時間順序判断をする課題において，1番目の視覚刺激の前と2番目の視覚刺激の後に聴覚刺激を提示すると時間順序判断の成績が向上した。1番目の視覚刺激がその直前に提示された音に時間的に引き寄せられて知覚され，また2番目の視覚刺激はその直後に提示された音に引き寄せられて知覚されたのだろう。前後の音の影響で，二つの視覚刺激が時間的に離れて知覚されることになり，結果として，視覚刺激間の時間順序がわかりやすくなったのだと考えられる。

また，光の点滅速度の知覚が聴覚的な手がかりの影響を受けることも報告されている[45]〜[50]。連続的な光の点滅と同時にクリック音を連続的に提示すると，

クリック音の速度に合わせて，光が点滅しているように見えるのである。Shams ら[51]は，光が1回だけ短く光るのに合わせて，短い音を2回提示すると，光の点滅が2回あったように知覚される現象を報告している。この現象はダブルフラッシュ錯覚（double flash illusion）と呼ばれる。この実験ではフラッシュの長さは 13 ms と非常に短く，たとえ光がこの間に2回点滅してもそれを知覚することはできない[52]。視覚系の時間分解能の低さを聴覚によって補うように聴覚情報と視覚情報が統合されるのであろう。

　これらの現象は，時間的な知覚においては聴覚が視覚よりも優位になることを示しているが，一方で，空間的な知覚において聴覚よりも視覚のほうが優位になることがある[13]のと同じように，時間的な知覚においても聴覚が視覚情報の影響を受ける場合がある。

　聴覚刺激と視覚刺激を時間的にずらして提示して，両者が生じたと知覚される時点の関係を調べると，聴覚刺激と視覚刺激は，おたがいに時間的に近づいて生じているように知覚されると報告されている[53]。また通常光の点滅速度の知覚は，同時に提示されるクリック音の速度に影響を受けるが，クリック音の速度の変化がわかりにくい場合には，光の点滅速度がクリック音の速度の知覚を変化させることもある[54]。時間的な知覚においても，聴覚的な手がかりの精度が低い場合には，視覚から得られる情報の影響力が強くなるのであろう。

1.5　視聴覚による運動知覚

　物体の運動は，空間的な位置の時間的な変化であり，空間と時間の両方が関わる。運動の知覚においても，聴覚と視覚がどのように関わっているかについて研究が行われてきた。聴覚は**運動知覚**においても視覚的な手がかりの影響を受け，静止している音に動いている視覚刺激を組み合わせると，音も動いているように知覚される[55]。仮現運動を用いた研究でも，同様の結果が報告されている。二つの光点を水平に並べて，右から順番に点滅させると光点が動いているように見える（仮現運動）。同じように二つのスピーカを並べて順番にビー

プ音を提示すると音が動いたように感じる。逆方向の光と音の動きを組み合わせると，多くの場合，視覚刺激の運動方向にあった動きが知覚されるのである[56]。聴覚と視覚の運動の情報の知覚的な統合は，聴覚と視覚で運動の範囲が一致していて，同じ速度で動いているときに生じるとの報告もある[57]。実験条件に依存して，知覚レベルと認知レベルの両方での相互作用が生じているのであろう[58]。

　静止した刺激を用いた腹話術効果の場合と同じように，視覚的な運動情報の聴覚への影響は，垂直方向や奥行き方向では，水平方向よりも強いことも報告されている[59]。さらに，奥行き方向の運動に関しては，運動残効が視覚と聴覚の境界を越えて生じることをKitagawaとIchihara[60]が報告している。近づいてくるように見える視覚刺激を約2分間経験（順応）した後には，音圧レベルが一定の音のラウドネス（音の大きさ）が小さくなっていくように知覚された。また，遠ざかる視覚刺激に順応した場合には反対方向の聴覚残効が観察された。この聴覚残効は音圧レベルの変化する音への順応によって生じる。したがって，この結果は，近づいてくる視覚刺激を見ているときには，音圧レベルが上昇する音を聴くのと同じ処理が，神経系のどこかで行われていることを示唆している（**図 1.4**）。聴覚刺激と視覚刺激が同じ方向に変化する組合せに順応した場合には，より強い聴覚残効が観察されたが，反対方向に変化する組合せの場合には視覚刺激の効果は得られなかった。また，音圧レベルが変化する聴覚刺激への順応は視覚的な運動残効には影響しなかった。

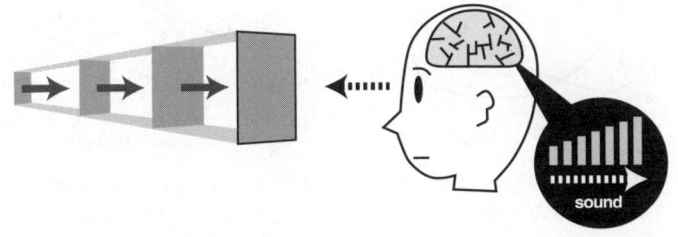

近づく物体を見るとき，脳内では，大きくなる音を聴くのと同じ処理が生じている。

図 1.4　視覚的な運動情報の聴覚への影響

一方で,視覚的な運動知覚が聴覚的な手がかりの影響を受けることもある。二つの光点を順番に点滅させると仮現運動が見えるが,光点の点滅の前後に音を提示することで,点滅のタイミングがずれて知覚され,結果として,視覚的な仮現運動の運動方向が変化することが報告されている[61]。

1.6 感覚モダリティ間対応

異なる感覚間の相互作用に関しては,これまで見てきたとおり,空間と時間に関する研究が多くなされてきた。この二つは感覚で共通する物理特性として理解しやすかったからであろう。一方で,聴覚と視覚の間には,空間と時間以外にも,刺激のある属性や特徴の間に対応関係を示すものがさまざまあり,**感覚モダリティ間対応**(crossmodal correspondence)と呼ばれる[62]。

音象徴(sound symbolism)に関しては,古くから報告されてきた。Köhler[63]は,視覚的な形と音の関係を検討して,**図 1.5**のように曲線と鈍角で構成される図形には"Baluma"という無意味単語が,直線と鋭角で構成される図形には"Takete"という単語が対応すると報告している。この現象は,最近では,よく似た図形と無意味単語を用いた"bouba/kiki"効果としても知られている[64]。

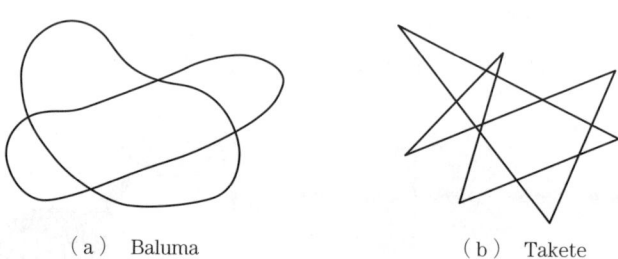

　　　(a) Baluma　　　　　　　(b) Takete

Köhler[63]の結果からは,(a)の図形には"Baluma"という単語が,(b)の図形には"Takete"という単語が対応すると推測される。

図 1.5　音象徴の例

コラム2

聴覚と触覚との関係

本書は聴覚と視覚の関係について解説しているが，聴覚はほかの感覚とも関係している。触覚と聴覚の関係については，古くから研究がある。例えばKatzは90年ほど前に聴覚と触覚の類似性を指摘している[78]。異なる手触りの紙を擦るときには，異なる音が鳴る。その関係を学習することで，音を聴くだけで紙の手触りの違いを当てられるようになると報告している。このような音と手触りの関係を利用すると，音で手触りを変えることができる。両手を擦り合わせる音の高周波数成分を増幅すると，両手の手触りはカサカサして滑りやすい感じになり，反対に高周波数成分を減衰させると，手のひらが湿って滑りにくい感触に変わるのである[79]。音は食感も変えることがある。ポテトチップスを食べるときの音の高周波数成分を増幅して食べている人に聴かせると，ポテトチップスはよりクリスピーな食感になるそうだ[80]（この研究は2008年にイグノーベル賞を受賞している）。さらに，音を聴くだけで，触覚的な経験が生じることもある。図1に示すようにダミーヘッド（耳の中にマイクが入っている実物大の頭部の模型）の耳を筆で撫でた音をヘッドホンで聴くと，音を聴いただけでも耳を触られているようなくすぐったさを感じることができる[81]。普段はあまり意識することはないが，皮膚に何かに触れたとき，私たちはその感触を感じるとともに音も聴いている。その関係をずっと経験しているために，音を聴いただけでも触覚を感じたり，音で触覚が変わってしまったりするのだろう[82]。テレビや映画に効果音は不可欠だが，そのうちに触覚にも効果音がつけられるような時代が来るだろうか。

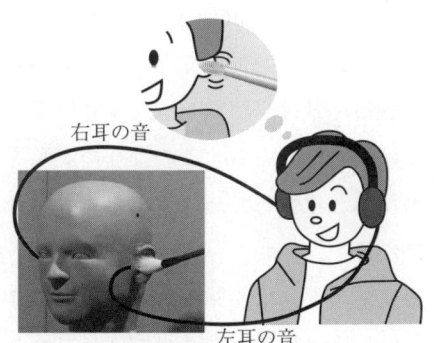

人がくすぐられている音を聞くと自分もくすぐったい[83]。

図1 くすぐったい音（ダミーヘッドでの実験）

聴覚と視覚の物理属性の間で，人間が対応関係を判断できることを示したのは Stevens と Marks である。彼らは，音の大きさと光の明るさという属性の間に，より明るい色がより大きい音とマッチングされるという関係があることを報告している[65]。このほかにも音の高いピッチと色の対応関係や，高いピッチと空間的に高い位置，高いピッチと視覚的に小さなサイズなど，聴覚と視覚の間にさまざまな対応関係があることが報告されている[62]。

聴覚と視覚の間では，意味的な一致性に関しても相互作用に影響するようである。例えば，音声とそれを発話している映像は，意味的な関連性のより低い刺激の組合せよりも統合されやすいとの報告もある[33],[8]。

1.7 視聴覚統合による行動の促進効果

時間と空間が一致した聴覚刺激と視覚刺激が提示されると，上丘と呼ばれる脳部位では，神経細胞の活動に強い促進効果が見られるが（1.2節），人間の知覚や行動にどんな影響があるのだろうか。

1.7.1 反応時間の短縮

複数の感覚に同時に刺激が提示されると，単純反応時間が短くなることが知られていて，**冗長信号効果**（redundant signals effect）と呼ばれる。このような実験では，聴覚刺激，視覚刺激が単独で提示される場合と両者が同時に提示される場合がある。実験参加者は，聴覚刺激，視覚刺激，その組合せのいずれであっても，できるだけ早く反応する。このような実験を行うと，聴覚刺激や視覚刺激それぞれへの反応と比較して，両者を組み合わせたときには，かなり早く反応できるようになる[66]。

冗長信号効果による反応の促進は，確率加算で説明できる場合もある。レースモデル（race model）と呼ばれるその説明では，二つの感覚に同時に刺激が提示されたときに，それぞれの感覚で独立に処理が進み，速く処理が終わったほうが反応を生じさせると考える。一つの感覚だけに刺激が提示されたときよ

りも，二つの感覚に刺激が提示されることで，速く処理が終わる確率が高くなるため，全体として反応が促進されると説明される．したがって，二つの感覚の処理が独立で情報統合が起こらないとしても，反応の促進は確率加算で説明できることもある．しかし，これまでの多くの研究では，聴覚刺激と視覚刺激を同時に提示することで，確率加算から予測されるよりも，より強く促進効果が起こることが報告されている[67]．

1.7.2 あいまい性の解消

私たちが聴覚や視覚で対象を知覚するとき，実際の自然環境では，興味のある対象は，別の対象に囲まれていたり，別の対象の後ろに隠れていたりする．つまり，私たちの知覚系は，非常にノイズが多い環境の中でも安定した知覚を成立させているのである．複数の感覚から情報を得ることは，そのような状況で非常に有効であると考えられる．ある感覚からの入力だけでは，一意に解釈が定まらない場合に，ほかの感覚からの情報によって解釈が安定する場合がその代表的な例であろう．

ここでは，視覚的な運動刺激を用いた例を紹介する．図 1.6（a）に示すように二つの丸い円図形が左右から近づいてきて，中央で交差しさらに左右に離れていくような映像は，図（b）に示すように二通りに見えることが知られている．一つは二つの円が中央ですれ違って交差していくように見える場合，も

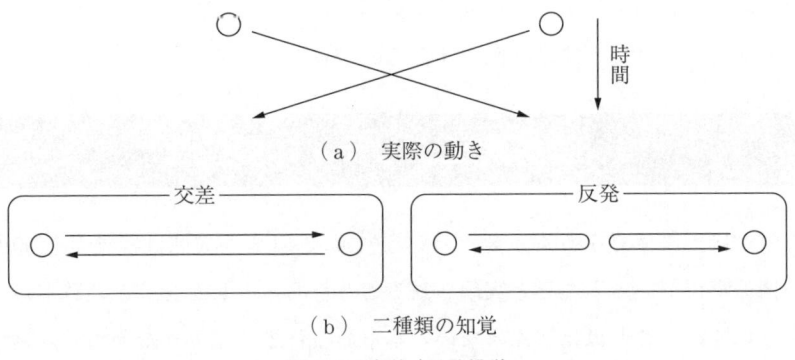

（a） 実際の動き

（b） 二種類の知覚

図 1.6 交差/反発錯覚

う一つは二つの円が中央でぶつかって跳ね返るように見える場合である。交差と反発の二通りの見え方のある映像だが，二つの円が中央で重なったときに短い音を鳴らすと，跳ね返るように見えることがほとんどになる[68),69)]。

　ほかにも類似の現象が報告されている[70)]。スピーカを円形に配置してその中心に座り，スピーカから短い音を順番に提示すると，頭の周囲を音がぐるぐると回っているように聴こえる。しかし，音の動く速度をどんどん速くしていくと，音は頭の後ろで左右に動いているようにしか聴こえなくなる。このときに目の前のスピーカの位置に音の動きに合わせて光を点滅させると，音はそれに合わせて円運動をするように知覚される。これらの例は，一方の感覚からの情報だけは，解釈があいまいであったり難しいような場合に，もう一方の感覚からの入力がそれを助けていることを示している。

1.7.3　検出課題の促進

　同期して提示される音によって，音自体は課題に対する手がかりを与えていないにも関わらず，視覚でのターゲットの検出がしやすくなることもある。100 msごとに連続的に提示される視覚刺激の中から，たまに提示される特定のターゲットを検出させる課題において，妨害刺激には低い音を，ターゲットには高い音を同期させて提示すると検出の成績が向上することが報告されている[71)]。また，同時に提示される多数の妨害刺激の中からターゲットを探し出す視覚探索課題においても，音を同時に提示することで，ターゲットがポップアウトするかのように，成績が向上することが報告されている[72)]。

1.8　感覚モダリティの優位性

　視覚がほかの感覚よりも重要だという言説は多い。「人間は視覚から90％以上の情報を得ている」などと表現されることもある。しかし，この数字の根拠が示されていることはほとんどない。本章でこれまで見てきたとおり，感覚の間には相互作用もあり，量的な比較はなかなか難しいだろう。感覚はそれぞれ

が世界の異なる側面についての情報を与えていることを考えると，量的な比較によって，それぞれの感覚についての理解が深まることはなさそうである．それぞれの感覚の役割や特性を理解して，たがいにどのように関わり合っているかを理解すべきである．

感覚の優位性に関しては，腹話術効果に代表されるように，古典的な研究では視覚が聴覚に影響を与える現象の報告が多かった．これは触覚に対しても同じであった[73]．視覚がほかの感覚よりも優位で，ほかの感覚は視覚情報の影響を受けるという考えは一般的にも浸透しているような印象を受ける．

しかし，その後の研究は，時間的な知覚では，一般的に聴覚情報が視覚に影響を与えることを示してきた（1.4節）．それらの結果から，感覚の優位性に関して**モダリティ適切性仮説**（modality-appropriate hypothesis）が提案された[74]．この仮説では，ある課題の遂行に最も適切な感覚モダリティが他の感覚モダリティよりも優位になると主張する．視覚は空間的な課題に最も適切で，聴覚は時間的な課題に適切であるという考えである．たしかに，視覚の空間分解能は聴覚のそれよりも優れている一方で，聴覚の時間分解能は視覚よりも優れている．しかし，本章でこれまで見てきたとおり，空間的な課題でも聴覚情報が視覚に影響を与えることもあり[13]，時間的な課題でも視覚情報が聴覚に影響を与えることがあることもわかってきた[54]．

そのような現象も包括的に説明でき，現在最も有力なのは**最尤推定**（maximum-likelihood estimation）によって感覚モダリティの優位性（sensory dominance）が決まるという説である[75),13]．この仮説では，各感覚からの情報の信頼性に基づいて，信頼性の高い情報へはより重い重み付けをして，情報が統合されると考える．聴覚と視覚の情報統合を例にすると，聴覚と視覚の感覚推定値のそれぞれを $\hat{S}_A, \hat{S}_V$，それに対する重みづけ係数を w_A, w_V とすると，視聴覚を統合した推定値はつぎの式で表せる．

$$\hat{S}_{AV} = w_A \hat{S}_A + w_V \hat{S}_V$$

重みづけ係数は各感覚の推定値の相対的な信頼性を表している．推定値の分散が小さいほど，その推定値の信頼性は高いことになるので，分散 σ^2 の逆数

が信頼性の指標となる。したがって，聴覚の推定値に対する重みづけ係数は，以下のように定義できる。

$$w_A = \frac{1/\sigma_A^2}{1/\sigma_A^2 + 1/\sigma_V^2}$$

重みづけ係数はそれぞれの感覚における推定値の分散に反比例するので，推定値の分散が小さい（より精度の高い）感覚ほど，重みづけ係数は大きくなる。また，ここで重要なのは，統合された多感覚推定値の分散は聴覚と視覚のそれぞれの推定値の分散よりも必ず小さくなることである。つまり二つの感覚を統合した推定値は，単独のときよりも信頼性が高くなる。

$$\sigma_{AV}^2 = \frac{\sigma_A^2 \sigma_V^2}{\sigma_A^2 + \sigma_V^2}$$

このモデルは，聴覚と視覚の統合に限らず，異なる感覚モダリティ間で観察される現象を説明できることが明らかになっている[13),75),76)など]。

1.9 おわりに

「聴くこと」と「視ること」は，異なる知覚経験であるが，本章で見てきたとおり深く関わり合い，たがいに影響し合っていることが，これまでの研究から明らかになってきた。本章で取り上げた視覚と聴覚以外にも，視覚と触覚の相互作用や，聴覚と触覚の相互作用についても多くの研究が行われている[77)]。もちろん味覚や嗅覚も同様である。これらの研究を通して，それぞれの感覚についての理解も進むだろう。今後の研究に期待したい。

引用・参考文献

1) S. Connor : Dumbstruck : A cultural history of ventriloquism, Oxford University Press (2000)
2) V. ヴォックス（清水重夫（訳））：唇が動くのがわかるよ：腹話術の歴史と芸術,

アイシーメディックス (2002)
3) G. J. Thomas : Experimental study of the influence of vision on sound localization, Journal of Experimental Psychology, **28**, pp. 163-177 (1941)
4) C. V. Jackson : Visual factors in auditory localization, Quarterly Journal of Experimental Psychology, **5**, pp. 52-65 (1953)
5) B. E. Stein and M. A. Meredith : The merging of the senses, The MIT Press (1993)
6) I. P. Howard and W. B. Templeton : Human spatial orientation, Wiley (1966)
7) D. A. Slutsky and G. H. Recanzone : Temporal and spatial dependency of the ventriloquism effect, Neuroreport, **12**, pp. 7-10 (2001)
8) W. R. Thurlow and C. E. Jack : Certain determinants of the "ventriloquism effect", Perceptual and Motor Skills, **36**, pp. 1171-1184 (1973)
9) C. E. Jack and W. R. Thurlow : Effects of degree of visual association and angle of displacement on the "ventriloquism" effect, Perceptual and Motor Skills, **37**, pp. 967-979 (1973)
10) M. B. Gardner : Proximity image effect in sound localization, Journal of the Acoustical Society of America, **43**, p. 163 (1968)
11) P. Zahorik : Estimating sound source distance with and without vision, Optometry and Vision Science, **78**, pp. 270-275 (2001)
12) J. Blauert : Spatial hearing : The psychophysics of human sound localization, The MIT Press (1997)
13) D. Alais and D. Burr : The ventriloquist effect results from near-optimal bimodal integration, Current Biology, **14**, pp. 257-262 (2004)
14) P. Bertelson and M. Radeau : Cross-modal bias and perceptual fusion with auditory-visual spatial discordance, Perception & Psychophysics, **29**, pp. 578-584 (1981)
15) P. Bertelson and G. Aschersleben : Automatic visual bias of perceived auditory location, Psychonomic Bulletin & Review, **5**, pp. 482-489 (1998)
16) J. Driver : Enhancement of selective listening by illusory mislocation of speech sounds due to lip-reading, Nature, **381**, pp. 66-68 (1996)
17) 中林克己：ステレオ音像とテレビ映像の相乗効果，テレビジョン学会誌，**37**, pp. 984-991 (1983)
18) R. Held : Shifts in binaural localization after prolonged exposures to atypical combinations of stimuli, American Journal of Psychology, **68**, pp. 526-548 (1955)
19) L. K. Canon : Intermodality inconsistency of input and directed attention as determinants of the nature of adaptation, Journal of Experimental Psychology, **84**, pp.

141-147 (1970)
20) L. K. Canon : Directed attention and maladaptive "adaptation" to displacement of the visual field, Journal of Experimental Psychology, **88**, pp. 403-408 (1971)
21) M. Radeau and P. Bertelson : The after-effects of ventriloquism, Quarterly Journal of Experimental Psychology, **26**, pp. 63-71 (1974)
22) G. H. Recanzone : Rapidly induced auditory plasticity : The ventriloquism aftereffect, Proceedings of the National Academy of Science of the United States of America, **95**, pp. 869-875 (1998)
23) M. Radeau and P. Bertelson : Adaptation to auditory-visual discordance and ventriloquism in semirealistic situations, Perception & Psychophysics, **22**, pp. 137-146 (1977)
24) J. Lewald : Rapid adaptation to auditory-visual spatial disparity, Learning & Memory, **9**, pp. 268-278 (2002)
25) T. M. Woods and G. H. Recanzone : Visually induced plasticity of auditory spatial perception in macaques, Current Biology, **14**, pp. 1559-1564 (2004)
26) I. Frissen, J. Vroomen, B. de Gelder, and P. Bertelson : The aftereffects of ventriloquism : generalization across sound-frequencies, Acta Psychologica, **118**, pp. 93-100 (2005)
27) P. Bertelson, I. Frissen, J. Vroomen, and B. de Gelder : The aftereffects of ventriloquism : patterns of spatial generalization, Perception and Psychophysics, **68**, pp. 428-436 (2006)
28) N. Kopčo, I. -F. Lin, B. G. Shinn-Cunningham, and J. M. Groh : Reference frame of the ventriloquism aftereffect, Journal of Neuroscience, **29**, pp. 13809-13814 (2009)
29) J. Vroomen and M. Keetels : Perception of intersensory synchrony : a tutorial revie, Attention, perception & psychophysics, **72**, pp. 871-884 (2010)
30) I. J. Hirsh and C. E, Jr. Sherrick : Perceived order in different sense modalities, Journal of Experimental Psychology, **62**, pp. 423-432 (1961)
31) R. A. Stevenson, R. K. Zemtsov, and M. T. Wallace : Individual differences in the multisensory temporal binding window predict susceptibility to audiovisual illusions, Journal of Experimental Psychology : Human Perception and Performance, **38**, pp. 1517-1529 (2012)
32) A. Vatakis and C. Spence : Audiovisual synchrony perception for music, speech, and object actions, Brain Research, **1111**, pp. 134-142 (2006)

33) N. F. Dixon and L. Spitz : The detection of auditory visual desynchrony, Perception, **9**, pp. 719-721 (1980)
34) C. Spence, R. Baddeley, M. Zampini, R. James, and D. I. Shore : Multisensory temporal order judgments : when two locations are better than one, Perception & Psychophysics, **65**, pp. 318-328 (2003)
35) M. Zampini, D. I. Shore, and C. Spence : Audiovisual temporal order judgments, Experimental Brain Research, **152**, pp. 198-210 (2003)
36) D. J. Lewkowicz : Perception of auditory-visual temporal synchrony in human infants, Journal of Experimental Psychology : Human Perception & Performance, **22**, pp. 1094-1106 (1996)
37) C. Spence, D. I. Shore, and R. M. Klein : Multisensory prior entry, Journal of experimental psychology General, **130**, pp. 799-832 (2001)
38) D. Alais : Synchronizing to real events : Subjective audiovisual alignment scales with perceived auditory depth and speed of sound, Proceedings of the National Academy of Sciences of the United States of America, **102**, pp. 2244-2247 (2005)
39) Y. Sugita and Y. Suzuki : Audiovisual perception : implicit estimation of sound-arrival time, Nature, **421**, p. 911 (2003)
40) D. H. Arnold, A. Johnston, and S. Nishida : Timing sight and sound, Vision research, **45**, pp. 1275-1284 (2005)
41) J. Lewald and R. Guski : Auditory-visual temporal integration as a function of distance : no compensation for sound-transmission time in human perception, Neuroscience Letters, **357**, pp. 119-122 (2004)
42) J. Vroomen, M. Keetels, B. de Gelder, and P. Bertelson : Recalibration of temporal order perception by exposure to audio-visual asynchrony, Cognitive Brain Research, **22**, pp. 32-35 (2004)
43) W. Fujisaki, S. Shimojo, M. Kashino, and S. Nishida : Recalibration of audiovisual simultaneity, Nature Neuroscience **7**, pp. 773-778 (2004)
44) S. Morein-Zamir, S. Soto-Faraco, and A. Kingstone : Auditory capture of vision : examining temporal ventriloquism, Cognitive Brain Research, **17**, pp. 154-163 (2003)
45) J. W. Gebhard and G. H. Mowbray : On discriminating the rate of visual flicker and auditory flutter, American Journal of Psychology, **72**, pp. 521-529 (1959)
46) G. W. Knox : Investigations of flicker and fusion : IV. the effect of auditory flicker on the pronouncedness of visual flicker, Journal of General Psychology, **33**, pp.

145-154 (1945)
47) G. H. Recanzone : Auditory influences on visual temporal rate perception, Journal of Neurophysiplogy, **89**, pp. 1078-1093 (2003)
48) D. Regan and H. Spekreijse : Auditory-visual interaction and the correspondence between perceived auditory space and perceived visual space, Perception, **6**, pp. 133-138 (1977)
49) T. Shipley : Auditory flutter-driving of visual flicker, Science, **145**, pp. 1328-1330 (1964)
50) R. B.Welch, L. D. DuttonHurt, and D. H. Warren : Contributions of audition and vision to temporal rate perception, Perception and Psychophysics, **39**, pp. 294-300 (1986)
51) L. Shams, Y. Kamitani, and S. Shimojo : What you see is what you hear, Nature, **408**, p. 788 (2000)
52) S. Shimojo, C. Scheier, R. Nijhawan, L. Shams, Y. Kamitani, and K. Watanabe : Beyond perceptual modality : auditory effects on visual perception, Acoustical Science and Technology, **22**, pp. 61-67 (2001)
53) R. Fendrich and P. M. Corballis : The temporal cross-capture of audition and vision, Perception and Psychophysics, **63**, pp. 719-725 (2001)
54) Y. Wada, N. Kitagawa, and K. Noguchi : Audio-visual integration in temporal perception, International Journal of Psychophysiology, **50**, pp. 117-124 (2003)
55) S. Mateeff, J. Hohnsbein, and T. Noack : Dynamic visual capture : apparent auditory motion induced by a moving visual target, Perception, **14**, pp. 721-727 (1985)
56) S. Soto-Faraco, C. Spence, and A. Kingstone : Assessing automaticity in the audiovisual integration of motion, Acta psychologica, **118**, pp. 71-92 (2005)
57) G. F. Meyer, S. M. Wuerger, F. Röhrbein, and C. Zetzsche : Low-level integration of auditory and visual motion signals requires spatial co-localisation, Experimental Brain Research, **166**, pp. 538-547 (2005)
58) D. Sanabria, C. Spence, and S. Soto-Faraco : Perceptual and decisional contributions to audiovisual interactions in the perception of apparent motion : a signal detection study, Cognition, **102**, pp. 299-310 (2007)
59) N. Kitajima and Y. Yamashita : Dynamic capture of sound motion by light stimuli moving in three-dimensional space, Perceptual and Motor Skills, **89**, pp. 1139-1158 (1999)
60) N. Kitagawa and S. Ichihara : Hearing visual motion in depth, Nature, **416**, pp.

172-174 (2002)

61) E. Freeman and J. Driver : Direction of visual apparent motion driven solely by timing of a static sound, Current Biology, **18**, pp. 1262–1266 (2008)
62) C. Spence : Crossmodal correspondences : a tutorial review, Attention, Perception & Psychophysics, **73**, pp. 971–995 (2011)
63) W. Köhler : Gestalt psychology, Liveright (1929)
64) V. S. Ramachandran and E. M. Hubbard : Synaesthesia—a window into perception, thought and language, Journal of Consciousness Studies, **8**, pp. 3–34 (2001)
65) J. C. Stevens and L. E. Marks : Cross-modality matching of brightness and loudness, Proceedings of the National Academy of Science of the United States of America, **54**, pp. 407–411 (1965)
66) M. Gondan, B. Niederhaus, F. Rösler, and B. Röder : Multisensory processing in the redundant-target effect : a behavioral and event-related potential study, Perception & Psychophysics, **67**, pp. 713–726 (2005)
67) J. Miller : Discrete versus continuous stage models of human information processing : In search of partial output, Journal of Experimental Psychology : Human Perception & Performance, **8**, pp. 273–296 (1982)
68) R. Sekuler, A. B. Sekuler, and R. Lau : Sound alters visual motion perception, Nature, **385**, p. 308 (1997)
69) K. Watanabe and S. Shimojo : When sound affects vision : effects of auditory grouping on visual motion perception, Psychological Science, **12**, pp. 109–116 (2001)
70) S. Lakatos : The influence of visual cues on the localisation of circular auditory motion, Perception, **24**, pp. 457–465 (1995)
71) J. Vroomen and B. de Gelder : Sound enhances visual perception : cross-modal effects of auditory organization on vision, Journal of Experimental Psychology : Human Perception and Performance, **26**, pp. 1583–1590 (2000)
72) E. Van der Burg, C. N. L. Olivers, A. W. Bronkhorst, and J. Theeuwes : Pip and pop : nonspatial auditory signals improve spatial visual search, Journal of Experimental Psychology : Human Perception and Performance, **34**, pp. 1053–1065 (2008)
73) I. Rock and J. Victor : Vision and touch : an experimentally created conflict between the two senses, Science, **143**, pp. 594–596 (1964)
74) R. B. Welch and D. H. Warren : Immediate perceptual response to intersensory discrepancy, Psycholgical Bulletin, **88**, pp. 638–667 (1980)

75) M. O. Ernst and M. S. Banks : Humans integrate visual and haptic information in a statistically optimal fashion, Nature, **415**, pp. 429-433 (2002)
76) N. W. Roach, J. Heron, and P. V. McGraw : Resolving multisensory conflict : a strategy for balancing the costs and benefits of audio-visual integration, Proceedings of the Royal Society B : Biological Sciences, **273**, pp. 2159-2168 (2006)
77) B. E. Stein (Ed.) : The new handbook of multisensory processing, The MIT press (2012)
78) D. Katz : The world of touch, Hillsdale, Erlbaum (1925/1989)
79) V. Jousmäki and R. Hari : Parchment-skin illusion : sound-biased touch, Current Biology, **8**, R190, (1998)
80) M. Zampini and C. Spence : The role of auditory cues in modulating the perceived crispness and staleness of potato chips, Journal of Sensory Studies, **19**, pp. 347-363 (2004)
81) N. Kitagawa and Y. Igarashi : Tickle sensation induced by hearing a sound, Japanese Journal of Psychonomic Science, **24**, pp. 121, 122 (2005)
82) N. Kitagawa and C. Spence : Audiotactile multisensory interactions in human information processing, Japanese Psychological Research, **48**, pp. 158-173 (2006)
83) 北川智利：聴くことと身体を感じることのかかわり，NTT技術ジャーナル，**25**, pp. 30-33 (2013)

第2章
音声情報の視聴覚統合処理

2.1 はじめに

　I can't hear without my glasses.（メガネがないと聞こえない）

　これは，高齢者が音声知覚で示す困難とその克服法を示す英語圏のエピソードとして，よくあげられる表現である．この例では，加齢によって聴力が低下した高齢者が，話者の口の動きを視覚的に読み取ることで不十分な聞こえを補うことを示しており，そのため，視力に問題のある高齢者では，口の動きを見るためにメガネが必要になるのである．

　このような視覚による発話の読み取りは，一般には**読唇**（lipreading）として知られている．学術的には**読話**（speechreading）ということが多いが，ここでは読唇と記載する．読者のあなたが仮に20歳代の若者なら，ふだん読唇など使っているつもりはないかもしれないが，例えば地下鉄の中で会話をしようとすると，相手の顔が見えているほうが確実に話の内容を理解できる．

　この章では，このような人の話し声を聞く際の視覚情報と聴覚情報の相互作用について概観してみたい．この分野の研究は，人間の知覚特性に関して行動的データを扱う心理学的な実験によって進められてきたが，その知見をもとに，近年では脳科学的な方法による研究も行われ，非常に活発に研究が展開されている．

　なお，音声に関する視聴覚統合には，腹話術効果のように音源の位置情報に関するものもあるが，腹話術効果は音声（speech）以外の音でも生じるので，

純粋に音声特有ではない。これについては，1章を参照されたい。ここでは，発話された言語情報の聞き取りに焦点をあてる。

2.2 顔と声による音声知覚

2.2.1 読唇情報による音声知覚の向上

地下鉄の中での会話のように，音声の聞き取りが困難な環境では，話者の顔がもたらす視覚的な調音情報（読唇情報）が有用である。一般に，聴覚情報だけでの正確な聞き取りが困難な状況では，顔が見えていることによって音声聴取の正確さがおおいに向上する。これには，発話が不明瞭な場合，環境に存在する雑音などで音声が劣化して伝達される場合，聞き手の聴力が不十分な場合などが含まれる。

SumbyとPollack[1]は，環境雑音が存在する場合に顔が見えることがどれほど有用であるかを単語の聞き取りで検討した。彼らは，音量一定のノイズ音（広帯域ノイズ）に対して，話者が単語を読み上げる音声信号の音量を変化させることで信号対雑音比（SN比：signal-to-noise ratio）を -30 dBから無限大まで操作し，その際の聞き取りの正答率を，顔が見える場合と見えない場合で比較した。顔が見えない聴覚のみの条件では，信号と雑音の音量が等しい0 dBのSN比より低いSN比になると急激に正答率が低下したが，顔が見える視聴覚条件では，SN比低下に伴う正答率の低下はずっと緩やかであり，視覚情報による正答率の改善は低いSN比において顕著であった。

顔の中でも，口や顎を含む下半分が，言語的な視覚情報を多くもたらすといわれる。実際，強いノイズによって声を聞き取りにくくすると，聴取者は静かなときより話者の口を多く注視するようになる[2]。また，聴力が低下する高齢者は，視聴覚音声知覚時の視覚的注意の配分が，若年者に比べて顔の下半分に集中するという[3]。

以上のことは，自然な音声刺激に関して観察可能であるが，健聴者の場合は声だけでもかなり正確に聞き取れることが多いので，自然な刺激，すなわち顔

と声が一致した刺激で視覚的な読唇情報の寄与を示すには，強いノイズを加えるなどの実験操作でかなり音を聞き取りにくくする必要がある．これに対して，**マガーク効果**（McGurk effect：マガーク・イリュージョン）のように顔と声の情報を矛盾させると，後述するように，音が明瞭な場合にも視覚情報の寄与を示すことができる．

2.2.2 マガーク効果

マガーク効果は，矛盾した口の動きの映像が音声の聞こえを変える現象である．これを最初に報告したイギリスのMcGurkとMacDonaldの実験では[4]，聴力正常な18〜40歳代の成人被験者は，聴覚のみでの聞き取りが90％以上の正答率となる比較的明瞭な音声について，矛盾した口の動きに引きずられて聴覚情報とは異なる音節を知覚した．音が/ba/で映像が/ga/の場合，両者の情報を統合した"da"反応が全反応の98％にのぼった（**表2.1**）．この場合の"da"は，聴覚的には聴覚刺激の/ba/に最も似ていて，視覚的には視覚刺激の/ga/に似ており，両者の性質をあわせもつ音節が知覚的な解として選ばれているのである．このように，マガーク効果パラダイムは，強いノイズ付加などの操作をしなくても，イリュージョンが生じたかどうかで視覚情報の寄与を明確に示すことができる点で，視聴覚統合の研究に有用な方法である[5]．

マガーク効果では，調音位置の情報に関して，視覚優位の統合が生じてい

表2.1 三つの年齢群におけるマガーク刺激に対する反応（聴覚反応，視覚反応，融合反応，結合反応）の生起率[4]

マガーク刺激		被験者〔歳〕	反応〔％〕				
聴覚	視覚		聴覚	視覚	融合	結合	その他
ba-ba	ga-ga	3〜5	19	0	81	0	0
		7〜8	36	0	64	0	0
		18〜40	2	0	98	0	0
ga-ga	ba-ba	3〜5	57	10	0	19	14
		7〜8	36	21	11	32	0
		18〜40	11	31	0	54	5

る。それが**唇音**なのか（/b/, /p/, /m/ などの唇で作る子音），**非唇音**なのか（/d/, /t/, /n/, /g/, /k/ を含む口の中で作る大多数の子音）ということは，調音器官に関する空間的な情報であるから，空間情報処理は視覚優位という感覚間相互作用に関する一般原理に整合している。

顔と声が矛盾する組合せの刺激の中でも，音が/ba/のような唇音で映像が/ga/のような非唇音の場合にはマガーク効果が生じやすく，/b/と/g/が融合して一つの子音（英語圏では"d"，"th (ð)"など）に聞こえるが，その逆の組合せではかなり事情が異なる。音が/ga/で映像が/ba/の場合，聴覚情報どおりに"ga"と聞こえるか，または時間的な子音の結合が生じて"bga"の知覚が生じるといわれる[4),6)]。このような唇音と非唇音の非対称性の理由は明らかではないが，少なくとも視覚的には，両唇をいったん閉じてから破裂によって開く唇音は，非常に目立つ特徴をもっており，その顕著性が非唇音とは明らかに異なる。視覚刺激が唇音の場合は，その視覚的顕著性ゆえに，聴覚刺激との矛盾が明瞭で統合が生じにくくなるのではないだろうか。このように考えることは，視覚と聴覚の相補性に関して，単一感覚情報にあいまい性が大きいときに他方の感覚情報の寄与が大きくなるという一般原理とも整合する[7),8)]。

なお，マガーク効果は，実施の利便性から単音節で実験されることが多いが，有意味単語を用いても引き起こすことができる[9)]。ただし，その際，音声/met/と映像/get/が融合すると"net"になるように，視覚情報と聴覚情報が融合した結果の音も有意味単語となる場合のほうが視聴覚統合は生じやすい。

2.2.3 マガーク効果の頑健性

マガーク効果は，刺激として組み合わせる声と顔の性別が異なっていても，同じ性別の場合と同等の強さで生じるという[10)]。このことから，マガーク効果では，「両者は同一の対象に関する情報である」という**一体性の仮定**（assumption of unity）なしに視覚と聴覚の情報統合が生じるといえる。感覚間統合の諸現象の中には，一体性の仮定に基づくものも多いことを考えると[11),12)]，人

の話し声の動的パターンには声と口の動きを結びつける強力な手がかりが内在していると考えられる。

映像と音声の同期タイミングをずらしていくと，音声が遅れる場合は 180 ms まで，音声が先行する場合でも 60 ms までなら，マガーク効果の強さは完全な同期の場合とほとんど同じであるが，それ以上のずれになるとかなり減少するという[13),14)]。このように，マガーク効果における視聴覚統合が，多少の時間ずれをものともせず，一体性の仮定も必要としないほど頑健なのは，音声刺激のもつ動的特性，複雑性，生態学的妥当性，身体運動関連性，経験頻度などの要因のいくつかが関係しているからであろう。

なお，マガーク効果の生じやすさには，わずかではあるが検出可能な性差があり，女性のほうが男性よりも生じやすいという[15)]。この背景には，女性のほうが平均的に男性より読唇が優れることがあげられる[16)]。

2.3 言語経験の影響

2.3.1 発達的変化

マガーク効果の生起しやすさは，発達的に変化することが知られている。英語圏の研究によれば，マガーク効果は子どもでは大人ほど強くは生じず[4)]（3〜5歳，7〜8歳児と成人の比較[17)]；4〜6歳児と成人の比較[18)]；5〜11歳児と成人の比較），子どもは聴覚情報と一致した知覚をすることが多い。これは，子どもの視覚的な読唇能力が大人よりも劣るためであるといわれる[17)]。

そのような子どもにおける読唇能力の低さとマガーク効果の生じにくさは，自ら口を動かして言語音を正しく発音した経験が大人よりも短いことに起因しているかもしれない。/ða/ を /da/ などと発音してしまう構音エラーのせいで正しい発音経験の少ない4歳児は，構音エラーのない同年齢の幼児に比べて読唇成績が低く，マガーク効果も生じにくいという[19)]。

発達のほかの領域，例えば位置が矛盾する視聴覚刺激への注意などでも，乳幼児は聴覚優位であり，聴覚に比べて視覚の注意機能の発達は遅い[20)]。このよ

うな乳幼児の聴覚優位の原因として，ヒトの誕生時にすでに聴覚はよく発達しているのに対して，視覚が未熟であることが考えられる[21),22)]。

動物の脳では，誕生時には多感覚統合機能は未熟であり，生後ゆっくり発達するという[23),24)]。Wallace ら[23)] は，ネコを用い，感覚間統合に重要である**側頭皮質連合野**の発達を，4, 8, 12, 16, 20 週齢の子ネコと成体において，神経生理学的に調べた。成体では，この部位に複数感覚への応答特性をもつ**多感覚ニューロン**（例えば視覚刺激にも聴覚刺激にも応答するニューロン）が多数見つかっている。4 週齢の子ネコでは多感覚ニューロンは見つからず，体性感覚刺激に応答するニューロンしか見つからなかった。8 週齢になると聴覚刺激に応答するニューロンが出現し，同時に体性感覚刺激と聴覚刺激の両方に応答する多感覚ニューロンも確認された。視覚応答性のニューロンは 12 週齢になってやっと見つかった。成体の多感覚ニューロンでは，単一感覚刺激呈示時と比べ，複合感覚刺激呈示では発火頻度が増大する。この 1+1 が 2 より大きくなるという応答特性が感覚間統合機能を表していると考えられるが，8 週齢の多感覚ニューロンには，そのような感覚間統合機能は見られず，成体と同様の感覚間統合機能を示す発火頻度の増大は，20 週齢になってようやく明瞭になるという。彼らは，側頭皮質連合野のほかに，同じく統合機能を担うネコの中脳にある**上丘**でも同様の検討を行っている[24)]。上丘のほうが側頭連合野よりも発達のスピードがずっと速いが，どちらの脳部位でも，体性感覚→聴覚→視覚→多感覚統合機能，とニューロンの発達が進行するのは同様であった。声によるコミュニケーションをするヒトにおいては，胎児のうちから聴覚刺激にさらされるため，1 次聴覚野を含む聴覚機能の発達はネコよりも早いと思われるが[21)]，胎児期から乳児期にいたる生育環境を考えた場合，感覚間統合関連領野で視覚の発達がほかの感覚よりも遅いという順序は，ヒトでもネコでも同様ではないかと思われる。

2.3.2 母語によるマガーク効果の違い

Sekiyama と Tohkura は，聴覚的な音声の明瞭度が高い刺激では，日本語母

語者は英語母語者で報告されているほど強いマガーク効果を示さないことを見いだした[25]。この実験では，日本語話者が発音した/ba/，/da/，/ga/，/pa/，/ta/，/ka/，/ma/，/na/，/ra/，/wa/を用い，音声と映像が一致している刺激と矛盾している刺激のそれぞれで何と聞こえたかを報告してもらい，矛盾刺激でマガーク効果がどの程度生じるかを調べた。その結果，聴覚だけでの聞き取り成績が100％となる明瞭な音声刺激ではマガーク効果はあまり生じないこと，ノイズを付加して音声を聞き取りにくくすれば強いマガーク効果が生じることを見いだした。従来，英語母語者での研究では，聴覚的な音声が明瞭でもマガーク効果が生じると報告されてきたが，日本語母語者では，聴覚情報が劣化していないとマガーク効果は生じにくいようなのである。

　この結果を英語母語者のデータと比べるため，つぎに，言語を交差させた実験へと発展させた。そこでは，日本語母語者（日本在住）と英語母語者（アメリカ在住）の若者を被験者とし，上記の実験と同じ日本語刺激と，新たに作成した英語刺激（英語話者が発音した刺激）の両方を両母語者に呈示し，マガーク効果の生起頻度を調べた[6]。ここでは音声と映像の吹き替えは同一話者内で行っている。その結果，平均で見ると，日本語母語者では英語母語者に比べてマガーク効果が弱いこと，両群において非母語刺激では母語刺激よりもマガーク効果が強く生じることが見いだされた。また，聴覚的なノイズを付加して音声を聞き取りにくくした場合には，日本語母語者と英語母語者の間でマガーク効果の大きさに差がなくなった（図2.1）[26]。これらのことから，明瞭な音声に対して，日本語母語者は視覚的な読唇情報を英語母語者ほどは使わないこと，しかし音声が不明瞭になれば日本語母語者も英語母語者と同様に視覚情報を使うことが確認された。非母語刺激で強いマガーク効果が見られたのは，聴覚的な音声情報が母語刺激に比べてあいまいさをもっていたためと考えられる。非母語において視覚情報付加の影響がより顕著に見られることは，ほかの研究でも報告されている[27]。

　音声が明瞭なとき視覚情報をあまり使わないという日本語母語者の傾向は，その後，ほかの研究室でも確認されている[28),29]。日本語母語者，スペイン語

2. 音声情報の視聴覚統合処理

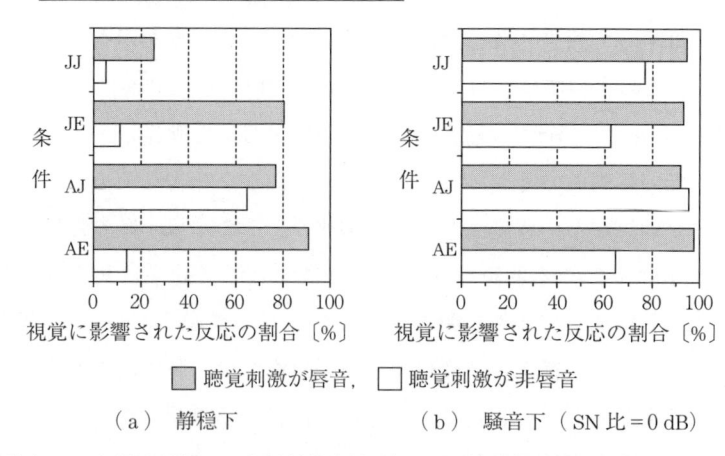

(a) 静穏下 (b) 騒音下（SN比＝0 dB）

聴覚刺激が唇音，　聴覚刺激が非唇音

JJ（被験者が日本語母語者で日本語刺激を呈示），JE（被験者が日本語母語者で英語刺激を呈示），AJ（被験者が英語母語者で日本語刺激を呈示），AE（被験者が英語母語者で英語刺激を呈示）の4条件について，聴覚刺激が唇音の場合と非唇音に分けて示す．

図 2.1 静穏下と騒音下における視覚に影響された反応の割合[4]

母語者，英語母語者を比較した Massaro ら[29]は，FLMP（fuzzy logical model of perception）という数理的なモデルにデータをあてはめることにより，被験者の母語の種類によって視聴覚統合の仕方が変わることはないと結論づけている．しかし，ローデータを分散分析した結果では，視覚の効果に「群×聴覚刺激のあいまい性」交互作用があり，明瞭な聴覚刺激において，日本語母語者はほかの群よりも視覚情報の影響を受けにくいことが読み取れ（文献29），p. 463），Sekiyama らの結果と整合している．

このような日本語母語者の視覚情報をあまり使わない傾向は，どのような原因によるのか明らかではないが，いくつかの要因が考えられる．一つは，日本では話者の顔をあまりじろじろ見るのは失礼だとする文化があること，もう一つは，日本語の音韻レパートリーが5個の母音と10個程度の子音を主たる構成要素とする少数要素からなり，英語で見られるような子音のクラスター（例えば street の str）も含まないため，聴覚のみでの音韻弁別が容易で視覚による補完の必要性が小さいことであろう．これらのうち，文化要因は，音韻レパートリー要因の土台の上に成り立つように思われる．

なお，Sekiyama は先に，「柿」と「牡蠣」のようにほぼ同じ口の動きだが音の高低（tone）で意味の違いを表す日本語においては，聴覚情報の果たす役割が大きいため，視覚情報の影響が相対的に小さくなるのではないかとする tone 説を提出した[30]。これは，中国語母語者において非母語刺激でのマガーク効果が弱いものであったことに関して，中国語における四声（四種類の音の高低推移パターンによる音韻対立）がその原因ではないかと考えたからである。ただし，中国語母語者におけるマガーク効果については，弱いとする研究もあれば[31]，逆の結果を出している研究もあり[32]，いまのところ tone 説の有力性は不明である。

2.3.3　言語差の発達的起源

前述したように，英語圏の研究では大人に比べて子どもではマガーク効果が生じにくいという発達的差異が繰り返し報告されていた。日本語母語者の成人でマガーク効果が生じにくいことを合わせて考えると，母語によって発達経過が異なる可能性がある。この問いに答えるために，Sekiyama と Burnham は，日本とオーストラリアで発達的データを収集し比較した[33]。

この実験には，6 歳児，8 歳児，11 歳児，大学生の被験者が参加した。各年齢で，半数は日本在住の日本語モノリンガル，半数はオーストラリア在住の英語モノリンガルであった。刺激は，予備実験で選んだ日本語話者 2 人と英語話者 2 人を用い，各話者の /ba/, /da/, /ga/ の発音をビデオ録画および編集して作成した。映像と音声が一致している刺激，矛盾している刺激（例：音声が /ba/ で映像は /ga/）のほか，音声のみ，映像のみの刺激も作成した。各被験者にはすべての話者の刺激を呈示し（母語および非母語刺激），それぞれが /ba/, /da/, /ga/ のどれに最も近く感じるかを，3 択でボタン押しにより答えてもらい，正答率と反応時間を計測した。

実験の結果，6 歳児では，マガーク効果を含めた視覚情報の影響は両群とも小さく，母語による差はなかったが，8 歳以降は英語母語者で視覚情報の影響が増大して日本語母語者との有意差が生じ，この言語差は大学生まで維持され

た。図 2.2（a）では，視覚情報の影響を表す指標として，AV 一致（視覚による促進効果）と AV 矛盾条件（視覚による干渉効果）の正答率の差の平均を示している。日本語母語者においては，視覚情報の影響（視覚情報利用度）は 6 歳から大学生に至るまで，その大きさに変化がないのに対して，英語母語者では 6 歳と 8 歳の間に急激な上昇が見られた。言語差は 6 歳と 8 歳の間に出現することがわかったのである。

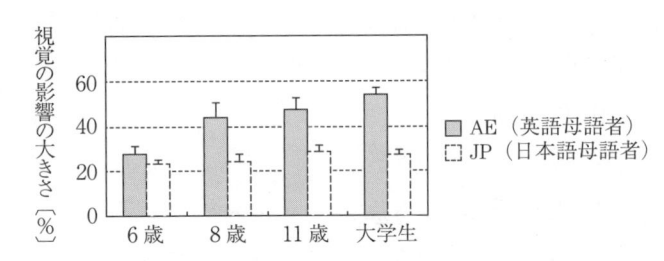

（a） 視聴覚条件における視覚の影響の大きさ（反応割合）の発達的推移

（b） 音韻判断の反応時間の発達的推移

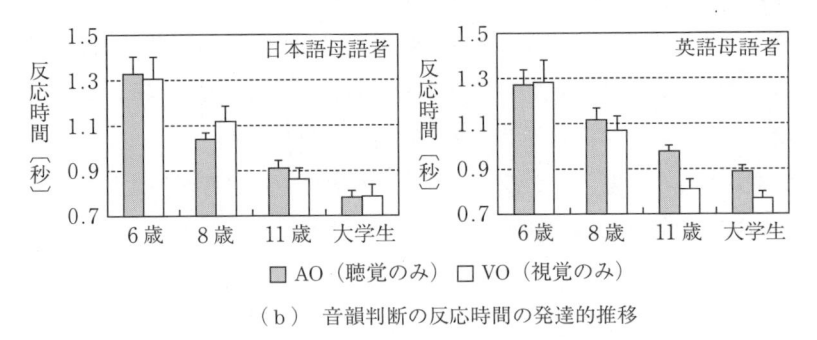

図 2.2 視聴覚音声知覚の言語差に関する発達的データ[33]

この実験では，反応時間においても興味深い結果が得られた。聴覚のみ（AO）での聴取，視覚のみ（VO）での読唇の反応時間を見ると，いずれも発達的に短縮していくが，日本語母語者では AO と VO の反応時間の短縮が同程度なのに対して，英語母語者では AO での短縮が鈍く，結果的に英語母語の成人では VO に比べて AO で反応時間が 100 ms も遅くなった（図 2.2（b）右）。英語母語者で VO のほうが AO より速い傾向は，8 歳ごろから始まっていた。

このことから，成人英語母語者では視覚判断が先行するために聴覚判断への視覚の影響が大きいが，日本語母語者ではほぼ同じタイミングであるために影響が比較的小さいと考えることができるかもしれない。

2.4 乳児における視聴覚音声知覚

　人の声と顔は，乳児が最も頻繁に遭遇する外界刺激であり，視聴覚音声知覚の初期発達には興味がもたれる。特に，誕生時に聴力がある程度成熟していることから，新生児は声に対する感受性が高く，誕生直後から生後数週間以内の乳児は母語と非母語を聞き分けたり[34),35)]，母語を非母語より好んだり[36)]，母親の声をほかの女性の声より好む[37)]ことが知られている。ここでは，乳児の視聴覚音声知覚について，音声−口形マッチング，知覚狭小化（母語への特殊化），音韻情報の視聴覚統合の三つの観点から見ていきたい。

2.4.1　音声−口形マッチング

　音韻情報について，口の動き（口形）と聞こえ方（音声）との対応関係がわかる**音声−口形マッチング**の能力は，視覚と聴覚情報が統合された音声知覚が生じるための第一歩である。これは，一致している刺激への選好注視で測られる。Dodd[38)]は，2.5〜4か月の乳児は，連続音声で語りかける話者の口の動きと声が同期しているとき，同期していないときより長く話者を注視することを見いだした。これは，まだ明瞭な言葉を話さない幼い乳児が，声と口の動きの対応関係をわかっていることを示唆する結果である。しかし，この手続きでは，視覚と聴覚の間の単なる時間的手がかりの一致・不一致に反応しているのか，それとも音韻的手がかりの一致・不一致に反応しているのか，区別できない。

　KuhlとMeltzoff[39),40)]は，単音節を用い，時間的手がかりを排除して実験を行った。4.5〜5か月児に母音/a/と/i/の二つの口形刺激を画面の左右に並べて同時呈示し，それらの中央に位置するスピーカからいずれか一方と対応する

音声を同期させて流した。音がないとき，いずれの口形刺激へも注視の偏好は見られなかったが，音声が呈示されると，乳児はその音と一致した口形のほうを長く注視し，一致口形の平均注視時間は全注視時間の73.6％であった。時間的な手がかりは排除されているので，この結果は音韻手がかりによるマッチングができていることを示している。同様に，4.5か月児は母音/i/と/u/についても音声－口形マッチングができることが報告された[41]。

PattersonsとWerker[42]は，上記と同様の手続きで，4〜5か月児の/a/と/i/の音声－口形マッチングは，呈示される話者が女性でも男性でも可能であることを確認した。その際，呈示された口形を乳児が模倣するかどうかも観察した結果，乳児は音声と一致している口形（丸い口/a/か，両端を横に引いた口/i/か）を他方の口形よりも有意に多く模倣していた。明瞭な言葉を話すずっと前に，乳児は視聴覚手がかりに反応して音声を模倣しているということが，定量的に示されたといえる。その後，**選好注視法**（二つのうちどちらをより長く見るかを調べる方法）が適用できる最少年齢である2か月児でも/a/と/i/の音声－口形マッチングができることが示され[43]，非常に早い時期に音声と口形の対応関係が獲得されていることが明らかとなった。顔と声の性別マッチングについては6〜8か月でないとできないという報告があり[44,45]，それに比べると，音韻情報に対しては発達初期から感受性が高いことが示唆される。

これらの英語圏での結果から，音声－口形マッチングは2か月（/a/と/i/）〜4か月（/i/と/u/）で可能であるといえるが，その一方で，わが国においては異なる結果が報告されている。麦谷ら[46]は，日本語学習児においては，5か月齢では音声－口形マッチングができず，8か月で/a/のみ可能になり，11か月でやっと/i/でも可能になるとしている。前述したように，日本語では，視聴覚に同時に着目することの有効性が英語よりも低いと考えられるが，このことが，英語学習児に比して音声－口形マッチングの学習を遅くするのであろうか。日本語学習乳児における視聴覚音声知覚のさらなる検討が望まれる。

2.4.2 知覚狭小化をめぐって

　初期認知発達に関して，いろいろな種類の課題で生後6か月以降に生じる経験による**知覚狭小化**（perceptual narrowing）が報告されている。例えば，顔の個体識別において，6か月までの乳児は成人には困難なサルの顔の識別が可能であり[47]，同様に，母語にはないような非母語の音韻対立の聞き分けもかなりできる（例えば日本人に難しい英語の/r/と/l/の対立[48]）。しかし，そのような能力はしだいに失われていき，生後12か月までに音声処理は母語に特化したものになる[49]〜[52]。乳児は，どのような環境にも対応できる素地を備えて生まれてくるが，生後の一定の経験に応じて，母語の効率的な処理に集中できる体制を整えるのだと考えられる。

　視覚的な読唇についても，最近，同様のことが生じているのではないかとする報告がなされた。Weikumら[53]は，6か月齢と8か月齢の英語学習児および英仏バイリンガル学習児に読唇で英語とフランス語を区別ができるかを，以下のような**馴化-脱馴化法**と呼ばれる方法でテストした。英語のサイレント・ムービークリップを繰り返し見せて馴化（注視時間が減少）したときにテスト刺激としてフランス語のクリップを呈示し，刺激の変化に対して注視が回復するかどうか，すなわち馴化期の最後に比べて注視時間が増大するかどうかを調べた。すると，6か月児ではいずれの群でも言語の変化に対応して注視が回復したが，8か月の英語学習児は注視が回復しなかった。このことから，6か月ではいずれの言語群でも読唇によって英語とフランス語の区別ができるが，それ以降は，英語しか経験しない英語学習児では区別が困難になり，両方の言語を経験し続けるバイリンガル学習児だけが弁別能力を維持すると考えられる。

　音声-口形マッチングにおいても，非母語への知覚狭小化が報告されている。Ponsら[54]は，スペイン語にはない音韻対立/b/-/v/を用いて，6か月と11か月の英語学習乳児とスペイン語学習乳児の音声-口形マッチングを調べた。/ba/と/va/の口形の2刺激を画面に並べて同時呈示し，その真ん中に位置するスピーカから，どちらか一方と一致する音声を流したところ，6か月児は両群ともに，音声と一致している口形を一致していない口形より長く注視

したが，11 か月ではスペイン語学習児でそのような一致・不一致による差異が消失したという。

このように生後1年間の後半に知覚狭小化が生じることに対して，Kuhlら[55]は，それまでできていた非母語の音韻弁別能力の低下を，この時期に非母語に触れさせることで食い止められないかと検討した。実験1として9か月のアメリカ人乳児（英語学習児）について，4人の教師が絵本の読み上げによって示す中国語の視聴覚音声を12回にわたって経験する群と，同様の言語学習セッションを英語で経験する統制群とを設け，学習期間終了後の中国語の音韻弁別能力を比較した。その結果，中国語経験群は統制群よりも高い正答率で中国語の音韻弁別ができ，経験によって非母語能力の低下が緩和されたことがわかった。続く実験2では，同様の中国語経験セッションを実際の訓練者が提供するのではなく，録画されたビデオによって与えたところ，実際の訓練者によるセッションのような効果は見られなかった。実験2で効果が上がらなかった原因はいろいろ考えられるが，実際の訓練者の場合の3次元性，即時応答性などが重要であると考えられる。

2.4.3　音韻情報の視聴覚統合

音声-口形マッチングは，音韻表象において視覚と聴覚の対応づけができていることを示すものであるが，それができていても，音声知覚場面で実際に二つのモダリティ情報を必ずしも統合するわけではない。例えば，マガーク刺激のような矛盾する視聴覚情報が与えられた場合，矛盾を感じるとしたら視聴覚の対応づけがわかっているからこそであるが，矛盾を感じた結果，どちらか片方のモダリティに依存した知覚が生じる可能性もある。マガーク効果が生じたなら，視聴覚統合が生じたといえる。言語的な教示のできない乳児においては，マガーク効果は視聴覚統合を調べるうえで非常に有用な方法となる。

ヒトの赤ちゃんの初語は，12か月ごろに見られるが，それより前の4～5か月齢においてマガーク効果が生じることを，英語圏のいくつかの研究が報告している。それらの研究の主張は必ずしもそのまま受け入れられるものではない

が，ここで概観してみよう．アメリカの Rosenblum ら[56]は，英語母語の大人では音声/ba/に映像/va/を同期させた刺激（AbVv）が "va" と視覚に影響された知覚を生じ，AdVv は "da" と聴覚依存で知覚されることから，5 か月児でもこの大人のような視覚の影響が生じるかどうかを馴化–脱馴化法を用いて検討した．まず一致刺激 AvVv に馴化させた後，AbVv か AdVv のいずれかのテスト刺激を呈示したところ，AbVv では注視が回復せず，AdVv へは注視が回復した．彼らはこの結果を，AbVv で統合が生じて va と知覚されていたからだと主張した．しかし，この結果は，/ba/と/va/，/da/と/va/の音響成分の類似性の違いに反応した場合にも起こりうるので，必ずしも視聴覚統合の証拠とはいえない．

カナダの Desjardins と Werker[57]は，マガーク効果で男女差が報告されていることを考慮して，4 か月の男女児で性差も要因に入れ，/vi/と/bi/を用いて上記（Rosenblum ら）と同様のテストを行った．実験 1 では，2 群の被験児に一致刺激の AvVv または AbVb のいずれかを馴化刺激として呈示し，その後テスト刺激として矛盾刺激の AbVv を呈示したところ，馴化からテストへの刺激変化が AbVb → AbVv の群にだけ期待された注視の回復が，女児のみで見られた．この結果が，視覚成分の変化のみによって生じた可能性を排除するため，実験 2 では，馴化刺激はそのままで，テスト刺激として大人で "vi" と知覚される AvVb を呈示した．この場合，AbVb → AvVb の群にだけ注視の回復が期待されたが，男女いずれにおいてもそのような注視の回復は見られなかった．実験 3 では，矛盾刺激 AbVv を馴化刺激にして，テスト刺激は一致刺激の AbVb か AvVv のいずれかであった．AbVv → AbVb のみで注視の回復が期待され，それは男児においてのみ支持された．しかし，この場合も，視覚成分の変化のみに反応した可能性を排除できていないので，視聴覚統合の証拠とはいえない．

オーストラリアの Burnham と Dodd[58]は，古典的なマガーク刺激に立ち戻って AbVg 刺激を馴化刺激に用い，4.5 か月児をテストした．この馴化刺激は，大人ではマガーク効果が生じると "da" か "tha" と知覚される．彼らは，

テスト刺激としては聴覚のみの刺激を用い，/da/，/ða/，/ba/の3種類のテスト刺激のいずれかを被験者に割り当てた．馴化とテストでモダリティが変化する場合，慣れているものをより長く見ることが多いことから[59),60)]，AbVg → /da/または/ða/の場合に注視の回復が期待された．結果はこれを支持するもので，現在のところ乳児のマガーク効果の証拠としてはこれが比較的難点が少ない．ただし，この論法では，馴化で一致刺激 AbVb を呈示された統制群では/ba/に対して注視の回復が期待されたが，それは確認できず，仮説は一部しか支持されなかった．以上のように，行動的なテストでは，乳児におけるマガーク効果の証拠を得るのはなかなか難しい．

　そんな中，ERP（event-related potential：事象関連電位）を用いてかなり有望な証拠が提出された．Kushnerenko ら[61)]は，/ba/と/ga/を用いた4種類の視聴覚刺激をイギリスの5か月児に呈示した．一致刺激の AbVb と AgVg，融合が期待される AbVg，矛盾の感知が期待される AgVb の4種類である．各刺激を乳児が視聴しているときの ERP を測定した結果，前頭葉と側頭葉で，矛盾刺激のみがほかの3種類と明瞭に異なる波形を示し，融合刺激ではマガーク効果が生じたために矛盾が感知されなかったのではないかと考えられた．この結果が融合刺激に対してマガーク効果が生じたことを意味するなら，視聴覚音声知覚が5か月齢で大人と類似していることになる．ただし，Kushnerenkoらのより最近の研究によれば，視聴覚音声知覚中に乳児がどこを見ていたのかを調べる視線計測を併用すると，AgVb で矛盾の検出を示すと思われた ERP 波形は，話者の口を見ていた時間が長いほど明瞭に現れることが明らかとなった[62)]．このことから，一致刺激と同様の ERP 波形を生じた AbVg で，本当に知覚的融合が生じていたのか，それとも口をよく見ていなかっただけなのか，区別がつきにくい状況になっている．むしろこの実験[61)]で特筆すべきは，後頭葉において，/b/と/g/が視覚的に弁別できていることを示す波形が観察されたことである．すなわち，視覚成分が/b/である AbVb と AgVb の波形は類似しており，視覚成分が/g/である AbVg と AgVg も類似し，視覚成分が異なると波形もかなり違っていた．

仮に，英語圏で示唆された5か月児におけるマガーク効果の生起が信頼できるものであるとすると，日本語学習児ではどうなのか，関心がもたれる。現在の音声知覚発達研究の趨勢が示す図式では，生後6か月ごろまではまだ母語への特殊化が生じておらず，日本語学習児でも同じことが観察されるはずである。しかし，前述したように2か月齢の英語学習児で可能とされる音声－口形マッチングは，日本語学習児では8か月にならないとできない[46]。知覚発達の一般原理を探るためにも，わが国の研究の進展が期待される。

　なお，マガーク効果とは異なる実験パラダイムを用い，Bristowら[63]はフランスの2.5か月児の音韻表象が声と口の動きの対応関係を反映した多感覚的なものであることを，ERPによって示唆している。この実験は，馴化－脱馴化法の脳波バージョンであり，馴化とテストの間で母音が変化する場合（ミスマッチ条件）としない場合（ベースライン条件），感覚モダリティが変化する場合（視覚→聴覚）としない場合（聴覚→聴覚）のERPを比較し，変化を感知したかどうかを調べている。その結果，母音が変化する場合の**ミスマッチ反応**と変化しない場合のベースラインとのERPの差異は，感覚モダリティが同一でも多感覚的でも，同様に観察された。このことから，すでに2.5か月児において視聴覚間の関係が音韻表象に保持されていると考えられる。また，彼らは，音韻ミスマッチ反応の電流源は左半球の下前頭回であったのに対し，話者の性別が変化する場合の性別ミスマッチ反応は右半球の下前頭回に電流源が定位され，音韻と性別で視聴覚統合に関与する脳部位が異なるとしている。後者の結果に関しては，行動データでは性別が同じかどうかのマッチングは8か月にならないとできないといわれていたことに反して[44),45)]，ERPでは2.5か月児でも可能であることが示され，彼らは脳機能データのほうが行動データよりも敏感なのではないかとしている。

　以上のように，視聴覚音声統合は，乳児の発達においても根幹的な問題として扱われており，言語的な教示ができない乳児では，脳活動を見ることが特に有用である。

48　2. 音声情報の視聴覚統合処理

2.5 脳活動から見た視聴覚音声統合

　知覚の神経基盤を調べる研究において，個々の感覚情報の要素的処理を担当する神経ユニットの振舞いがかなり明らかにされるにつれて，つぎの段階として，情報統合の問題に関心が高まってきた。それとともに，マガーク効果を含めた視聴覚音声統合の現象は，情報統合のよい例として認知神経科学者にも広く知られ，脳機能計測に利用されるようになった。ここでは，視聴覚音声統合にさいして，脳のどの部位が活動するのかと，脳内処理の速さの二つの面からそれらを見ていきたい。

2.5.1 視聴覚音声統合に関わる脳部位

　視聴覚音声統合に関わる脳内部位を空間解像度のよい方法で初めてとらえたのは，Calvertら[64]である。彼女らは，脳血流変化をターゲットとするfMRI（functional magnetic resonance imaging：機能的磁気共鳴画像化法）を用いて，連続音声のビデオを視聴しているときの脳活動を計測した。その際，①視覚のみ，聴覚のみの呈示でも活動し，②視聴覚一致刺激に対しては視覚および聴覚の単一刺激に対する活動量の和を超える活動があり，③視聴覚矛盾刺激では活動の抑制を示す，という三つの条件を満たす**超加算性**を示す部位を探したところ，左半球の**上側頭溝**にそのような部位が見つかった。上側頭溝には，視覚刺激にも聴覚刺激にも応答する多感覚ニューロンの存在がサルの電気生理学的実験で報告されているので[65],[66]，視聴覚統合の部位としてうなずける。

　Sekiyamaらは，マガーク刺激を用いて視聴覚音声統合の部位をfMRIとPET（positron emission tomography：陽電子放射断層撮影）で調べ，やはりCalvertら[64]と同様に左半球の上側頭溝がマガーク刺激の視聴覚統合に関連していることを見いだした[67]。ただし，この研究では，統合部位を定義するのに，Calvertら[64]のように異なる感覚モダリティ間での加減演算をするのではなく，二つの視聴覚条件での比較を行った。すなわち，聴覚刺激のSN比が悪

2.5 脳活動から見た視聴覚音声統合

く音が聞き取りにくい視聴覚条件と，相対的に音が聞き取りやすい視聴覚条件との比較である．前者でマガーク効果がより生じやすいので，SN比の低下による活動の増加分を見れば，視聴覚音声統合の活動を見ることができるという論法であった．

一方，Beauchamp[68]は，異なる感覚モダリティ間の比較をしながらも，Calvertら[64]の超加算性とは異なる基準を提案している．彼は，ニューロンレベルでは統合を担うニューロンは超加算性の応答特性で特徴づけられても，fMRIでは何億ものニューロンの活動が一括されてしまうため，視聴覚一致刺激への活動量がどちらの単一感覚刺激への活動量よりも大きい部位といった緩やかな基準で統合部位を定義するほうがよいとしている（文献69）も参照）．この基準を用いて行ったBeauchampら[70]の研究では，刺激として，ハンマーなどの道具を使用している映像と音と，話している人の顔と声の2種類を用いて，映像のみ（V），音のみ（A），映像と音（AV）の刺激を被験者に呈示し，fMRIによる脳活動を測定した．視覚ニューロン（VでAより活動が大きい），聴覚ニューロン（AでVより活動が大きい），多感覚ニューロン（AとVのどちらにも等しく反応し，AVで単一感覚よりも活動が増大）の所在を調べた結果，特別な受信機とコイルを用いた超高解像度のfMRIでは，3種類のニューロン群を分けてとらえることができた．それらは，上側頭溝を挟むようにして，上側頭回と中側頭回にわたって多数の小領域として分布しており，一つの小領域の中では視覚ニューロンと聴覚ニューロンのクラスターが多感覚ニューロンのクラスターを取り囲むように並んでいた．さらに，Beauchampら[71]は，超高解像度fMRIで上側頭溝に沿った多感覚ニューロンの所在を被験者ごとに確かめておき，その部位へ磁気刺激（transcranial magnetic stimulation）を照射して一時的な処理の阻害を引き起こしたところ，マガーク効果が減少することを見いだした．これは，上側頭溝付近の多感覚野がマガーク効果生起に必要な部位であることを示す結果であるといえる．

以上のように，視聴覚音声情報統合には上側頭溝が重要な役割を果たしていると考えられるが，上側頭溝のような連合野へいくまで多感覚統合が生じない

とする伝統的な見方に対して，近年，統合は第1次感覚野を含むさまざまなレベルで生じることを強調する立場もある。なかでも，GhazanfarとSchroder[72]は，上側頭溝や頭頂間溝のような連合野以外にも，前頭前野，運動前野，1次感覚野などの新皮質と，皮質下の上丘や視床などの多くの部位が多感覚統合に寄与しており，新皮質は基本的にすべての部位が多感覚的な性質をもつとしている。例えば，リーザスザルを用いた電気生理学的研究では，種内のコミュニケーションに用いられる鳴き声と発声中の顔の動きのムービー刺激に対して，視覚のみ，聴覚のみの条件と比べて視聴覚条件では1次聴覚野のニューロンの活動が高まることから，1次聴覚野においてすでに多感覚統合が生じているのではないかという[73]。

一方，ごく最近では，1次感覚野から前頭前野にいたる異なるレベルの皮質は，多感覚統合に一律に関わっているというより，階層的に異なる役割を担っているという研究結果も報告されている。例えば，WernerとNoppeney[74]は，ヒト被験者のfMRI実験で，対象物（道具や楽器使用中のムービー）を視覚のみ，聴覚のみ，視聴覚の条件で呈示し，分類課題遂行時と受動的観察時における脳活動を検討することにより，視聴覚統合のいろいろな処理過程を分解することを試みた。その結果，1次聴覚野では視覚情報による刺激顕著性の増大，上側頭溝と頭頂間溝では高次の特徴統合，前頭前野では意味的分類が行われており，異なるレベルの皮質は視聴覚統合に対して階層的に影響を及ぼすとしている。

2.5.2 視聴覚音声処理過程の時間的推移

刺激に対する脳内処理の速さを見るには，ヒトの場合，脳波の1種である**ERP**（event-related potentials：**事象関連電位**）がよく用いられる。ERPは刺激や事象に対する電位変化を示すものであり，刺激呈示から100 ms付近の陰性電位ピークを**N1**，200 ms付近の陽性電位ピークを**P2**などと呼ぶ。

視聴覚音声情報処理過程の時間的推移を検討したvan Wassenhoveら[75]の研究では，聴覚反応を反映する頭頂の電極で測定されたN1とP2に焦点をあて

て，視覚情報付加によって聴覚的な音声知覚過程がどのように修飾されるかを検討した。単音節/pa/,/ta/,/ka/を呈示して音韻判断を求める課題で，一致した視聴覚（AV）と聴覚（A）の呈示条件間でERPの波形を比較した結果，AVでは，Aに比べ，N1とP2の振幅が減少しており，多感覚条件で聴覚野の活動が低下することが示唆された。これは，fMRIで明らかにされた多感覚ニューロンにおける活動の増大とは矛盾するように見えるが，ERPの低い空間解像度では，単一ニューロンどころか局在された脳部位の活動もとらえていないことに注意されたい。この研究におけるもう一つの発見は，AVではAに比べてN1とP2のピーク潜時が短縮し，しかも視覚的に顕著な（読唇で正答率が高い：/p/＞/t/＞/k/）刺激ほど潜時短縮が大きく見られたことである。つまり，視覚的な特徴が明瞭な音韻ほど時間的促進効果が大きいのである。また，この研究では，マガーク刺激（ApVk）も用いられたが，その場合にはAに比べてN1とP2の振幅減少のみが見られ，潜時短縮は見られなかった。これらのことから，van Wassenhoveらは，音声という生態学的妥当性が高く，音声開始点以前に視覚的運動情報が始まっている刺激の場合，知覚者は音声開始前の視覚情報を用いて音韻表象を参照しながら予測的処理を行っており，これがERP波形の潜時短縮や振幅減少をもたらしていると考えた。van Wassenhoveらの解釈では，予測が後続する音声によって支持されると潜時が短縮し，予測が明瞭に形成しやすい音韻ほどその効果が大きくなる。また，視覚的に形成された予測によって，聴覚野の限られた細胞群しか活動しなくなるために振幅が減少するのではないかという。このような考え方は，音声知覚理論における合成による分析の理論（analysis-by-synthesis）[76]に近く，運動理論（motor theory of speech perception）[77]とも矛盾しない。この研究とほぼ同様の刺激と課題を用い，ERPではなくMEG（magnetoencepharography：脳磁図）を測定した研究でも，視覚情報付加によって100 ms付近のMEGピークの振幅が減少することが報告されている[78]。

上記のvan Wassenhoveら[75]の研究では，被験者は英語母語者であったが，マガーク効果が生じにくい日本語母語者でも同様の結果が得られるのだろう

か。積山の研究室でAV一致刺激とA刺激を用いて母語の影響を検討したところ，日本語母語者では少し異なる結果が得られた[79]。頭頂の電極のERP波形に関して，N1においては日本語母語者も英語母語者も同様に潜時短縮と振幅減少が見られたが，より後期の成分であるN2においては，群による違いが見られた。すなわち，視覚情報による潜時短縮は英語母語者においてのみ見られ，日本語母語者では逆に，視覚情報による潜時延長が見られた。この研究では，ERP実験に先立ち，刺激に対して音韻判断をしてボタンを押してもらう反応時間実験も行っており，その結果，英語母語者は一致した視覚刺激が付加されたAVのほうがAより反応時間が短いのに対して，日本語母語者では逆のパターンであった。反応時間は，視覚情報が英語母語者では促進的に働くのに対して，日本語母語者では妨害的に作用することを示していたのである。このことから，ERP波形で見られた両群の差異は，英語母語者が視覚情報と聴覚情報の統合を持続的に行うのに対して，日本語母語者はN1以降で視覚情報の処理を抑制することを示しているのかもしれない。

　このような言語差はなぜ生じるのだろうか。先ほどのvan Wassenhoveら[75]の説によれば，英語母語者は音声開始点に先だって視覚情報からの予測をしているというが，日本語母語者ではその予測は英語母語者よりもっとあいまいなものであると考えられる。視覚情報はもともと，音韻に関して大まかな情報しか与えない。例えば，聴覚的な/pa/は一つの音節を特定できるが，視覚的な/pa/は，/pa/，/ba/，/ma/のどれなのか区別できない。このように読唇において等価な音韻グループを「視素（viseme：音素に比した造語）」というが，英語では，日本語にはないような視覚的に顕著な音韻があり（v, thなど），子音の視素の数は英語のほうが日本語より多い[80],[81]。このような事情から，日本語母語者は視覚情報がそれほど有用でないため，日常生活で視覚による音声予測を英語母語者ほどには習慣的に行わないことが背景にあるのではないだろうか。

2.6 加齢の影響

加齢に伴い，聴力が低下することはよく知られている[82)～84)]。この章の冒頭で，高齢者は聴力の衰えを補うために口の動きの情報を必要としているという逸話的な表現を取り上げた。そのような視聴覚音声知覚に関する加齢変化は，定量的にとらえられているのだろうか。高齢者のほうが若年者よりも視覚情報に多く頼ることを示唆する研究は散見されるが[85)]，被験者の聴力を調べたうえで正常範囲の聴力保持者に限定した研究は少ない。

被験者の聴力を測定し，かつ高齢者と若年者が聴力的に同等となるように若年者にはノイズで音声刺激を少し聞き取りにくくし，マガーク効果の生起頻度を見た英語圏の研究では，高齢者と若年者で差がなかったという[86)]。この研究では，マガーク効果の生起頻度がかなり高かったため，天井効果で両群の差が見えにくくなっていたのかもしれない。マガーク効果が生じにくい日本語母語者では，天井効果の制約を受けずに加齢の影響を示せるかもしれない。

積山らは，日本語母語者を対象に，被験者の聴力を測定して聴覚異常者を除くとともに，若年者（20歳代）と高齢者（60歳代）が聴力的に同等となるようにノイズレベルを調整し（若年者には高齢者よりも 4 dB 高いノイズをかけた），3段階の SN 比で視覚情報付加の影響を検討した[87)]。ここでは，AV 矛盾刺激と一致刺激の正答率を見ることで，視覚情報の影響をマガーク効果と一致した視覚刺激による促進効果の両面から測定した。その結果，AV 矛盾刺激では，高齢者のほうが若年者よりマガーク効果の生起頻度が高いことがわかった。この実験では，ノイズレベルを年齢に応じて調整していたため，ねらい通り A のみの聴取課題の正答率では高齢者と若年者に差はなかった。また，V のみの読唇課題の正答率でも両群に差はなかった。したがって，AV 矛盾刺激での差は，純粋に視覚情報利用度の差を表している。単一モダリティの成績では差がないのに，なぜ視聴覚条件では高齢者のほうが視覚情報を多く用いるのだろうか。

その理由は，視覚と聴覚の処理速度の差にあるかもしれない。この実験では，反応時間も測定しており，高齢者と若年者の反応時間は，Ⅴのみの読唇課題では差がなかったが，聴覚刺激を含む条件で差が顕著であり，加齢による聴覚判断の遅延が見られた。高齢者における視覚利用度の高まりは，聴覚判断の遅延に比して相対的に処理の速い視覚が知覚判断への重みを増すことを示していると推測される。

2.7 おわりに

これまで述べてきたように，視聴覚音声知覚は，発達，加齢，母語の影響，脳内統合過程などいろいろなテーマで研究が活発に展開されている。本稿では触れなかったが，人工内耳装用者が音声知覚を回復する過程で読唇をどのように利用するかも，近年多くの研究が見られる[88]。人間の認知システムは，個人の感覚能力やおかれている言語環境などに応じて，最適な方法で多感覚入力のそれぞれのモダリティの重みづけを変化させているように思われる。視聴覚音声知覚は，生態学的妥当性の高い音声という刺激に関して，経験による認知の個性化を探る一つの例証となるだろう。

引用・参考文献

1) W. H. Sumby and I. Pollack : Visual Contribution to Speech Intelligibility in Noise, J. Acoust. Soc. Am., **26**, pp. 212-215（1954）
2) E. Vatikiotis-Bateson, I. M. Eigsti, S. Yano, and K. G. Munhall : Eye movement of perceivers during audiovisual speech perception, Percept. & Psychophys., **60**, pp. 926-940（1998）
3) L. A. Thompson and D. Malloy : Attention resources and visible speech encoding in older and younger adults, Exp. Aging. Res., **30**, pp. 241-252（2004）
4) H. McGurk and J. MacDonald : Hearing lips and seeing voices, Nature, **264**, pp. 746-748（1976）

5) D. Burnham and K. Sekiyama : Investigating auditory-visual speech perception development using the ontogenetic and differential language methods, in Advances in Auditory-Visual Speech Processing, E. Vatikiotis-Bateson, et al., Eds., Cambridge University Press, pp. 62-75 (2012)
6) K. Sekiyama and Y. Tohkura : Inter-language differences in the influence of visual cues in speech perception, J. Phonet., **21**, pp. 427-444 (1993)
7) D. W. Massaro : Perceiving talking faces : from speech perception to a behavioral principle, The MIT Press (1998)
8) D. W. Massaro : From multisensory integration to talking heads and language learning, in The handbook of multisensory processes, G. Calvert, et al., Eds., The MIT Press, pp. 153-176 (2004)
9) D. J. Dekle, C. A. Fowler, and M. G. Funnell : Audiovisual integration in perception of real words, Percept. Psychophys., **51**, pp. 355-362 (1992)
10) K. P. Green and P. K. Kuhl : Integral processing of visual place and auditory voicing information during phonetic perception, J. Exp. Psychol. Hum. Percept. Perform., **17**, pp. 278-288 (1991)
11) A. Vatakis and C. Spence : Crossmodal binding : evaluating the "unity assumption" using audiovisual speech stimuli, Percept. Psychophys., **69**, pp. 744-756 (2007)
12) R. B. Welch and D. H. Warren : Immediate perceptual response to intersensory discrepancy, Psychol. Bull., **88**, pp. 638-667 (1980)
13) K. G. Munhall, P. Gribble, L. Sacco, and M. Ward : Temporal constraints on the McGurk effect, Percept. Psychophys., **58**, pp. 351-362 (1996)
14) K. G. Munhall and E. Vatikiotis-Bateson : Spatial and temporal constraints audiovisual speech perception, in The handbook of multisensory processes, G. Calvert, et al., Eds., The MIT Press, pp. 177-188 (2004)
15) J. R. Irwin, D. H. Whalen, and C. A. Fowler : A sex difference in visual influence on heard speech, Percept. Psychophys., **68**, pp. 582-592 (2006)
16) C. S. Watson, W. W. Qiu, M. M. Chamberlain, and X. Li : Auditory and visual speech perception : confirmation of a modality-independent source of individual differences in speech recognition, J. Acoust. Soc. Am., **100**, pp. 1153-1162 (1996)
17) D. W. Massaro, L. A. Thompson, B. Barron, and E. Laren : Developmental changes in visual and auditory contributions to speech perception, J. Exp. Child. Psychol., **41**, pp. 93-113 (1986)
18) N. S. Hockley and L. Polka : A developmental study of audiovisual speech percep-

tion using the McGurk paradigm, J. Acoust. Soc. Am., **96**, p. 3309 (1994)
19) R. N. Desjardins, J. Rogers, and J. F. Werker : An exploration of why preschoolers perform differently than do adults in audiovisual speech perception tasks, J. Exp. Child Psychol., **66**, pp. 85-110 (1997)
20) C. W. Robinson and V. M. Sloutsky : Auditory dominance and its change in the course of development, Child Dev., **75**, pp. 1387-1401 (2004)
21) R. N. Aslin and R. H. Hunt : Development, plasticity, and learning in the auditory system, in Handbook of Developmental Cognitive Neuroscience, C. Nelson and M. Luciana, Eds., The MIT Press, pp. 205-220 (2001)
22) D. Maurer and T. L. Lewis : Visual acuity and spatial contrast sensitivity : Normal development and underlying mechanisms, in Handbook of Developmental Cognitive Neuroscience, C. Nelson and M. Luciana, Eds., The MIT Press, pp. 237-251 (2001)
23) M. T. Wallace, B. N. Carriere, T. J. Perrault, Jr., J. W. Vaughan, and B. E. Stein : The development of cortical multisensory integration, J. Neurosci., **26**, pp. 11844-11849 (2006)
24) M. T. Wallace and B. E. Stein : Development of multisensory neurons and multisensory integration in cat superior colliculus, J. Neurosci., **17**, pp. 2429-2444 (1997)
25) K. Sekiyama and Y. Tohkura : McGurk effect in non-English listeners : few visual effects for Japanese subjects hearing Japanese syllables of high auditory intelligibility, J. Acoust. Soc. Am., **90**, pp. 1797-1805 (1991)
26) K. Sekiyama : Differences in auditory-visual speech perception between Japanese and Americans : McGurk effect as a function of incompatibility, J. Acoust. Soc. Jap., **15**, pp. 143-158 (1994)
27) J. Navarra and S. Soto-Faraco : Hearing lips in a second language : visual articulatory information enables the perception of second language sounds, Psychol. Res., **71**, pp. 4-12 (2007)
28) P. K. Kuhl, M. Tsuzaki, Y. Tohkura, and A. N. Meltzoff : Human processing of auditory-visual information in speech perception : Potential for multimodal human-machine interfaces, in Proceedings of the International Conference of Spoken Language Processing, The Acoustical Society of Japan, pp. 539-542 (1994)
29) D. W. Massaro, M. Tsuzaki, M. M. Cohen, A. Gesi, and R. Heredia : Bimodal speech perception : An examination across languages, J. Phonet., **21**, pp. 445-478 (1993)

30) K. Sekiyama : Cultural and linguistic factors in audiovisual speech processing : the McGurk effect in Chinese subjects, Percept. Psychophys., **59**, pp. 73-80 (1997)
31) B. de Gelder and J. Vroomen : Auditory and visual speech perception in alphabetic and non-alphabetic Chinese-Dutch bilinguals, in Cognitive Processing in Bilinguals, R. J. Harris, Ed., Elsevier, pp. 413-426 (1992)
32) T. H. Chen and D. W. Massaro : Mandarin speech perception by ear and eye follows a universal principle, Percept. Psychophys., **66**, pp. 820-836 (2004)
33) K. Sekiyama and D. Burnham : Impact of language on development of auditory-visual speech perception, Dev. Sci., **11**, pp. 306-320 (2008)
34) J. Mehler, P. Jusczyk, G. Lambertz, N. Halsted, J. Bertoncini, and C. Amiel-Tison : A precursor of language acquisition in young infants, Cognition, **29**, pp. 143-78 (1988)
35) T. Nazzi, J. Bertoncini, and J. Mehler : Language Discrimination by Newborns : Toward an Understanding of the Role of Rhythm, J. Exp. Psychol. Hum. Percept. Perform., **24**, pp. 756-766 (1998)
36) C. Moon, R. P. Cooper, and W. P. Fifer : Two-day-olds prefer their native language, Infant Behav. Dev., **16**, pp. 495-500 (1993)
37) A. DeCasper and W. Fifer : Of human bonding : newborns prefer their mothers' voices, Science, **208**, pp. 1174-1176 (1980)
38) B. Dodd : Lip reading in infants : Attention to speech presented in- and out-of-synchrony, Cognitive Psychol., **11**, pp. 478-484 (1979)
39) P. K. Kuhl and A. N. Meltzoff : The bimodal perception of speech in infancy, Science, **218**, pp. 1138-1141 (1982)
40) P. K. Kuhl and A. N. Meltzoff : The Intermodal Representation of Speech in Infants, Infant Behav. Dev., **7**, pp. 361-381 (1984)
41) P. K. Kuhl and A. N. Meltzoff : Speech as an intermodal object of perception., in Perceptual development in infancy : The Minnesota Symposia on Child Psychology, **20**, A. Yonas, Ed., Earlbaum, pp. 235-266 (1988)
42) M. L. Patterson and J. F. Werker : Matching phonetic information in lips and voice is robust in 4.5-month-old infants, Infant Behav. Dev., **22**, pp. 237-247 (1999)
43) M. L. Patterson and J. F. Werker : Two-month-old infants match phonetic information in lips and voice, Dev. Sci., **6**, pp. 191-196 (2003)
44) M. L. Patterson and J. F. Werker : Infants' ability to match dynamic phonetic and gender information in the face and voice, J. Exp. Child Psychol., **81**, pp. 93-115

(2002)
45) A. S. Walker-Andrews, L. E. Bahrick, S. S. Raglioni, and I. Diaz : Infants' bimodal perception of gender, Ecol. Psychol., **3**, pp. 55-75 (1991)
46) 麦谷綾子，小林哲生，開 一夫：日本語学習乳児の母音視聴覚統合の発達過程，日本音響学会聴覚研究会資料，**38**, pp. 615-619（2008）
47) O. Pascalis, M. de Haan, and C. A. Nelson : Is face processing species-specific during the first year of life?, Science, **296**, pp. 1321-1323 (2002)
48) P. K. Kuhl, E. Stevens, A. Hayashi, T. Deguchi, S. Kiritani, and P. Iverson : Infants show a facilitation effect for native language phonetic perception between 6 and 12 months, Dev. Sci., **9**, pp. F13-F21 (2006)
49) C. T. Best, G. W. McRoberts, and N. M. Sithole : Examination of Perceptual Reorganization for Nonnative Speech Contrasts : Zulu Click Discrimination by English-Speaking Adults and Infants, J. Exp. Psychol. Hum. Percept. Perform., **14**, pp. 345-360 (1988)
50) P. D. Eimas : The perception of speech in early infancy, Sci. Am., **252**, pp. 46-52 (1985)
51) S. E. Trehub : The Discrimination of Foreign Speech Contrasts by Infants and Adults, Child Dev., **47**, pp. 466-472 (1976)
52) J. F. Werker and R. C. Tees : Cross-language speech perception : Evidence for perceptual reorganization during the first year of life, Infant Behav. Dev., **7**, pp. 49-63 (1984)
53) W. M. Weikum, A. Vouloumanos, J. Navarra, S. Soto-Faraco, N. Sebastian-Galles, and J. F. Werker : Visual language discrimination in infancy, Science, **316**, p. 1159 (2007)
54) F. Pons, D. J. Lewkowicz, S. Soto-Faraco, and N. Sebastian-Galles : Narrowing of intersensory speech perception in infancy, Proc. Natl. Acad. Sci. U S A, **106**, pp. 10598-10602 (2009)
55) P. K. Kuhl, F. M. Tsao, and H. M. Liu : Foreign-language experience in infancy : effects of short-term exposure and social interaction on phonetic learning, Proc. Natl. Acad. Sci. U S A, **100**, pp. 9096-9101 (2003)
56) L. D. Rosenblum, M. A. Schmuckler, and J. A. Johnson : The McGurk effect in infants, Percept. Psychophys., **59**, pp. 347-357 (1997)
57) R. N. Desjardins and J. F. Werker : Is the integration of heard and seen speech mandatory for infants?, Dev. Psychobiol., **45**, pp. 187-203 (2004)

58) D. Burnham and B. Dodd : Auditory-visual speech integration by prelinguistic infants : Perception of an emergent consonant in the McGurk effect, Dev. Psychobiol., **45**, pp. 204–220 (2004)
59) S. H. Wagner and L. J. Sakovits : A process analysis of infant visual and cross-modal recognition memory : Implications for an amodal code, in Advances in infancy research, **4**, L. P. Lipsitt and C. Rovee-Collier, Eds., Ablex, pp. 195–217 (1986)
60) A. S. Walker-Andrews and E. J. Gibson : What develops in bimodal perception?, in Advances in infancy research, **4**, L. P. Lipsitt and C. Rovee-Collier, Eds., Ablex, pp. 171–181 (1986)
61) E. Kushnerenko, T. Teinonen, A. Volein, and G. Csibra : Electrophysiological evidence of illusory audiovisual speech percept in human infants, Proc. Natl. Acad. Sci. U S A, **105**, pp. 11442–11445 (2008)
62) E. Kushnerenko, P. Tomalski, H. Ballieux, A. H. Ribeiro, A. Potton, E. L. Axelsson, E. Murphy, and D. G. Moore : Brain responses to audiovisual speech mismatch in infants are associated with individual differences in looking behaviour, Eur. J. Neurosci., **38**, pp. 3363–3369 (2013)
63) D. Bristow, G. Dehaene-Lambertz, J. Mattout, C. Soares, T. Gliga, S. Baillet, and J. F. Mangin : Hearing faces : how the infant brain matches the face it sees with the speech it hears, J. Cogn. Neurosci., **21**, pp. 905–921 (2009)
64) G. A. Calvert, R. Campbell, and M. J. Brammer : Evidence from functional magnetic resonance imaging of crossmodal binding in the human heteromodal cortex, Curr. Biol., **10**, pp. 649–657 (2000)
65) L. A. Benevento, J. Fallon, B. J. Davis, and M. Rezak : Auditory-visual interaction in single cells in the cortex of the superior temporal sulcus and the orbital frontal cortex of the macaque monkey, Exp. Neurol., **57**, pp. 849–872 (1977)
66) K. Hikosaka, E. Iwai, H. Saito, and K. Tanaka : Polysensory properties of neurons in the anterior bank of the caudal superior temporal sulcus of the macaque monkey, J. Neurophysiol., **60**, pp. 1615–1637 (1988)
67) K. Sekiyama, I. Kanno, S. Miura, and Y. Sugita : Auditory-visual speech perception examined by fMRI and PET, Neurosci. Res., **47**, pp. 277–287 (2003)
68) M. S. Beauchamp : See me, hear me, touch me : multisensory integration in lateral occipital-temporal cortex, Curr. Opin. Neurobiol., **15**, pp. 145–153 (2005)
69) T. M. Wright, K. A. Pelphrey, T. Allison, M. J. McKeown, and G. McCarthy : Polysensory interactions along lateral temporal regions evoked by audiovisual speech,

Cereb. Cortex., **13**, pp. 1034-1043 (2003)
70) M. S. Beauchamp, B. D. Argall, J. Bodurka, J. H. Duyn, and A. Martin : Unraveling multisensory integration : patchy organization within human STS multisensory cortex, Nat. Neurosci., **7**, pp. 1190-1192 (2004)
71) M. S. Beauchamp, A. R. Nath, and S. Pasalar : fMRI-Guided transcranial magnetic stimulation reveals that the superior temporal sulcus is a cortical locus of the McGurk effect, J. Neurosci., **30**, pp. 2414-2417 (2010)
72) A. A. Ghazanfar and C. E. Schroeder : Is neocortex essentially multisensory?, Trends. Cogn. Sci., **10**, pp. 278-285 (2006)
73) A. A. Ghazanfar, J. X. Maier, K. L. Hoffman, and N. K. Logothetis : Multisensory integration of dynamic faces and voices in rhesus monkey auditory cortex, J. Neurosci., **25**, pp. 5004-5012 (2005)
74) S. Werner and U. Noppeney : Distinct functional contributions of primary sensory and association areas to audiovisual integration in object categorization, J. Neurosci., **30**, pp. 2662-2675 (2010)
75) V. van Wassenhove, K. W. Grant, and D. Poeppel : Visual speech speeds up the neural processing of auditory speech, Proc. Natl. Acad. Sci. U S A, **102**, pp. 1181-1186 (2005)
76) M. Halle : From Memory to Speech and Back : Papers on Phonetics and Phonology, 1954-2002 (Phonology and Phonetics, 3), Mouton De Gruyter (2002)
77) A. M. Liberman and I. G. Mattingly : The motor theory of speech perception revised, Cognition, **21**, pp. 1-36 (1985)
78) C. Davis, D. Kislyuk, J. Kim, and M. Sams : The effect of viewing speech on auditory speech processing is different in the left and right hemispheres, Brain Res., **1242**, pp. 151-161 (2008)
79) 久永聡子, 積山 薫, 伊賀崎伴彦, 村山伸樹：ERPと視線にみられる日英間の視聴覚音声知覚の差異, 日本音響学会聴覚研究会資料, **42**, pp. 559-564 (2012)
80) C. A. Binnie, A. A. Montgomery, and P. L. Jackson : Auditory and visual contributions to the perception of consonants, J. Speech Hear. Res., **17**, pp. 619-630 (1974)
81) 積山 薫, 城 和貴, 梅田三千雄：単音節の読唇による混同行列の分析：多次元尺度法による知覚属性の検討, 電子情報通信学会技術研究報告, IE87, pp. 29-36 (1988)
82) A. Glorig and J. Nixon : Hearing loss as a function of age, The Laryngoscope, **72**,

pp. 1596-1610 (1962)
83) S. Gordon-Salant : Age-related differences in speech recognition performance as a function of test format and paradigm, Ear Hearing, **8**, pp. 277-282 (1987)
84) R. D. Patterson, I. Nimmo-Smith, D. L. Weber, and R. Milroy : The deterioration of hearing with age : frequency selectivity, the critical ratio, the audiogram, and speech threshold, J. Acoust. Soc. Am., **72**, pp. 1788-1803 (1982)
85) L. A. Thompson : Encoding and memory for visible speech and gestures a comparison between young and older adults, Psychol. Aging, **10**, pp. 215-228 (1995)
86) K. M. Cienkowski and A. E. Carney : Auditory-visual speech perception and aging, Ear Hearing, **23**, pp. 439-449 (2002)
87) K. Sekiyama, T. Soshi, and S. Sakamoto : Enhanced audiovisual integration with aging in speech perception : A heightened McGurk effect in older adults. Front. Psychol., Lang. Sci. doi : 10.3389/fpsyg.2014.00323, pp. 1-12 (2014)
88) 積山　薫：音声知覚におけるマルチモーダル情報の統合，認知心理学の新展開，川﨑恵里子編著，ナカニシヤ出版，pp. 3-22 (2012)

第3章
映像メディアにおける視聴覚融合

3.1 はじめに

　映画やテレビのような，映像メディアは，映像だけでは成り立たない。必ず「音」を伴っている。映像表現における音の役割は多岐に渡るが，いつも「脇役」扱いである。しかし，主役の「映像」が引き立つのは，脇役の音がうまく機能するからである[1),2)]。

　映像に加えられるのは，登場人物の足音や自動車のエンジン音のように，映像に表現された対象から発せられる音（**diegetic sound**）だけではない。映像の中の世界には存在しない，各種の効果音や音楽（**non-diegetic sound**）が，映像の効果を高めるために用いられている。音抜きの，映画やテレビドラマを想像してみよう。面白さは，半減してしまうだろう。テレビドラマや映画などでは，効果音や音楽は，場面を強調したり，登場人物の気持ちを表したり，場面のムードを伝えるなど，各種の演出効果を担っている。

　最近では，映画やテレビといった広く親しまれてきた映像メディアだけではなく，新たな映像メディアが数多く登場してきた。特に，視聴者からの参加を取り入れたインタラクティブ性を帯びた映像メディアは，これまでのメディアにない可能性をもち，新たなエンターテイメントの世界を構築しつつある。インタラクティブな映像メディアの多くのものは実験段階あるいは発展途上のものであるが，テレビゲームは巨大な産業に成長し，若年者にとっては，映画やテレビと同じぐらい広く親しまれている存在になってきた。

テレビゲームの世界では，当初は質の悪い映像が用いられてきたが，年々高画質化が進み，映像作品としての完成度も高まってきた。映像の高画質化とともに，効果音や音楽も，いかにも電子音的な低音質のものからリアルな高音質なものに進化してきた。テレビゲームにおいても，効果音や音楽は，従来からの映像メディアと等しく，虚構の世界への没入感を演出する重要な要素として制作されている。テレビゲームにおいては，音は単に映像の印象に影響を及ぼすといった知覚レベルの効果だけでなく，ゲームプレーヤのパフォーマンスにも影響を及ぼす。

映像メディアにおいて，音の役割は重要である。ただし，どんな効果音，音楽でもいいから，映像に組み合わせればいいというものではない。適切に組み合わされた音は，映像作品をより印象的なものにするが，組合せを誤ると作品は台なしになる。実際の作品の中で，どのような映像と音，音楽が組み合わされ，どのような効果を生み出しているのだろうか？音と映像を調和させるテクニックはあるのだろうか？テレビゲームにおいては，音はプレーヤのパフォーマンスにどのような影響を及ぼすのだろうか？

本章では，映像作品における視聴覚融合の理論的考察，映像作品の中で音が映像作品の解釈に影響を及ぼす様子，テレビゲームにおける音の影響，および視覚情報と聴覚情報が融合する過程を解説する。

3.2　映像メディアにおける音と映像の関係に関する分析的考察

3.2.1　音と映像の関係についての分析モデル

映像メディアにおける音と映像の関係については，映画を対象として，映画理論家や音楽学者によって多くの分析的考察がなされてきた[3)～12)]。その中で，ChionとCookは，映像メディアに関する理論的な分析モデルを提唱している[11),12)]。Chionは映画理論家，研究者（監督，作曲家でもある）の立場で，Cookは音楽学者の立場で，それぞれ映像メディアにおける音と映像の関係づけを行っている。彼らのモデルを使って映像メディアにおける音と映像の関係

のすべてが説明できるわけではないが，基本的なモデルとして広くその価値が認められている．Chion のモデルが掲載されている『オーディオ・ヴィジョン―画面における音』[11] は Phillips によって[13]，Cook のモデルが掲載されている『音楽マルチメディアの分析』[12] は，Cohen と Lipscomb によってレビューも行われている[14),15)]．

Chion は，映画の中で音と映像が組み合わされて生じる多様な現象を，音を中心に新たな概念を用いて論じてきた．彼は，映画における音と映像の基本的な関係を示すために，図 3.1 に示すような「三等分の円」モデルを提案した．

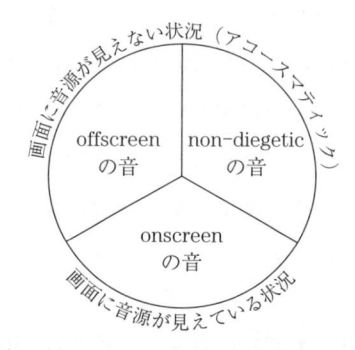

図 3.1 Chion の映画における「三等分の円」モデル[11]

図 3.1 中の **offscreen の音**（offscreen sound）とは，画面の中でその音源は見えないが，描かれている場面と隣接する空間に，同じ時間に発生していると想像される音を指す．「non-diegetic の音」とは，画面で示される場面と関係しない，別の時間と場所にある音源が発する音を意味し，通常，効果音や映画音楽，ナレーションがこのカテゴリに分類される．「offscreen の音」「non-diegetic の音」は，いずれも画面上には音源が見えない音で，**アコースマティック**（acousmatic）と呼ばれている．**onscreen の音**（onscreen sound）とは，その画面でその音源が見える音を指す．役者の台詞や足音などが，このカテゴリにあたる．

これらの三つのカテゴリは，それぞれ一つの円を 3 等分した領域を占めており，一つのカテゴリに分類した音が，別のカテゴリに変化する場合もある．例えば，足音だけが響いている裏町の風景から主人公が現れ，歩いてくる場面で

3.2 映像メディアにおける音と映像の関係に関する分析的考察

は，足音は，主人公が見えない状況では「offscreenの音」であるが，主人公が登場することにより「onscreenの音」に変化する。

実際には，これらの三つのカテゴリに収まりきらない映像の中の音も存在する（例えば，映画『ベイビー・トーク』（1989）での赤ん坊の台詞は，自分の声でもなく，ナレーションともいいがたい）が，こういった分類は映像メディアにおける音と映像の関係を考慮する際に非常に有用である。

Chion は，さらに，映画における音の最も重要な機能は，「視聴覚錯覚の現象」を生じさせることであると述べている。この現象は，音を付加したとき，映像表現を豊かにすることを意味する。映像に付加される音の機能は，音と映像の**シンクレシス**（synchresis）の状況下で作用するという。シンクレシスとは「synchronism（同期）」と「synthesis（合成）」の造語で，聴覚現象と視覚現象の間で，それらが理性的あるいは論理的に結合する必然性があるかどうかとは無関係に，同時に発生して生じる「自発的結合」のことである。映像作品中に表現された，さまざまな聴覚事象と視覚事象は，あるものはシンクレシスによって結びつくが，結びつかないものもある。この視聴覚融合の現象は，自動的ではなく，意味に依存し，ゲシュタルト原理と文脈によって体制化されることによるという。

さらに，Chion は，映画における音と映像の感情の相乗作用についても，映像と音楽の関係に依存して生じるものであると主張した[16]。映像場面の情緒的ムードに対する音楽の作用は，一般に「強調」と「補足」の二通りがあると考えられるが，彼はもう少し細分化して三つのカテゴリに区別した。

1番目のカテゴリは，音楽が登場人物の感情または場面の状況に直接に関与し，劇的ムードを醸成して意味を強化することから，**感情移入音楽**（musique empathique：仏）と呼ばれている。例えば，朝鮮戦争に翻弄される兄弟を描いた韓国映画『ブラザーフッド』（2004）のクライマックスの戦闘シーンで流れる遅いテンポの叙情的なオーケストラ音楽がこれにあたる。

2番目は，これと対照的に，音楽が登場人物または場面の強烈な感情や状況（例えば，死，危機，狂気，衝撃）には関係せず，異なる意味が加わることで

劇的ムードを強化する**非感情移入音楽**（musique anempathique：仏）と呼ばれている。例えば，『二十四時間の情事』（1959）というフランス映画の冒頭で，広島に投下された原爆の惨禍が映し出される場面に，無造作に流される20世紀の現代音楽がこれにあたる。

　もう一つの**教訓的対位法**（contrepoint didactique：仏）と呼ばれる種類の音楽は，補足的な概念や観念を表象するのに用いられ，音楽は読み取るべき，解釈すべきものとして用いられる。例えば，映画『父　パードレ・パドローネ』（1977）で，貧しいイタリアの田舎の不毛の風景に合わせて流れる「美しく青きドナウ」の音楽は，主人公の羊飼いが追い求める古典的ブルジョワ文化の観念を表象している。一般に，非感情移入音楽と教訓的対位法は同一視される傾向にあるが，前者が読み取りを仲介しない直接的な方法で感情を強化する反面，後者はある概念の理解を目的に使われる。

　音楽学者であるCookは，音楽，ことば，映像などの異なるメディアから映像作品を構成するための一般的な理論を構築した。映像作品における音と映像の結合様式には，**図3.2**に示すように①一致（conformance），②補完（complementation），③競合（contest）の三つの様式があると主張している。

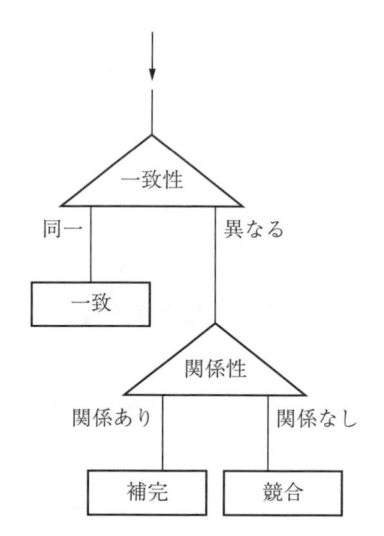

図3.2 Cookの考える映像作品における音と映像の結合様式[12]

最初の段階では，視覚モダリティと聴覚モダリティからの情報が同一の情報源から発信されたものであるかどうかの「一致性」が判断される。そして，同一の情報源のものではないと判断された場合，両者の「関係性」が判断され，両者の有機的関係が認められた場合，音と映像はたがいを補うような補完的関係で結びつく。音と映像の間に何の有機的な関係も認められない場合，両者は対立する競合関係となる。

以上，映画理論家と音楽学者の，映像メディアにおける音と映像の関係についての解釈を紹介した。音楽は映像と同等に映画の意味を構成しており，決して映像に従属された存在ではない。映画音楽は，映像と有機的関係をもっており，音楽自体としてよりは映像との相互作用の中でその効果を発揮するものである。

3.2.2 音楽（映画音楽）の役割

フランスのリュミエール兄弟が「シネマトグラフ（cinématographe：仏）」を開発し，無声映画（工場の出口から働く人々が出てくる映像）が最初に公開されたときも，音楽は映像と同じ場に存在していた。それが意図したものであったかどうかは映画理論家の間でも議論はあるが，音楽は手回し映写機からの騒音（開発当初は，相当ひどい騒音だったという）をマスクするとともに画面内の動作を描写する機能を担っていた[10),17)]。

今日でも，音楽は新たに登場してきたさまざまな映像メディアに使われており，その機能的側面が一層目立つようになってきた。映像メディアのはじまりは映画であり，映画の音の中でも，映画音楽はさまざまな角度から多くの議論がなされている。映画音楽の機能や役割に関する文献からは，映像に及ぼす音楽の影響にはさまざまな心理的現象が働いており，心理学と深い関連をもつことが伺える。

Münsterbergは，最初に映画理論と心理学を関連づけて論じた心理学者として知られている[18)]。彼は，映画は「心の言語」を話すユニークなメディアであると述べており，映画における音楽の役割について緊張の解決，興味の維持

(注意の持続)，安心感の提供，情動の強化，美的経験への貢献であると述べている。彼が実際に体験していたのは**トーキー映画**（talkie：映像と音声が同期して記録，再生される映画。詳細は4章参照）以前の映画であるが，無声映画と音楽演奏の組合せの経験を通して，音楽は映画において強い心理的効果をもっており，明示的，暗黙的に作用することを見抜いていた。

Cohen は，映画などの映像メディアにおける音楽の機能を①映写機からの不要な雑音をマスクして画面から注意をそらさない，②ショットとショットのつながりを自然なものにする，③映像との構造的または意味的調和によって画面の重要な対象へ注意を誘導する，④場面のムードを誘発する，⑤多義的な状況において意味や物語を伝える，⑥記憶との連想を用いて登場人物や未来の出来事を象徴化する（ライトモチーフやテーマ曲で，主人公の登場を告げるなど），⑦現実性や覚醒の水準を向上する，⑧映画の芸術的（美的）価値に貢献すると述べている[19],[20]。

O. Vitouch は，映画音楽の機能に関する Cohen の8項目をより簡潔に①注意（attention）の喚起，②情動（emotion）の操作，③情報（information）の伝達に分類し，頭文字を取って「映画音楽の AEI」と呼んでいる[21]。

Lipscomb と Tolchinsky は，映画音楽の役割に関する古典的理論（物語の情動的側面の向上や補完）とは別の観点から，意味を伝達する効果に着目した映画音楽の構成方法を多角的に検討した[22]。映画における音楽コミュニケーションの役割について，制作者や作曲家によって意図された音楽は情報の受け手に①映画の一般的なムード（恐怖，不安など），②登場人物の描写（感情，思考など），③明確な物語の構造（場面の劇的展開など）を伝えると述べている。

以上，さまざまな研究者らが指摘するように，音楽は映画経験に対する情動の強化，記憶や解釈に影響を及ぼす力をもつと考えられる。心理学的手法を用いた研究の歴史はそれほど古くないが，最近になって多くの研究者がこのテーマに取り組むようになってきた。テレビゲームの音に対しても，映像メディアの一種として研究が行われている。

3.2.3 映像美学の観点から見た音の選択と構成

映像作品の作り手のために，音をどのように用いれば良い作品が制作できるのかについても，いくつかの制作論がある．映画であれ，テレビであれ，映像メディアの構成要素は無作為な集まりではなく，ある美学的観点から構築された作品である．そのため，映像美学は，映像作品の完成度を評価する「ものさし」として機能している．本項では，映像美学の観点から見た，映像メディアの音の選択と構成についての制作論を紹介する．映像美学の基本的な目的は，四角い画面を視覚的および聴覚的要素で効果的に構成し，視聴者の知的，情緒的な欲求を充足させることにある．

Zettl は，映像制作のための美学的原理と方法論を構築した．彼は，映画やテレビなどの映像を飾る重要な美学的要素を，光，空間，時間・運動，音（台詞，音楽，効果音）の五つの要素と考えた[23]．残念ながら，一般的に映像用語（例えば，motion picture, cinema, television, video）は，音の概念を表していないものが多い．音は映像の付加物のように見られがちであるが，ほかの美学的要素と有機的な関係をなしており，なくてはならない必須要素である．

映像制作者，演出者としても活躍した Zettl は，音がどのように選択されて映像に適用されているかの美学的基準を知ることはきわめて重要であると考えた．彼は，映像における効果的な音の用い方には，「図と地」「遠近法」「連続性」があると考えた．

音の「図と地」（sound foreground-background）とは，映像の主被写体と背景の関係のように，ある音は「前景」として，ある音は「背景」として扱うことを意味する．例えば，事件の報道番組の中継ではリポータの声は，現場周辺の音よりも強調する必要がある．主人公が悪人グループと銃を撃ち合うアクション映画の場面では，主人公の銃の音は際立たせ，悪人の銃の音は控えめにする．

図と地の原理を，**図 3.3** に示すような若いカップルが都心の中で愛をささやいている場面に適用してみよう．図（a）のロングショットでは，主被写体のカップルと背景としての道を歩く人や車などの関係が不明確であり，映像は

(a) ロングショット　　　　　　　（b）クローズアップショット

図3.3　若いカップルの場面

すべてが同一視される。したがって，特定の音を強調する必要がなく，すべての音が同じように聞こえていればよい。しかし，図（b）のように，カップルの男女をクローズアップショットで撮った場合は，主被写体と背景の関係が明確になり，視聴者は主被写体の男女の話に耳を傾けるようになる。車などの周りの地（背景）の音に対して，男女の話し声ははっきりとした図（前景）の音として演出する必要がある。

音の「遠近法」(sound perspective) とは，大気遠近法のように，クローズアップショットと近くの音を，ロングショットと遠くの音を組み合わせることを意味する。近くの音は遠くの音よりボリュームを上げることで，音は視聴者の近くにあるように感じられる。視聴者は，図（a）のロングショットより図（b）のクローズアップショットで男女の声がより大きく聞こえることを期待するだろう。よって，男女の声を，周りの音より大きく演出する必要がある。

音の「連続性」(sound continuity, sound bridge) とは，一連のショットで，ショットは切り替わっても，音に一連性をもたせることを意味する。音の大きさと音質を維持することにより，ショットが切り替わっても，一体の表現として認識される。例えば，図（b）の話し合う男女のクローズアップショットを別のショットに切り替えても，視聴者に男女の声を一体のものとして持続させ

3.2 映像メディアにおける音と映像の関係に関する分析的考察   71

れば，一体感を維持できる。こうした音の連続性は，背景の音を一定で連続的に保つことによっても，作り出すことができる。

　T. Sobchack と V. C. Sobchack は，映画の時間，空間，音（台詞，音楽，効果音）が映画作品の構造と意味に及ぼす影響を考慮しながら，映画の美学を論じている[24]。映画の音は，映像と同様に編集されたり，再構成されたりする。彼らは，映画の中での音の用い方を，音の「遠近法」「連続性」「対位法」「慣習性」に分けて検討した。「遠近法」と「連続性」はZettlが提示したものと同様の概念である。

　音の「遠近法」では，特定の音を強調したり（ほかの音は消去したり），音の特徴を変化させたりする。前者に関しては，スキーの試合を描いた映画『白銀のレーサー』(1969)の試合の場面で見事に表現されている。雪を滑るスキーの摩擦音，呼吸の音のみが聞こえてきて，視聴者自身が試合に出ているように感じられる。音により，視聴者を場面に引き込み，あたかも主人公になったかのように錯覚させる。後者の例としては，アメリカの南北戦争を背景にした映画『ふくろうの河』(1961)があげられる。映画の冒頭で，川の橋の上で絞首刑から逃れた主人公の農場主が水面の下で逃げる途中で，自分を探している北軍兵士たちの声を確認するために水面上に上がった瞬間，話速が遅くなった声を聞く。これは，農場主の切迫な心情を表現するために，北軍兵士たちの声を変化させたもので，怪奇な声を発している北軍兵士たちが非人間的に感じられる。

　音の「連続性」は，二つ以上の異なるショットをつなぐ，効果的で芸術的な手法である。例えば，ニューディール政策の広報用のドキュメンタリ映画『平原を耕す鋤』(1936)では異なる場所と時間で撮った映像をつなぐために，持続的なナレーションを使っている。日照りの大地とさびれた農機具，葉っぱに落ちる雨粒など抽象的で文脈に合わない映像に，同じリズムの同じ声がこれらの映像を結びつける。音楽を用いた場合も，同様の効果を醸し出すことができる。若者の青春を描いた映画『卒業』(1967)でマットタイプの浮き輪で横になっている主人公と，ロビンソン婦人とベッドで横になっている主人公の

ショットは時空間的にまったく関連性がないが，サイモン＆ガーファンクルの「サウンド・オブ・サイレンス」が，これらの映像を組み合わせたときに場面を統一させて一体感を作り出す。もし，音楽がなかったら，これらの映像は，うまくつながらなかっただろう。

音の「対位法」とは，音と映像を同時に相互矛盾させて，新しい意味が生まれることを意味する。例えば，フェデリコ・フェリーニ監督の映画『8 1/2』(1963)では，温泉地の広場にある水飲み場に向かって，でこぼこした山道をゆっくりと歩いていくお年寄りたちの映像に，ワーグナーの力動的な音楽「ヴァルキューレの騎行」を組み合わせている。力強い音楽と無気力な映像の間の対比は，人間の熱望と現実との不一致という意味を生み出している。

音の「慣習性」とは，慣行化され一般に受け入れられている，音の使用法を意味する。逃げる車のタイヤの音，機関銃の音，追いかけるサイレンの音などは，犯罪映画における定番の音である。このような音は，現在も同様であるが，初期のトーキー映画の中ではギャング映画と関連が深かった。このように，社会的に慣行化された典型的な音を使うと，視聴者は当然なものとして受け入れ，ジャンルを特定するのにも貢献する。

映像メディアの音と映像は，両者をうまく組み合わせて，最も効果的な美的（あるいは芸術的）形態を作り出さなければならない。ただ単に，音と映像を組み合わせただけでは，意味のある作品を創造することはできない（偶然性の芸術は別として）。実際に，制作者は，長年の経験的知識から培った美学的基準で映像に組み合わせる音を選択し，おのおのの作品を完成させている。

Zettlは，音と映像を構成して作品の完成度を高めるためには，以下の基本的な四つの基準に従って，音と映像を適切に組み合わせる必要があると考えている。

まず，音と映像の①「歴史的，地理的背景を合わせる」ことが考えられる。歴史的背景の一致とは，音と映像の時代性が合うように組み合わせることを意味する。例えば，18世紀の場面には18世紀の音楽（チェンバロの曲など）を，1960年代の場面にはビートルズの音楽を組み合わせると自然なものにな

る。地理的背景の一致というのは，映像に表現された地域と同一の地域で生まれた音を組み合わせることを意味する。例えば，日本の場面では日本の音楽を，韓国の場面では韓国の音楽を組み合わせれば自然なものになる。

つぎの音と映像を②「主題で組み合わせる手法」とは，具体的な出来事や場所で耳に馴染みのある音を選択することである。例えば，教会の場面ではロックより賛美歌が適切な選択となる。すなわち，場面の出来事や場所から連想される音を選択すればよいのである。

また，③「ムードによる音と映像の組み合わせる」手法は，場面のムードや感情に合わせて音を選択することを意味する。悲しい場面では悲しい音楽を，愛を語る場面ではロマンチックな音楽を付加する。すなわち，場面の出来事から感じられる印象に応じた音を選択するのである。

音と映像を④「構造で組み合わせる」手法は，音と映像の内的構造によって音と映像を，同じ方向に進行させることを意味する。映像構成の複雑さに音楽の複雑さを合わせる，音楽のリズム構造に合わせて映像を編集するなどのテクニックが，この手法に相当する。制作者の「勘」で音と映像を組み合わせたとしても，実際には，無意識に両者のベクトルを比較分析して，構成したものになっていることが多い。しかし，映像内の支配的な構造的要素を分離し，全体的な構造をすべて把握することは，簡単なことではない。

われわれの知覚の働きは，不適切な刺激（情報）は遮断し，特定の有用な情報のみを選択的に受容している。映像の場面に調和する音の選択は，効果的な映像表現のためには欠かせない。

3.3 音が映像の印象，解釈に及ぼす影響

制作者の立場から見れば，音楽の醸し出すムード，情感を利用することによって，登場人物の心情や場面の状況を語ることができる。アクション映画でのカーチェイスでは，テンポの速い音楽で興奮をあおる。テンポの緩急は，ドラマの流れを作るのに効果的である。ホラー映画では，強烈な効果音と不気味

な音楽で，恐怖感を増大させる．ラブストーリーを盛り上げるのは，ムードあふれる音楽である．

韓国映画『猟奇的な彼女』(2001)の，脱走兵が投降する場面（ちょうど前半の最後）はこのような音楽の効果を実感させてくれる好例である．場面の状況と登場人物たちの気持ちのめまぐるしい変化に合わせて，音楽の特徴が次々と変わっていく．息詰まる場面では重々しい感じの音楽，動きがあるとリズミカルになり，しんみりした場面では情感あふれるピアノ曲，緊張がとけた場面ではコミカルな音楽が流れる．音楽のチカラで，観客をぐいぐいと物語に引き込んでいく状況を体験できる．

こういった映像作品における音楽の効果を，研究者の直感に基づいて考察するだけでなく（3.2節），心理学的な手法により客観的に明らかにしようとの試みも多く行われている．音楽が映像作品の印象に及ぼす影響のみならず，物語の展開の予想，解釈，記憶などに対する影響も研究対象となっている．

3.3.1　映画やテレビドラマにおける音楽が映像の印象に及ぼす影響

Tannenbaum は，35分のドラマを利用して，音楽を加えた場合と，音楽を用いない場合のドラマに対する印象評価実験を行った[25]．

ドラマの呈示方法は，演じられているドラマをそのまま見せる，固定カメラで撮影して呈示する，2台のカメラでクローズアップなどのテレビ的技法を使って撮影して呈示するの3条件であった．これらに音楽の有無の条件をそれぞれ設け，六つの条件に実験参加者を割り当て，**総合的評価**（evaluation：良い－悪い），**力動性**（potency：力強い－弱々しい），**活動性**（activity：活動的な－静的な）の三つの因子に関連する10個の尺度を用いて，**SD**（semantic differential）法によるドラマの印象評価実験を行っている．

総合的評価，力動性，活動性の三つの因子は，Osgood らのグループが，さまざまな対象に対してSD法による印象評価実験を行い，因子分析を行って，おおむね共通して得られた三つの普遍的な因子である[26]．SD法は，反対語で構成された複数の形容詞対で段階尺度を構成し，この尺度上の数値で対象（音

3.3 音が映像の印象,解釈に及ぼす影響

楽,絵画,景観,人物など)の印象を定量的に測る方法である.

音楽の影響は,総合的評価,力動性,活動性に関わる尺度の評価値で検討された.その結果,ドラマの呈示方法に関わらず,音楽を加えることで,ドラマの印象が(音楽がない場合よりも)力強く,活発になることが示されている.ただし,ドラマの総合的評価に対する音楽の影響は認められなかった.

Tannenbaum の研究は,専門家が選んだレコードを再生して音楽を呈示しているが,どのような曲を用いたのかは記載されていない.また,音楽の条件は1条件のみで,音楽の違いによってドラマの印象に及ぼす影響を示すまでに至っていない.しかし,科学的な方法で,音楽がドラマの印象に影響を及ぼすことを示したことにより,この種の研究の先駆けとなったといえる.

Marshall と Cohen は,幾何学的な図形(大きな三角形,小さな三角形,円)のアニメーションに弱い印象と強い印象をもつように作曲された単純なピアノ曲を組み合わせ,音楽が映像の印象に及ぼす影響を SD 法によって検討している[27].印象評価尺度には,Tannenbaum の研究と同様に,Osgood らが求めた三つの普遍因子に属する形容詞対を用いている.

この研究では,音楽も,弱い印象の音楽と強い印象の音楽を用意し,音楽の違いが映像の印象に及ぼす影響を検討している.音楽を組み合わせたときの映像の活動性および力動性は,音楽そのものの活動性,力動性と対応しており,Tannenbaum が示したように,活動性および力動性に関しては,聴覚の印象が直接視覚の印象に影響することが確認された.

ただし,総合的評価に関しては音楽と映像の印象の対応関係は認められず,評価の高い音楽を組み合わせたからといって,映像の印象が良くなるとは限らない.

この実験結果をもとに,音楽と映像の相互作用は,**図 3.4** のようにモデル化されている.音楽および映像の印象は,総合的評価,力動性,活動性の三つの側面で表現され,力動性,活動性に関しては,聴覚的印象が視覚的印象に直接的に影響する.総合的評価に関しては,視覚の印象と聴覚の印象の間に直接の影響はない.視覚情報と聴覚情報の調和感が,視聴覚情報の比較機構で判断

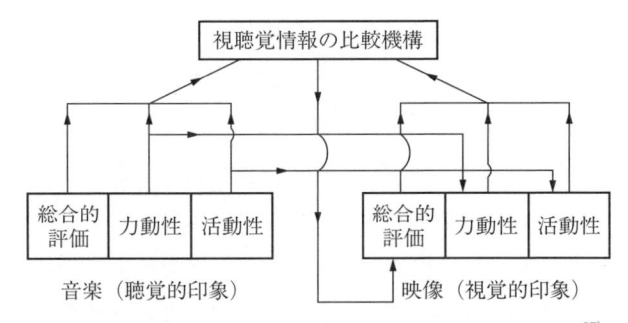

76   3. 映像メディアにおける視聴覚融合

図 3.4 Marshall と Cohen の音楽と映像の相互作用モデル[27]

されて，視聴覚情報の総合的な評価が行われると考えられている。

　また，この研究では，大きな三角形，小さな三角形，円といった映像に表現された個々の要素の印象に及ぼす，音楽の影響に関しても検討されている。これによると，同じ音楽でも映像要素へ与える影響が異なっていた。音と映像の動きが同期するなど，音と映像の要素が調和したときのみ，注意が傾けられ，音楽が映像要素の印象に影響を及ぼすものと解釈されている。

　Cohen は，さらに高音，テンポなどの音楽要素と視聴覚素材の印象の関係を検討している[28]。映像刺激は，ボールのはねる様子のアニメーションで，ごく単純なものである。音楽刺激も，単純なメロディ（単音を繰り返すもの）である。この実験では，ボールがバウンドする様子の映像から受ける印象を，「楽しい－寂しい」の尺度を用いて測定している。バウンドの速さが速いほど，映像から楽しい印象を受ける。この映像に，テンポの遅い音楽，普通のテンポの音楽，テンポの速い音楽を組み合わせて，印象の変化を観測した。テンポの遅い音楽からは寂しい印象，テンポの速い音楽からは楽しい印象を受ける。その結果，音楽の印象が映像の印象に影響を与えることが示された。遅いバウンドの映像とテンポの速い音楽が組み合わされた場合，もともと寂しい印象をもたれていた映像が，楽しい音楽によって楽しい印象をもたれるようになる。速いバウンドの映像とテンポの速い音楽の組合せは，楽しい音楽が映像の楽しさを増大させる。

　Cohen らの研究は，実証的な立場から映像における音楽の効果に取り組ん

だものであり，音楽知覚認知の分野において音と映像の相互作用の研究を発展させるきっかけを作った。

SiriusとClarkeは，3Dアニメーションソフトで作成した幾何学的な図形で構成される四つの映像と，実験用に制作した四つの音楽を用いて，MarshallとCohenと同様の[27]，SD法による印象評価実験を行った[29]。

実験の結果，映像と音楽の組合せの印象に対する音楽の効果は加算的なものであることが示された。音と映像の特定の組合せで印象の変化が著しく変わるような交互作用は，観察されなかった。

この研究では，音楽が映像の印象に及ぼす影響としては，音楽を付加することで映像の印象の活動性を弱める結果が示された。力動性においては，顕著な傾向は見られなかった。総合的評価に関しては，音楽が加わることで，映像の評価は高まる傾向が示された。映像自体が単調なものなので，音楽が加わることで「退屈さ」が軽減されたことにより，評価が高まったものと解釈されている。

LipscombとKendallは，映画『スタートレックⅣ―故郷への長い道』（1986）の映像と音楽を実験刺激として用い，映像に付加する音楽によって映画の印象が変化することを示した[30]。印象評価尺度は，これまでの研究と同様に，Osgoodらの三つの普遍的な因子に属する形容詞対を用いている。

視聴覚素材に対する音楽の影響は顕著で，活動性，力動性に関して，視聴覚素材の印象は主として音楽の違いによって決まっていた。視聴覚素材の印象は，組み合わせた音楽によって変化するが，どの映像の場合もおおむね同様の傾向が見られていた。複雑な和音構成で，強弱がダイナミックに変化し，リズム構造が複雑な音楽を組み合わせた場合には，力動感が高まる。テンポが速い場合には，活動感が高まる。メロディが活動的な音楽が組み合わされたときにも，活動感は高まる。

また，総合的評価に関しても音楽の影響が見られたが，制作者の意図に基づかない組合せより，制作者が組み合わせた視聴覚素材で評価が高まる（「良い」「美しい」「興味深い」「効果的」）傾向が見られている。MarshallとCohenの

研究のように[27]，視聴覚刺激の文脈における音と映像の組合せの「適切さ」が映像作品の評価（良し悪し）を決定しているようである。

このような研究によって，映像作品の音楽は，映像で表現された動作を強調する，映像の背後にあるものを表現する，物語を構成する，緊張感を高めるなどの効果をもつことがわかる。Rosar は，人間の外観からその人の性格や情動を読み取る「人相学」的アプローチが，映像作品における音楽の役割を考えるのに有効であると提案している[31]。われわれは，視覚的な情報から，登場人物の心の動きや場面の状況を解釈するのであるが，音楽が組み合わされると，音楽から感じ取れる情報が映像の解釈に影響を及ぼしているのである。

岩宮と佐野は，ある一つの映像に，同じメロディをもとにして，調性やテンポ，伴奏形態を変えた音楽を組み合わせて，映像コンテンツの印象がどう変わるのかを印象評価実験によって調べた[32]。

実験に用いられた映像刺激は，市販されている映画『スノーマン』(1982)およびレーザー・ディスク『ローリング・イン・ザ・スカイ』(1986)の一部を抜き出したものである。『スノーマン』では，主人公の少年とスノーマン（雪だるま）が空を飛び回る場面が用いられた。『ローリング・イン・ザ・スカイ』では，カナダ国防軍のアクロバット・チームによる9機編成の編隊飛行の場面が利用されている。

音楽素材としては，「アバロン」の一部を，ロック風，ジャズ風，クラシック風にアレンジしたものが用いられた。テンポも変化させている。さらに，もともと長調である楽曲を短調にアレンジした音楽素材も用いられた。

音楽の調性の違いは，映像の場面の印象を決める大きな要素であった。長調が「陽気な」印象，短調が「悲しい」印象をもたらす。

『スノーマン』では，長調のメロディを組み合わせたときには，スノーマンと少年の二人は楽しそうに空を飛び回っているように見える。同じ映像でも，メロディを短調に変えると，まるでスノーマンが少年をさらっていったかのように感じられる。『ローリング・イン・ザ・スカイ』では，短調の場合に，悲愴感が感じられ，「墜落することを予感させる」映像になってしまう。

3.3 音が映像の印象，解釈に及ぼす影響

音楽のテンポは，力動性に作用する。テンポが速い刺激ほど「白熱した」，テンポが遅い刺激ほど「淡々とした」印象になる。

音楽をクラシック風のアレンジにすると画面に「拡がり感」が出てくる。アレンジがロック風だと，拡がり感は得られない。ジャズ風のアレンジでは，拡がり感は，両者の中間ぐらいである。

ここで得られた傾向は，音楽によってもたらされた印象が，映像コンテンツの印象に作用したものと考えられる。図 3.5 に示すように，聞こえてくる音楽の印象と見えている映像の内容が心の中で共鳴して，物語が出来上がるのである。

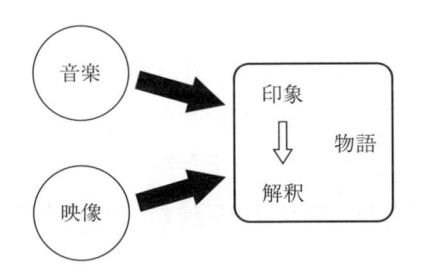

図 3.5 音楽と映像が心の中で共鳴して物語が形成される様子

さらに，吉川らは，スタッカート，レガートといった音楽表現が映像作品の印象に及ぼす影響を検討した[33]。用いた映像刺激は，映画『ファンタジア』(1940) に含まれているカバがダンスをしているアニメーションとレーザー・ディスク『ウィンダム・ヒル～チャイナ』(1987) の朝靄の中で中国の人々が自転車に乗り行き交う風景である。音楽刺激は，「ジムノペディ」第 1 番の冒頭部である。

各音符の長さ（音価）を短くして，スタッカートの表現をつけたときには，映像作品の印象は「軽やかに」なる。逆に，音符の長さを長くして，レガートの表現をつけたときには，「重々しい」印象になる。音楽のテンポも，「軽やかさ」に影響する。テンポが速いと印象が「軽やかに」，テンポが遅いと「重々しく」なる。

Shevy は，音楽が作品全体に及ぼす影響のみならず，登場人物の印象に及ぼ

す影響についても検討している[34]。この研究では，男性が荷車を引く犬を連れて登場する場面からはじまる，ミュージックビデオの映像（Steve Taylor の『A Principled Man』より）に「不穏な」印象,「楽しい」印象をもつ2種類のロックの演奏曲（それぞれ，Fourth Estate の「Poet's Lament」と Danny Oertli の「Soon And Very Soon」）を組み合わせて，「ミュージックビデオの主人公」「ミュージックビデオに描かれている世界」「ミュージックビデオ全体」の評価に対する音楽の影響を調べている。

実験に用いられた映像は，あいまいな筋書きと人物像で構成されており，対話や音楽的な場面が乏しく，否定的な印象の映像も肯定的な印象の映像も含まれている。実験に用いた音楽は，4/4拍子で明確な調性をもっており，エレキギターなどロック音楽に用いられる基本的な楽器編成になっている。

実験では，上述の映像に不穏な印象の音楽を組み合わせた条件，楽しい印象の音楽を組み合わせた条件，そして統制条件として音楽なし（映像のみ）の条件を設けて，異なる実験参加者群にこれら三つの条件に対する評価実験を行った。

実験の結果，全体的な作品の印象に関しては，不穏な印象の音楽の条件と音楽なしの統制条件間の違いは見られなかったが，楽しい印象の音楽の条件の場合はほかの二つの条件よりも評価が高かった。映像が描く世界の評価に関しても，上記の全体的な作品の印象と同様の結果が得られた。一方，登場人物の評価に関しては，楽しい音楽の条件で評価が高い傾向はあったが，三つの音楽条件間での差はわずかであった。

これらの結果をまとめると，楽しい印象の音楽が映像の世界と主人公に対する良い（肯定的な）印象を生じさせ，全体的な作品の評価を高めるといえる。

音楽は，映像の中の登場人物に対する視聴者の態度にも影響を及ぼす。Hoeckner らは，音楽が視聴者の登場人物に対する印象にどのような影響を及ぼすかについて検討を行った[35]。実験では，日本の北野武監督の『Dolls』(2002) をはじめ世界中の映画作品から抜粋した映像に，これらの作品とは異なる映画のサウンドトラックから抜粋したメロドラマの音楽（『エデンより彼

方に』(2002)の「Remembrance」など)やスリラーの音楽(『オーメン』(1976)の「Variable Mood」など)を含む多様な音楽を組み合わせた視聴覚刺激が用いられた。メロドラマの音楽は「感傷的な」「悲しい」「ロマンチックな」印象,スリラーの音楽は「不気味な」「力強い」「刺激的な」印象であった。用いられた映像は,登場人物の自然な表情のリアクションショットで終わり,台詞はないが,自然音や環境音は含まれている。実験参加者は,各種の音楽が組み合わされた条件下と音楽のない条件下で登場人物に対する「好感度」と「信頼感」を評価した。メロドラマの音楽は,音楽なしの条件に比べて登場人物の好感度および信頼感を高めたが,スリラーの音楽は好感度や信頼感を低下させた。メロドラマの音楽は,登場人物と視聴者の関係を密接にし,登場人物の心境をとらえたり,登場人物の立場になって考えたりするためのきっかけの役割を果たしたと考えられる。

3.3.2 「笑い」を誘発する効果音,音楽

「笑い」は,われわれ人間のコミュニケーションの場だけでなく,さまざまなメディア環境においても重要な要素の一つである。テレビの子ども向けアニメやバラエティ番組などでは,おかしさを強調する効果音や音楽も多用されている。こうした「笑い」を誘発する音は,面白い映像コンテンツを制作するためにはなくてはならない[36]。ハリセンを使って人を叩くときに「ビシッ」「バシッ」と大げさな音を使って,「つっこみ」を強調する。ギャグが滑ったときには,「カラスの鳴き声」や「お寺の鐘の音」で虚しさを強調し,逆に面白い場面に転換する。おかしさを強調するためにユーモラスな音楽,失敗した悲劇をより強調するための悲しげな音楽を組み合わせることもある。

面白おかしい場面を視聴者がテレビ局に提供する「投稿ビデオ」でも,より面白おかしくするために,効果音や音楽をつけて放送している。動物の落ち着きのない動きを強調するための「ヒュー」「ヒュー」といった音をつけて,ユーモラスな様子を演出する。子どもが滑って転んだときには,「ドシン」とまるで天地がひっくり返ったような音をつけて,失敗した様子を強調する。そ

の後には，悲劇を強調するための音楽が流される。われわれは，音で笑わされているのである。

　森らは，テレビで放映された投稿ビデオの作品などを用いて，効果音や音楽が付加されているものと，それらを取り除いた作品の「おかしさ」に関する印象評価実験を行った[37]。いくつの場合に，音が付加している条件において「面白さ」の評価値が上昇することが示された。たしかに，音の付加が笑いをとるのに貢献しているようである。

　さらに，森ら，金らは，お笑い系の映像コンテンツには，効果音として，転んだりぶつかったりするときなどの音を誇張して表現した**誇張音**（exaggeration sound effect），実際には音がしないモノ（動物，模型飛行機，キャラクタなど）の動きを音で表現した**イメージ音**（imagery sound effect，あるいは「抽象音」）があり，音楽として，音楽のもつムードで映像の雰囲気を演出する**BGM**（background music），音楽から感じられるシンボリックな意味で映像内容を演出する**シンボリックな音楽**（symbolic music）が多用されていることを分析し，印象評価実験によりこれらそれぞれが「面白さ」に及ぼす効果を実証している[38],[39]。

　イメージ音やBGMの場合には，音自体の印象が面白いことが多く，音自体がもつ「面白さ」が映像の印象を面白くする**共鳴的効果**（consonance phenomenon）により，面白さを強調していることがわかった。これに対して，「誇張音」が効果的に働くためには，音自体が面白いものである必要はない。モノがぶつかったり，人間を叩いたり，人間が転んだりする映像にあわせて，そのときに発生する衝突音を誇張するような音であれば，「面白さ」は強調される。シンボリックな音楽の場合には，その曲が知られているかどうかによって，その効果が変わってくる。よく知られた曲だと，「面白さ」を強調するのに効果的である。ただし，曲名までを知っている必要はない。例えばテーマ曲だと，何のテーマ曲かを知っていればいい。また，頻繁に使われる曲だと，使われる状況を覚えているだけでも笑える。

　実験に使われた視聴覚刺激の1例として，少年が誕生祝いのケーキのろうそ

くを吹き消そうとして，兄（と思われる人物）に横から吹き消されて残念そうに放心している様子の映像のあとに，バッハの「トッカータとフーガ ニ短調」の音楽を加えることで「面白さ」が強調されている。映像の内容も悲しい様子であり，この音楽の印象も「暗く」「悲しい」ものである。また，この曲は映像内容の悲しみを強調するために利用されることが多く，「悲劇的状況」をシンボリックに表現する曲として機能している。この例においては，映像と音楽の意味内容が調和することで，「人の不幸は蜜の味」的な人間のもつ意地悪な感情と利己的な優越感が笑いを誘発したものと考えられる。

3.3.3　音楽が映像の展開の予想，解釈，記憶に及ぼす影響

音楽が映像作品の印象に及ぼす影響だけでなく，物語の展開や解釈に及ぼす影響を検討した研究もある。Bullerjahn と Güldenring は，「The Joker」とタイトルづけられた約10分の多義的で終止感のない実写映画と3人のプロの映画音楽作曲家（R. Kühan, E. Thomass, P. Raben）が作曲した犯罪（2通り），スリラー，メロドラマ，漠然のバージョンの音楽を用い，映画音楽の効果について定量的分析と定性的分析を試みた[40]。定量的分析ではSD法による印象評価実験と映像作品のジャンル分類実験を行い，定性的分析では「登場する老人はなぜ旅に出ているのか？」といった質問に答える自由記述実験を行っている。

SD法による実験によると，メロドラマ・バージョンの音楽は，物語を最も悲しく，感傷的にさせる。スリラー・バージョンの音楽は，物語を最もスリリングかつミステリアスにさせる。

ジャンル分けの実験では，犯罪およびスリラー・バージョンの音楽を組み合わせると，映像作品を犯罪ジャンルに分類する実験参加者が増えた。メロドラマ・バージョンだと，メロドラマ・ジャンルに分類する実験参加者が増えた。

物語の展開や解釈にも，音楽の違いが大きく影響し，犯罪バージョンやスリラー・バージョンの音楽では，殺人や対立を予感させる。メロドラマ・バージョンの音楽では，家族関係に関する回答が増加する。「老人が誰かを訪問する」とか「家に帰る」といった解釈も多く見られた。

この研究により，映像に組み合わせた音楽は，情動的ムードの誘導，ジャンルの選択，主人公の動作の解釈，映画の終了に関する期待感（終了感）に影響を及ぼすことが示された。

Thompsonらは，映画の終了感における背景音楽（BGM）の影響を調べるため，三つの印象評価実験を行った[41]。

実験1では，12秒のアニメーションの映像に，シンセサイザで制作した強い終止感（主和音で終止）と弱い終止感（主和音以外で終止）の音楽を組み合わせた視聴覚刺激を用いた。二つの音楽は，最後の1小節のみ異なるだけである。実験1の結果，視聴覚刺激の終了感は，強い終止感の背景音楽を組み合わせたときのほうが，弱い終止感の音楽を組み合わせたときよりも強まった。実験参加者たちの内観報告によると，多くの実験参加者は，映像の手がかりに基づいて終了感を判断したと回答しており，音楽を手がかりにしたと言及するものはごく少数であった。音楽の影響は暗黙的であったといえる。

実験2では，より現実に近い素材として，著者の一人であるSinclairが制作した「森の中をマウンテンバイクで走っている」映像1（30秒）と「都会の中で3人が別々に現れ，別々の方向から1か所に集まり立ち止まる」映像2（34秒）の2種類の実写映像とプロの映画音楽作曲家のウィリス（G. Willis）が作曲した強い終止感と弱い終止感をもたらす2種類の音楽をそれぞれ組み合わせた4種類の視聴覚刺激を用いた。実験2の結果，映像1の場合には，実験1と同様の傾向が観察され，より現実的な映像クリップの場合も，背景音楽の終止感の違いが映画の終了感に影響を与えることが示された。ただし，もともと映像自体の終了感が強い映像2の場合，組み合わせた音楽によっての差は観測されなかった。

実験3では，ハリウッド映画『殺人ゲームへの招待』（1985）より抜粋した12種類の映像とシンセサイザで制作した12種類の音楽を用い，映像のみの条件と音のみの条件，そしてそれらを組み合わせた12種類の組み合わせ条件を設けた。実験3では，音楽および映像の終止感がともに視聴覚刺激の終了感に影響を及ぼすことが示された。重回帰モデルを使って音楽および映像の終止感

が視聴覚刺激の終了感に及ぼす影響を検討したところ，両者の影響はたがいに独立で，加算的であることが示された。

Cohen は，映像の意味が多義的である場合は音楽が映画の意味に強く作用する反面，映像の意味が絶対的な場合は音楽の影響は見られないことを示唆する実験を行った[28]。この研究では，「草原で女性が男性から走り去る」という意味のあいまいな（多義的な）場面（F1）と二人の男性が喧嘩するという意味が明確な場面（F2）の2種類の映画クリップに「対立（Conflict）」（M1）と「愛によろしく（Say Hello to Love）」（M2）と名づけた対照的な形式の2種類の映画音楽をそれぞれ組み合わせた視聴覚刺激を作成し，音楽が映画の情緒的意味（印象）と明示的意味に与える影響を調べた（**表 3.1**）。

表 3.1 多義的な場面と意味の明確な場面における音楽が映像の解釈に及ぼす影響 —情緒的な印象とタイトルの適切さ—（各図は平均評価値と標準偏差を示す）[28]

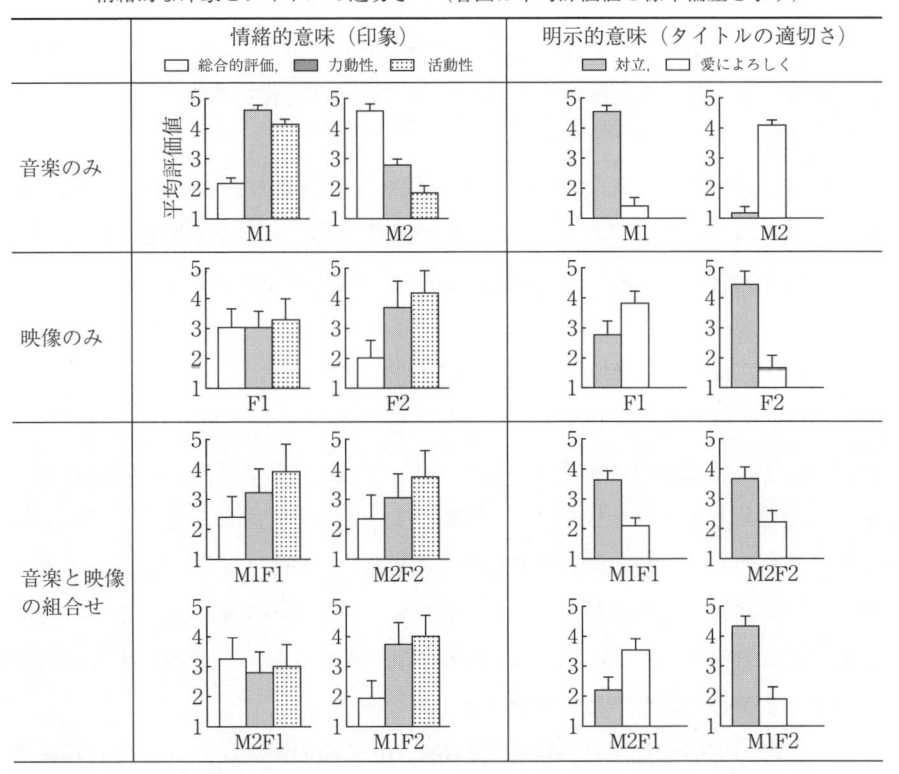

情緒的意味に関しては，力動性，活動性，総合的評価に関する印象評価実験を行った。明示的意味に関しては，実験参加者にタイトルの適切さの評価実験を行った。実験の結果，あいまいな場面の映像の場合，映画の情緒的および明示的意味とも，M1 からは直接に影響を受けたが，M2 からの影響は見られなかった。意味が明確な場面の場合は，どちらの音楽の影響も見られなかった。

男性が喧嘩をする映像は，場面の意味が明確であり，組み合わせる音楽を変えても，その意味が変わることはない。これに対して，男女の追跡の場面のようにその意味があいまいな場合には，音楽がその意味の解釈に大きな影響を与える。映像作品の解釈に対する音楽の影響の大きさは，映像コンテンツの意味のあいまいさの度合いに大きく依存する。

こうした映像の多義的な状況を解決する音楽の機能は，Bolivar らの実験でも確認された[42]。この研究では，狼の群れの社会的行動を表す映像が用いられているが，狼が喧嘩しているか遊んでいるか不明な場合，音楽はその意味の解釈に直接影響を与えた。映画音楽は，映像の意味を定義するのに役に立ち，多義的な映像においてはより効果的である。

背景音楽が映像の記憶に及ぼす影響を検討した研究もある。Boltz らは，映像の場面と関連した音楽のムードと挿入位置を操作し，音楽が映像の内容の記憶に及ぼす影響を調べた[43]。映像刺激として，否定的なエンディングあるいは肯定的なエンディングの 16 種類の映画クリップを用いた。この映像刺激に，否定的および肯定的な音楽を組み合わせた。

この研究では，実験参加者を三つの群に分けている。第 1 群には，音楽を組み合わせず，映像刺激のみを呈示した（音楽なし）。第 2 群には，映像と音楽を同時に呈示した（音楽同期）。第 3 群では，音楽を映像より先行して呈示した（音楽先行）。第 2 群は映像内容の情緒的意味を強調する条件であり，第 3 群は映像で展開される内容について音楽のムードによって期待をもたせる条件ともいえる。第 2，第 3 群では，音楽の印象を映像エピソードの結果と調和する条件と調和していない条件を設けた。

三つの群の実験参加者は，視聴実験後に 16 種類の映画クリップの内容をで

きる限り多く自由に書いて再生する課題を行った。その結果，音楽を呈示しなかった条件と比較して，映像より音楽が先行する条件では，映像と音楽のムードが調和していない条件で記憶成績が最も良かったが，映像と音楽を同時に呈示する条件では映像と音楽のムードが一致する条件で記憶成績が最も良かった（図 3.6）。

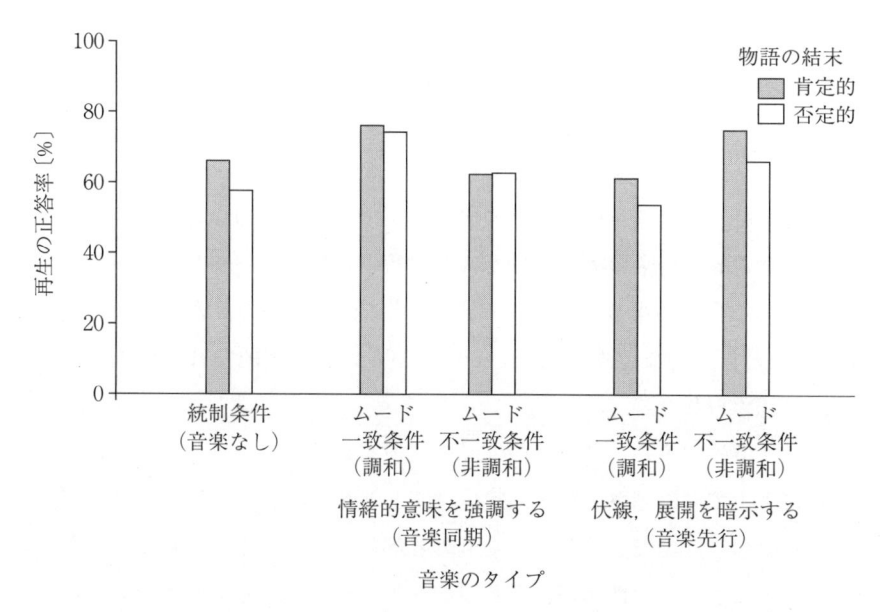

図 3.6 音楽と映像のムードが一致したときと異なるときの映画の内容の再生実験における正答率[43]

映像と音楽が同時に呈示される場合には，音楽と映像のムードが一致している場合，エピソードが記憶に残りやすい。一方，音楽が先行して呈示される場合，音楽のムードによって予想される展開が裏切られたときのほうが，期待通りの結末になったときよりも，強い記憶が残ったのであろう。

さらに Boltz は，音楽が映画に与える事後記憶のみならず，物語の理解や登場人物の動作や動機，個性の解釈に与える影響についても検討を行った[44]。

3種類の映画『キャット・ピープル』（1981），『めまい』（1958），『傷だらけの青春』（1988）から肯定的とも否定的とも解釈可能な短くて多義的な場面を

抜粋し，それぞれ肯定的な音楽，否定的な音楽，音楽なし（映像のみ）の条件を設けて一連の実験を行った。実験参加者は，各映画のクリップを視聴してからすぐに，映画のエンディングと主人公の動機や個人性に関する質問を文章で答える再生課題を行った。あわせて，映画の主人公の動作や感情を4種類の形容詞対を用いて評価した。さらに，異なる実験参加者に，予告せず1週間後に各映画に出現したものや場面の記憶に関する再認課題を行わせた。

実験の結果，音楽なしの統制条件と比較して，音楽と映像のムードが一致（調和）すると，映画に対する解釈や事後記憶を変化させることがわかった。例えば，ヒッチコック監督の映画『めまい』で男性が女性を追いかける場面の場合，音楽なしの統制条件ではその男性が探偵に，否定的な音楽の条件では殺し屋に，肯定的な音楽の条件では恋人と解釈されていた。また，実験参加者たちは肯定的な音楽の場合に「黒いセダン」「さびれた路地」より「晴れた日」「花束」など肯定的な要素を記憶しやすかったが，否定的な音楽の場合は反対の傾向が認められた。

音楽と映像の印象の一致が映像作品の記憶を促進する効果に関しては，吉岡と岩永によっても確認されている[45]。音楽と映像の印象が一致することで，強い感情が生起し，記憶が強化されたものと解釈されている。彼らは，印象が一致したことにより，感情処理に関わる資源配分を分割する必要がない（不一致の場合には分割する必要がある）ため記憶が促進された可能性も考慮し，妨害課題もある条件で同様の実験を行ったが，この効果は明らかにできなかった。

多くの研究で背景音楽の心理的効果が認められているが，場合によっては効果がないことを示した研究もある。Kopiezらは，省エネルギランプの有害物に関するドイツテレビの情報番組を用い，音楽なし（インタビューとナレーションの声あり）の報道映像と，各種の「感情」を誘発する音楽を付加した報道映像を作成し，情報番組の記憶や態度に対する音楽の効果について検討を行ったが，音楽の影響は見られなかった[46]。理性的な情報を伝える目的の映像に対しては，Boltzらの研究[43],[44]とは異なり，背景音楽は映像の内容の記憶や映像内容に対する態度に影響を及ぼさないものと考えられる。

Vitouchは、より実際の映像作品鑑賞の状況に近い実験環境を構成して、映画の物語の展開に対する音楽の効果を検討した[21]。この研究では、同一の映像に異なる音楽を組み合わせることによって、その後のプロットの展開の予想が変わるのかを調べられている。

実験参加者には、映画『失われた週末』(1945)の台詞のないオープニングの映像に、この場面に用いられた「本物」の音楽(Rózsa作曲)か、「偽者」の音楽(バーバーの「弦楽のためのアダージョ Op. 11」)のいずれか一方を組み合わせて呈示した。実験に用いられた映画と音楽は、実験参加者になじみのないもので、本物の音楽は肯定的な情動、偽者の音楽は否定的な情動を表現している。

実験参加者が回答した文章の分析を行った結果、二つの音楽条件間で、単語の数、文章の数、場面の時刻、映画ジャンルの違いはあまりなかったが、物語の展開に違いが認められた。本物の音楽では肯定的な物語の展開が予想された反面、偽者の音楽では否定的な物語の展開が予想された。だだし、その効果は予想されたほどは強くはなかった。

既存の映画音楽の効果に関する研究では、おもに音と映像を同期させて呈示したときの効果が検討されてきた。しかし、Tanらは、「プライミング効果 (priming effect)」の研究に影響を受け、音と映像を同期させて呈示するだけでは、映画における音楽の効果を測りきれないと考えた[47]。そこで、映画の登場人物の前後に音楽を挿入することによって、登場人物の情動に対する視聴者の解釈がどう変わるかについて実験を行った。

実験に用いた視聴覚刺激は、4種類の映画『インテリア』(1978)、『ディバ』(1981)、『スイミング・プール』(2003)、『トリコロール/青の愛』(1993)から抜粋した映像場面の前後にドリーブの「コッペリア」、アルビノーニの「アダージョ G Minor」、プロコフィエフの「ピーターと狼」、モリコーネの「アローン」の4種類の音楽を挿入したものである。映像は、一人の登場人物とその顔をクローズアップして撮影されたもので、特定の表情(情動)を浮かべていない。音楽は、上記の曲順に「喜び」「悲しみ」「怒り」「恐れ」の情動を喚

起させるものである。視聴者にあまり異質的なものとして見られないよう，もとの映画クリップの環境音と効果音は残したまま，これらの音楽のみを入れ替えた。

登場人物の情動の解釈には付加された音楽の印象が大きく影響し，「喜び」の印象をもたらす音楽を付加した場合に，登場人物の情動も「喜び」と評価された。一方，悲しい印象の音楽を付加した場合，登場人物の情動は「悲しみ」「憂鬱」「退屈」のように解釈された。実験参加者は，音楽で表現された感情と一致する方向に，画面上の登場人物の情動を解釈する傾向があった。「喜び」「怒り」の印象の音楽が登場人物の「喜び」「怒り」の情動に対する効果の場合，映像の後に音楽を付加したほうが前に付加するよりもその効果が大きい。「怒り」の印象の音楽が登場人物の「喜び」の情動に及ぼす効果，「喜び」の印象の音楽が登場人物の「怒り」の情動に及ぼす効果では，映像の先に付加したほうがより効果的である。

このように，映像の先あるいは後に呈示される音楽の印象が登場人物など，映像の情緒の解釈に影響を及ぼすことを**情緒プライミング効果**（affective priming effect）という。「恐れ」「憂鬱」「悲しみ」「不安」「嘆き」の情動に関しては，映像の前に音楽を付加したほうが後に付加するよりも情緒プライミング効果が大きかった。これらの情動では，音楽を先行して呈示すると映像に意識を向けることができ，より大きな効果が期待できる。Boltzらの音楽が映像の記憶に及ぼす研究で示された音楽の伏線的な役割も，このような効果と同様のものと考えられる[43]。映画の音楽は必ずしも画面上のイメージと同時に呈示するものでない。音楽の印象ごとの影響とそれを効果的に与える呈示位置を明らかにすれば，より効果的に音楽を用いた演出を考えることができる。

CohenとSiauは，映画『キートンの線路工夫』（1965）の一部を用いて，視聴者が組み合わされた音楽によって物語を構成する過程を，映像の妨害要素の検知実験によって明らかにした[48]。実験参加者の課題は，映像作品の画面の一隅に挿入された「X」を発見したら，ただちに反応することである。実験参加者は三つの群に分けられ，それぞれ，もとの映像作品（オリジナルの映像と音

楽が組み合わされた視聴覚刺激)，音楽をまったく別のもの（女性デュオ，シミリアの『Nota del Sol』のアルバムより抜粋）に入れ替えた視聴覚刺激，音楽を除いた映像刺激を与えられた。1回目の試行では三つの条件で反応時間にそれほど差はなかったが，2回目の試行ではオリジナルの映像作品の条件で反応時間が最も長くなった。音楽を除いた条件で反応時間は最も短くなった。音楽を入れ替えた視聴覚素材の条件の反応時間はその中間であった。

オリジナルの映像作品で用いられた音楽は，映像作品の一部として制作されたもので，オリジナル作品を視聴しているとき，実験参加者は音楽から得た情報を映像の情報と組み合わせて物語を作りあげている。そのため，実験参加者は視聴覚刺激が構成する物語への没入の度合いが強く，妨害要素の検知が遅れたのである。映像作品と関係のない音楽を組み合わせても，若干ではあるが，映像のみの条件よりも妨害要素の検知が遅れる。

本節で示してきたように，最近の多くの研究は，映像作品に用いられる音楽が，映像の印象に作用することを実証している。音楽が醸し出す情感と，映像の世界で展開される物語が心の中で共鳴し，音楽による情感が物語の形成に影響を与えるのである。この効果は，作品全体の印象に対しても，作品の構成要素である登場人物の印象にも，影響を及ぼすことが示されている。さらに，音楽の効果は，映像作品への没入の度合いや，情動の解釈，物語の記憶などにも影響を及ぼす。

ただし，音楽の付加は，必ずしも映像作品の評価を高めるとは限らない。映像作品の効果を高めるためには，音と映像の調和を図る必要がある。

3.4 テレビゲームにおける音の効果

テレビゲームやコンピュータゲームなどにおける効果音や音楽は，映画やテレビなどで用いられているものに劣らないくらい重要な役割を担っている。これまでゲームの音に関しては研究対象とされることはあまりなかったが，ゲーム産業の振興に伴い，ゲームの音に関する研究が登場してきた。

3. 映像メディアにおける視聴覚融合

NorthとHargreavesの研究は，この種の研究において先駆的なものともいえる[49]。この研究では，コンピュータゲームのレーシングゲーム『インディアナポリス500』(1990) を用いて，呈示される音楽が「課題遂行の成績（ラップタイムによって求めた）」に及ぼす影響を調べている。実験に用いられた音楽は，この研究のために作曲されたポップス風の2曲であった。

ゲーム経験の等しい4群の実験参加者は，練習を行った後に，それぞれ，数字の復唱課題の有無と音楽覚醒度の高低を組み合わせた四つの条件下でレーシングゲームを行った。実験参加者は，ヘッドホンで呈示された音楽を聞きながら，できるだけ速くコースを周回するように教示された。ゲーム中に復唱課題がある場合には，さらにランダムに呈示される数字を聞くとすぐに復唱するように教示された。ゲームの終了後には，音楽に対する好みなどに関する評価実験を行った。

実験の結果，興奮させる覚醒度の高い音楽と復唱課題があるときは，興奮させない覚醒度の低い音楽と復唱課題がないときよりも，周回のラップタイムは遅かった。また，音楽に対する好みと課題遂行の成績に深い関係があり，好きな音楽ではゲームプレーヤのラップタイムが速いことが示された。これらの結果は，好きな音楽，興奮させない音楽が，その逆の場合よりも，人間の限られた情報処理の容量の中で，ゲームでの課題と競合が生じないことで，ゲームプレーヤの認知的負荷が少なかったためと考えられている。また，復唱課題がないときに比べ，復唱課題があるときに音楽に対する嗜好度が低かった。

Yamadaらの研究も，ゲーム音楽がゲーム遂行能力に及ぼす影響について調べたものである[50]。この研究では，通常ゲームでは使われないようなジャンルの音楽を含むさまざまな音楽を聴取させた条件下で，実験参加者にレーシングゲーム『リッジレーサーV』(2000) を行わせ，その成績（ラップタイム）を測定した。聴取する音楽は，ゲームにあらかじめ付加された音楽「Fogbound」や，坂本龍一の「Energy Flow」，リッキー・マーティンの「リビング・ラ・ヴィダ・ロカ」，ベートーベンの「運命」などさまざまなジャンルの音楽であった。音楽なし（映像のみ）の条件でも，実験を行っている。

実験の結果，音楽なしの条件でラップタイムが最も速かった。この研究で用いられた音楽の中では，ラップタイムを音楽なしの条件よりも速める効果のあるものはなかった。音楽がゲームプレーヤの集中力を妨害したことにより，プレーヤのボタン操作能力が低下したことによるものと考えられている。ゲームの成績への音楽の妨害効果は，「重くて，落ち着きのない」印象の音楽ほど大きく，これらの音楽を聴きながらゲームを行った場合，ゲームが「ごちゃごちゃした」印象になってしまったという。

CassidyとMacDonaldも，聴取する音楽が，レーシングゲーム『プロジェクト・ゴッサム・レーシング2』(2003)の成績に与える影響を検討している[51]。この研究で聴取する音楽は，実験参加者自らが選択した（歌詞のある25曲のポピュラー音楽の中から選んだ）ものと，実験者が選択したものである。実験者が選択した音楽は，高覚醒の音楽（Take Itの「Shant」）と低覚醒の音楽（Jackson Cassidyの「Wishing」）で，両方ともあまり知られていないポピュラー音楽（歌詞あり）であった。

実験は，①実験参加者が選択した音楽条件，②実験者が選択した高覚醒の音楽条件，③実験者が選択した低覚醒の音楽条件，④自動車の音のみ（音楽なし）の条件，⑤映像のみ（音なし）の条件を設けて行った。

実験の結果，課題の成績は，**図3.7**に示されたように①，④，⑤，③，②の順番に良かった。つまり，①の実験参加者が音楽を選択した条件において，ゲームの成績が最も良かった。ゲームプレーヤは，この条件で，最も効果的にコース周回という課題をこなしたのであろう。実験参加者は，この条件において最も楽しくゲームに集中できたと報告している。また，同時に行われた印象評価実験により，自ら選択した音楽が一番適切な音楽であり，緊張や不安を減少させる音楽であることもわかった。対称的に，②，③の実験者によって選んだ音楽に暴露されると，ゲームの成績とその体験印象はそれぞれ②の条件で最も悪く，③ではそのつぎに悪かった。特に，覚醒度の高い音楽では，成績は最低であった。

NorthとHargreavesの研究でも[49]，好まれる度合いの高い音楽では，ゲーム

① 実験参加者が選択した音楽
② 実験者が選択した音楽（高覚醒）
③ 実験者が選択した音楽（低覚醒）
④ 自転車の音のみ（音楽なし）
⑤ 映像のみ（音なし）

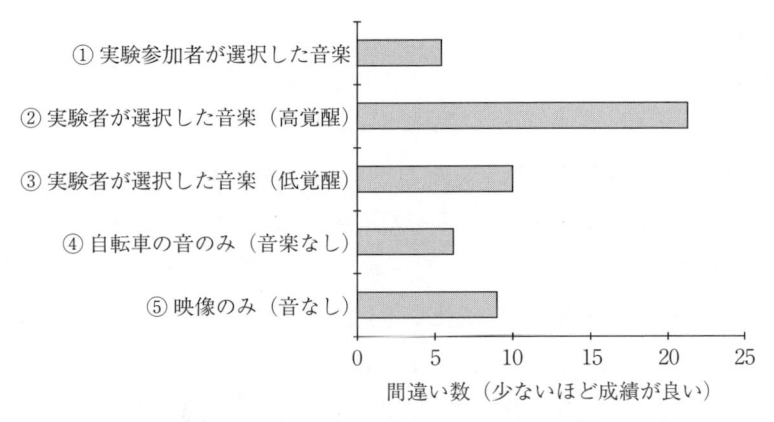

間違い数（少ないほど成績が良い）

図 3.7 各条件におけるゲーム課題の成績[51]

の成績は良くなる傾向が見られていた．好みの音楽の場合は，ゲームの課題に対して促進的な効果もあるのかもしれない．

Sakabe らは，Cassidy と MacDonald[51]，North と Hargreaves[49]，Yamada ら[50] が行ったレーシングゲームの研究より操作が単純なパチスロゲーム『大花火』(2000) を用い，ゲームの印象と成績に音楽が及ぼす影響について検討した[52]．音楽は，ゲームに付随された曲「青七 Big-bonus」と Yamada らの研究で用いられた全曲である．実験参加者にある一定のレベルまでにゲームの訓練を行った後に，各種の音楽ありの条件と音なし（映像のみ）の条件下で実験が行われた．

実験の結果，Yamada らの研究の結果と同様に，音楽を伴うと，音楽なしの条件に比べ，ゲームの成績が低下した．このようなゲームに対する「音」の妨害効果は音楽のみならず，効果音を用いた石田と相川の研究からも同様の結果（ゲームの成績を悪くする）が確認されている[53]．また，Yamada らの研究でゲームの成績を最低にさせた「重くて落ち着きのない」印象の音楽（「Fog-bound」）は，この研究においてもゲームへの集中力を低下させ，ゲームの成績に悪い影響を及ぼすことが示された．この研究でも，音楽がゲーム課題を妨害することが確認された．

以上の研究からは，ゲーム中の音楽の有無とその印象がプレーヤのゲーム成

績に影響をすることが示されたが，具体的に音楽のどの要素を操作すればゲームの成績が変化するのかについては不明であった。米田と山田は，Sakabeらの実験[52]で用いられたパチスロゲームを用い，音楽のテンポと音圧レベルがゲームの遂行成績に及ぼす影響について検討を行った[54]。音楽刺激は，Yamadaら[50]とSakabeら[52]の実験で用いられた曲から2曲（「Energy Flow」と「リビング・ラ・ヴィダ・ロカ」）を選び，音楽のテンポ（70〜223 BPM）と音圧レベル（40〜85 dB）を系統的に操作した。ゲーム能力をある程度のレベルまで訓練した実験参加者に対し，音楽なし条件と音楽呈示条件下でゲームを行わせ，その成績（成功率）を記録した。いずれの音楽呈示条件よりも，音楽なしの条件の成績が最も高かった。音圧レベルを変化させた場合，40〜55 dBの呈示条件では成績がほぼ一定であるが，これよりも呈示音圧レベルが高くなると，呈示音圧レベルが高くなるほど成績が低下する傾向が見られた。一方，テンポの違いは，ゲームの成績に系統的な変化を及ぼさなかった。

上記のCassidyとMacDonald[51]，NorthとHargreaves[49]，Sakabeら[52]，Yamadaら[50]，米田と山田[54]は主にゲーム音楽と課題遂行能力に焦点を当てたのに対し，LipscombとZehnderは，音楽がゲーム体験の印象に及ぼす影響に焦点をあてた研究を行った[55]。彼らは，音楽の有無によってゲームの印象が異なるのか，もしそうならば，音楽がゲームの印象にどのように影響するのか，そして，個人属性（性別，年齢）によってその影響が異なるのかを検討した。

映像は，ロールプレイングゲーム（RPG）『ロード・オブ・ザ・リング―二つの塔』(2002)より抜粋した三つの場面（「Weather Top」「Moria」「Amon Hen」）が用いられている。音楽には，各場面に付随しているオーケストラ風の曲を用いている。評価実験は，ゲームの映像に音楽を伴う条件と音楽を伴わない（映像のみ）条件，そして映像を伴わない（音楽のみ）条件に分けて行った。実験参加者は，映像を伴う二つの条件下でゲームのキャラクタであるアラゴルンをコントロールしながらゲームを行った。印象評価実験は，Osgoodら[26]の「活動性」因子と深い関係をもつ尺度を中心に，21対の印象評価尺度を用いて実施された。

実験の結果によると，「生き生きとした」「危険な」「ゆったりとした」「単調な」の尺度においては，音楽の効果が認められた。例えば，「生き生きとした」の場合，音楽なし（映像のみ）の条件で評価値が最も低く，音楽が付加されたことによりゲームの生き生きとした印象が最高となった。ただし，こうした変化の様子は，すべての尺度で一様ではなく，音楽の付加的効果は単純なものでない。また，一部の尺度で，性別差と年齢差の影響が観測された。例えば，「危険な」印象の場合，女性より男性のほうが音楽の影響をより強く受けている。

Yamada は，Lipscomb と Zehnder の研究[55]とは違うジャンルのサバイバルホラーゲーム『バイオハザード4』（2005）を用いて，「恐れ」の情動における音楽の影響を検討した[56]。実験は，サバイバルホラーゲームの中で音楽のない（銃声などはあり）2種類の戦闘場面と，サバイバルホラーゲームのために作曲された8曲（バイオハザードのシリーズから）の音楽を用いて行われた。2種類の戦闘場面には，それぞれ2匹の犬タイプのゾンビと何匹かの人間タイプのゾンビが登場する。

実験参加者は，まず8曲の音楽のみを聴取した後に音楽の印象に関する評価実験を行った。そして，映像と音楽をそれぞれ組み合わせて呈示した視聴覚刺激に対し，視聴覚組合せの「印象」と「恐怖感」に関する評価実験を行った。

実験の結果，Lipscomb と Zehnder の研究[55]の結果と同様に，ゲーム体験の印象は映像より，音楽によって強く影響を受けていた。「重い」印象の音楽は，ゲームの印象を「暗く」し，ゲームプレーヤに恐怖感を抱かせた。ホラー映画でも恐怖感を醸し出すために音楽の役割は非常に大きいが，この傾向はサバイバルホラーゲームにおいても同様であった。しかし，Lipscomb と Zehnder の研究とは異なり，この研究ではゲームプレーヤの性別の違いによる結果の差は見られなかった。

以上の結果を総合すると，レーシングゲームのように課題を遂行するタイプのテレビゲームでは，音楽聴取はゲーム課題に対して妨害効果をもつようである。特に，覚醒度の高い音楽，「重い」「落ち着きのない」印象の音楽は，妨害

3.4 テレビゲームにおける音の効果

効果が高いようである．このタイプの音楽は，ゲームプレーヤに強い認知的負荷を与え，ゲームに対する集中力を低下させるものと考えられる．ただし，ゲームプレーヤが好む音楽では，逆に，ゲームの成績を向上させる効果もある．なじみのある好みの音楽は，ゲームプレーヤに対する認知的負荷も低く，背景音楽として緊張感をほぐし，作業能力を向上する効果があるものと考えられる．

ゲーム音楽がゲーム体験の印象に及ぼす影響は，一般的な映像作品における音楽の影響と，同様のものであると考えられる．音楽のもつ情緒的意味が，ゲーム体験の印象に影響を及ぼしている．

ゲーム音楽がゲームの成績に及ぼす妨害効果は，利用の仕方によっては，ゲームの難易度のコントロールにも利用できる．大きいボリュームのゲーム音楽は，プレーヤの課題随行を妨げるが，小さいボリュームのゲーム音楽は課題随行を助ける．最後のボス（ラスボス）との激しい戦いなど，難しい場面では音量を絞ってから挑むこともよいだろう．

以上で概観したようなテレビゲームのために作曲される音楽は，どのような特徴があるのだろうか？ Tsukamoto らは，市販の有名テレビゲームの音楽CDより抜粋した100曲を用い，その聴取印象を調べる実験を行った[57]．ゲーム音楽の印象評価には，「明るい‐暗い」「重い‐軽い」「緊張する‐リラックスする」「力強い‐弱々しい」「落ち着いた‐あわただしい」「たるんだ‐ひきしまった」など，24種類の形容詞対尺度が用いられた．実験の結果，ゲーム音楽の印象は「快さ」および「興奮度」の2次元の印象空間で構成されていることが示された．Russell は，28種類の情動を「興奮度」と「快さ」の2次元で表現できることを示している[58]．また，Juslin は，クラシック音楽で演奏される五つの基本的な感情表現（喜び，優しさ，悲しみ，恐れ，怒り）と演奏特徴を，「Valence（ポジティブ‐ネガティブ）」（「快さ」に相当）と「Activity（高‐低）」（「興奮度」に相当）の2次元軸を用いてまとめている[59]．ゲーム音楽の印象空間も，大略的にはクラシック音楽の印象空間と類似しており，「快さ」および「興奮度」の2次元で表現できる．また，ゲームのジャンルによって2

次元の印象空間上での分布が異なり，RPGゲームの音楽は広範囲に布置され，さまざまな印象の音楽がゲームのために用いられていることが示唆された。これに対し，アクションゲームは「興奮する」「快い」印象のゲーム音楽が主であり，ホラーゲームは「不快な」印象のゲーム音楽が主であることが示された。

国内外の音響関連学会において，ゲームサウンドに関する関心が高まっている。アメリカに先駆けて日本では，2007年のAES東京コンベンションで「広がるオーディオ技術」をテーマに，ゲーム音響を中心としたワークショップと学生のためにゲームサウンドクリエイタとの座談会が行われた。Audio Engineering Society は，長い歴史の中で2009年に初めて「Audio for Games」をテーマに，ゲームに関わる音響技術と制作についてさまざまな取組みについての討議を行った。日本音響学会でも，2011年秋季研究発表会で「テレビゲームの音響と音楽」というスペシャルセッションを設け，ゲーム開発会社の技術者と音響学の研究者が集まり，音響学およびその周辺研究がゲームのコンテンツ制作にどのように貢献できるのかについて議論を行った。テレビゲームは，日本の有力なコンテンツ産業の一つになりつつあり，映像技術に限らず音響，音楽の側面におけるさまざまな技術が取り入れられている。ゲームの世界でもやはり「音」は欠かせない。

3.5 視聴覚融合をもたらすメカニズム

大きな感動をもたらす映像作品を制作するためには，音と映像の調和を図ることが重要である[60]。映像コンテンツの評価（良し悪し）は，音と映像の調和感と強い相関があることも示されている。

一般に，音と映像の認知的まとまりのよさ，つまり調和感を得るには，音と映像の**構造的調和**（formal or structure congruency）および**意味的調和**（semantic congruency）を図ることが有効であるといわれている。構造的調和とは，音と映像の時間構造を一致させることである。意味的調和とは，音と映像

のそれぞれがもつ印象（情緒的意味）を整合させることである．このような音と映像の調和における二つの側面は，Bolivarらの研究によってはじめて確認された[42]．

さらに，**音と映像の変化パターンの調和**（congruence between changing pattern of sound and moving picture）によっても，調和感を作り出すことができると考えられる．変化パターンの調和とは，何かが上昇する映像に上昇する音高（ピッチ）系列を組み合わせた場合に得られる，自然な調和感である．各種の映像の変化パターンと音の変化パターンの間には調和感を生み出すさまざまな組合せがあると考えられる．

本節では，音と映像の調和感を形成する「構造的調和」「意味的調和」「音と映像の変化パターンの調和」について解説する．

3.5.1 構造的調和

構造的調和は，聴覚的アクセントと視覚的アクセントが同期することによって形成される．Bolivarらは，狼の社会的行動を表す実写の映像とコマーシャルなどの商業用に用いられる歌詞なしの短い音楽を用いて音と映像の構造的調和の効果を検討した[42]．狼の行動の映像に対して，時間的に同期する音刺激を組み合わせた場合，同期していない音刺激を組み合わせた場合よりも，音と映像の調和度が高く，構造的調和の効果が確認された．

音と映像のアクセントを同期させる技法は，ディズニーのアニメーションで多用されたため，アニメの主人公の名前を借りて，**ミッキーマウシング**（Mickey Mousing）と呼ばれている．この技法は，オペラ音楽（ワーグナーの「ラインの黄金」）やバレエ音楽（ラヴェルの「ダフニスとクロエ」）に由来している．

ミッキーマウシングは，クラシック音楽に映像をつけた作品集『ファンタジア』の「魔法使いの弟子」などで体験できる．魔法使いの弟子役のミッキーマウスの動きが，音楽と絶妙にマッチしている．ミッキーマウスの動きに注目することで，映像の動きと一体化されることにより，メロディ・ラインを鮮明に

聴き取ることもできる。映像の動きが，音楽構造の理解を助ける役割も果たしているのである。この作品は1940年に制作されたものであるが，いまでも十分楽しめるだけの高い品質をもっている。

菅野と岩宮の研究によっても，映像と音のアクセントを同期させ，構造的調和を形成することによって調和感が高まることが実証されている[61]。**図3.8**に，印象評価実験の結果を示す。映像のアクセントは連続的に変化する映像の不連続点であり，音のアクセントはドラムスで作成した4拍子のリズムパターンである。映像の1カットが1小節のリズムパターンとぴったりと一致したとき，調和度は最も高くなる。1カットと1小節の時間が異なり，アクセントが同期していないとき，調和度は最低になる。1カットと1小節の時間は同一で，両者の時間が少しずれている場合（位相ずれ条件）は，同期条件と非同期条件の中間程度の調和度が得られる。

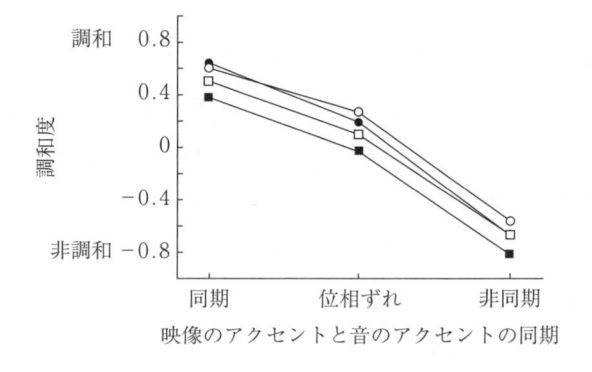

図3.8 映像の動きの速さ（速い，遅い）と映像のカットチェンジ頻度（高頻度，低頻度）を組み合わせた各水準における調和度[61]

同様の傾向は，Lipscombの一連の研究でも示されている[62),63)]。この研究でも，視覚と聴覚のアクセントが同期している条件（同位相），両アクセントの周期は同期せず交互に出現する条件（逆位相），両アクセントの周期が異なる条件（非同期）の三つの条件を設定している。視聴覚刺激は3種類で，実験者が作成した単純なアニメーション，抽象的なアニメーション作品集『ノーマン・マクラレンの世界』（1985），映画『愛のメモリー』（1976）の一部が用いられている。印象評価実験の結果，同位相条件が最も評価が良く（組合せが

「効果的」「同期」している），逆位相条件はやや悪く，非同期条件では最も悪かった。

　構造的調和を形成するためには，視覚と聴覚のアクセントを同期させることが重要であるが，同期していなくても両方のアクセントの周期が一致していれば，視覚情報と聴覚情報の対応をとらえることが可能で，構造的調和を形成することができると考えられる。そのため，視覚情報と聴覚情報のアクセントの周期が一致していれば，ある程度の調和感が得られるのである。

　映画やテレビなどの映像メディアでは，**テロップ**（Telop：**文字情報**）を呈示する際に，さまざまな出現パターンが用いられる。このとき，テロップの内容を印象的にするため，文字の出現パターンに合わせて各種の効果音が付加される。KimとIwamiyaは，テロップの出現パターンと効果音の構造的調和がもたらす効果について検討した[64]。

　よく用いられるテロップに，1文字ずつ現れるというパターンがある。こういったテロップ・パターンには，各文字の出現と同期して「ダッ」「ダッ」「ダッ」「ダッ」といった感じの，昔のタイプライタを彷彿させるような効果音が付加されている。実際，この種の音と映像が同期したテロップ・パターンは非常に高い調和感をもたらす。同じテロップに，効果音を「ボワーン」といった感じの音に入れ替えると，調和感はかなり低下する。フワッと出現するタイプのテロップの場合には，タイミングを合わせて「ボワーン」と鳴る効果音が調和する。

　金と岩宮は，さらにテロップと効果音の時間構造の開始部と終止部の同期が音と映像の構造的調和に及ぼす影響を調べた[65]。その結果，開始部の音と映像が同期していると，終止部で同期していなくても，開始および終止部いずれもが同期している場合と同程度の調和感が得られることが示された。音と映像の開始部が同期すると，視覚情報および聴覚情報が同一の事象から発生したものと知覚され，終止部が同期しなくても調和感が得られるのであろう。

　藤山らは，時々刻々の視聴覚刺激の音と映像の調和感を連続的に評価するという手法で構造的調和が形成される過程を検討した[66]。視聴覚刺激は，ドラム

ス・パートによる8ビートのリズムパターンと1面がピンク色,水色,緑色,黄色で覆われる画像が順番に切り替わるものである.音素材のドラムスの1拍目と3拍目に合わせて,映像素材の単色画像が切り替わるように組み合わせている.**図3.9**に実験結果を示すが,刺激呈示直後に調和感は急激に上昇し,安定した調和感を得ている.音と映像のアクセントの同期を検知して生まれる構造的調和は短時間で形成され,安定して感じられるものと考えられる.

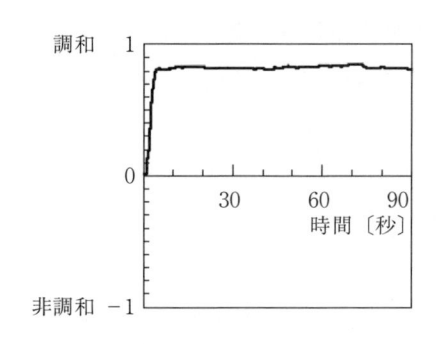

図3.9 音と映像のアクセントが同期した視聴覚刺激に対する音と映像の調和度の推移―構造的調和の形成過程―[66]

3.5.2 意味的調和

意味的調和は,陽気な映像場面に陽気な音楽を組み合わせるなど,視覚的印象と聴覚的印象を一致させることによって形成される.

意味的調和の効果は,狼の群れの社会的行動を表す映像を用いた,Bolivarらの研究でも検討されている[42].この実験の映像には,狼が喧嘩している攻撃的な場面および狼が遊んでいる友好的な場面がある.これらにやはり,攻撃的な音楽と友好的な音楽を組み合わせ,音と映像の調和感に関する印象評価実験を行った.友好的な映像に友好的な音楽,攻撃的な映像に攻撃的な音楽を組み合わせた場合,意味的調和が形成されると考えられる.音楽と映像のいずれか一方が友好的で,もう一方が攻撃的であると,意味的調和は形成されない.**図3.10**に実験の結果を示す.音と映像の調和度は,意味的調和が形成されているほうが,形成されていない場合よりも高い.音と映像の印象が類似して,意味的調和が形成された場合,音と映像の調和感を高めることができる.

岩宮らは,格子状の仮想平面上に配置した人形を右から左へと一定の速度で

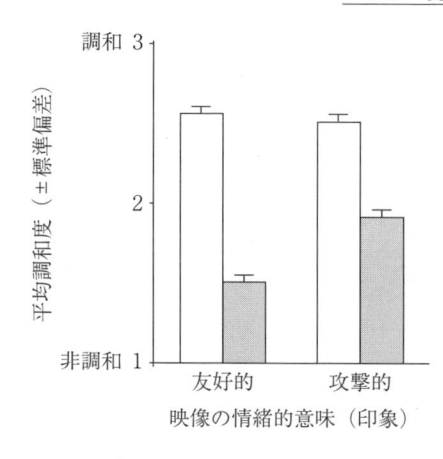

3.5 視聴覚融合をもたらすメカニズム

図 3.10 狼が遊んでいる友好的な場面および狼が喧嘩している攻撃的な場面に友好的な音楽および攻撃的な音楽を組み合わせたときの音と映像の調和度[42]

移動させたアニメーションを用いて，意味的調和の効果を検討した[67]。人形の移動速度は速い条件と遅い条件の二つを設定した。人形の密度については，高密度と低密度の二つの条件を設定した。

音楽素材としては，シンセブラス，ベース，ドラムスの三つのパートからなる楽曲を用いた。長調のメロディとそれを短調にアレンジしたもの，それぞれについて6段階のテンポを設定したものが音楽刺激である。

実験の結果，音と映像の調和度が非常に高い二つの視聴覚パターンが得られた。一つは，速い動き，高密度の人形の映像とテンポが速く長調の音楽の組合せである。もう一つは，遅い動き，低密度の人形の映像とテンポが遅く短調の音楽の組合せである。これら二つのパターンの映像と音の組合せを入れ替えた二つの視聴覚パターンの調和度は最低レベルになる。

人形の速度と音楽のテンポはスピード感と対応し，速いほどスピード感は増大する。人形の速度と調性の違いは，明暗の印象と関係する。速い動きと長調は明るい印象，遅い動きと短調は暗い印象を感じさせる。人形の密度と音楽のテンポは，混雑感と関係する。密度が高いほど，テンポが速いほど，混雑感は増大する。

調和度の高い二つの視聴覚パターンでは，人形の速度，密度，音楽のテンポ，調性の条件が，スピード感，明暗，混雑感において，視覚と聴覚の感覚が

同程度となっている。高速度，高密度の映像と速いテンポ，長調の音楽の組合せは，「スピード感のある」「明るい印象」「混雑感の高い」同士の組合せである。もう一方の視聴覚パターンは，「スピード感のない」「暗い印象」「混雑感の低い」同士の組合せである。ここで得られた調和感は，映像コンテンツの印象に同様の効果をもたらす視聴覚要因の組合せによるもので，意味的調和に基づくものと考えられる。映像と音楽が逆の印象をもたらす場合，意味的調和が形成されず，調和感が低下する。

構造的調和の効果を検討するために用いたテロップ・パターンと効果音の組合せは，意味的調和の効果を検討するためにも有効である。テロップは文字列で制作されるものであり，文字の意味から感じられる印象と，文字の書体から感じられる印象の二つの面がある。

金らは，さまざまな書体のテロップと効果音を用いて，音と映像の意味的調和の効果も検討した[68]。この研究で対象としたのは，各種の書体がもたらすテロップの書体の印象で，言葉自体の印象ではない。この研究では，意味のない96ポイントのアルファベットの小文字の綴り「yhngtwj」を用いている。実験で用いた書体は，「きれいな (V1)」「汚い (V2)」「明るい (V3)」「暗い (V4)」「力強い (V5)」「弱々しい (V6)」「不思議でない (V7)」「不思議な (V8)」「明るくて弱々しい (V9)」「暗くて力強い (V10)」印象をもつ10種類である (**図3.11**)。

効果音の印象もテロップの書体の印象と同様に，「きれいな (S1)」「汚い (S2)」「明るい (S3)」「暗い (S4)」「力強い (S5)」「弱々しい (S6)」「不思議でない (S7)」「不思議な (S8)」「明るくて弱々しい (S9)」「暗くて力強い (S10)」印象をもつ10種類を用いた。テロップと効果音を組み合わせた視聴覚刺激は，きれいさ，明暗，力強さ，不思議，明暗＋力強さの各印象条件の映像刺激と音刺激をそれぞれ組み合わせたものである。例えば，明暗の印象条件では，明るい印象の書体に明るい印象の効果音 (V3＋S3)，暗い印象の書体に暗い印象の効果音 (V4＋S4) のように同じ印象を生じさせるテロップと効果音，明るい印象の書体に暗い印象の効果音 (V3＋S4)，暗い印象の書体に明る

3.5 視聴覚融合をもたらすメカニズム　105

(a) V1 (Bisque)：
きれいな

(b) V2 (Ange Regular)：
汚い

(c) V3 (Bambina)：
明るい

(d) V4 (Beck)：
暗い

(e) V5 (D3 Stonism)：
力強い

(f) V6 (Ashely)：
弱々しい

(g) V7 (MS Gothic)：
不思議でない

(h) V8 (Coil ALr)：
不思議な

(i) V9 (coroedge)：
明るくて弱々しい

(j) V10 (Shatter Regular)：
暗くて力強い

図 3.11 テロップの書体と効果音の意味的調和（印象の類似）が音と映像の調和感に及ぼす影響に関する実験に用いたテロップ（図中のカッコの中は各書体の名称を表す）[68]

い印象の効果音（V4＋S3）のように逆の印象を生じさせるテロップと効果音を同期させて組み合わせている。

　印象評価実験の結果を**図 3.12**に示す。図によると，明るい印象の書体と明るい印象の効果音の組合せ（V3＋S3）のように，テロップの書体の印象と効果音の印象が一致する視聴覚刺激では，一般に，高い調和感が得られる傾向が得られた。また，印象が類似している視聴覚刺激では，評価も高く，「良い」テロップと判断された。意味的調和のとれたテロップ・パターンと効果音の組合せは，高い調和感を生じさせ，作品としての完成度を高めることができる。

　さらに，金らは，テロップ・パターンの「言葉」と効果音の印象の一致によってもたらされる意味的調和の効果を，印象評価実験により検討した[69]。この研究では，テロップの言葉の情緒的意味を対象とする。

　テロップの言葉（単語）には，明るい印象をもつ「結婚（V1）」，暗い印象

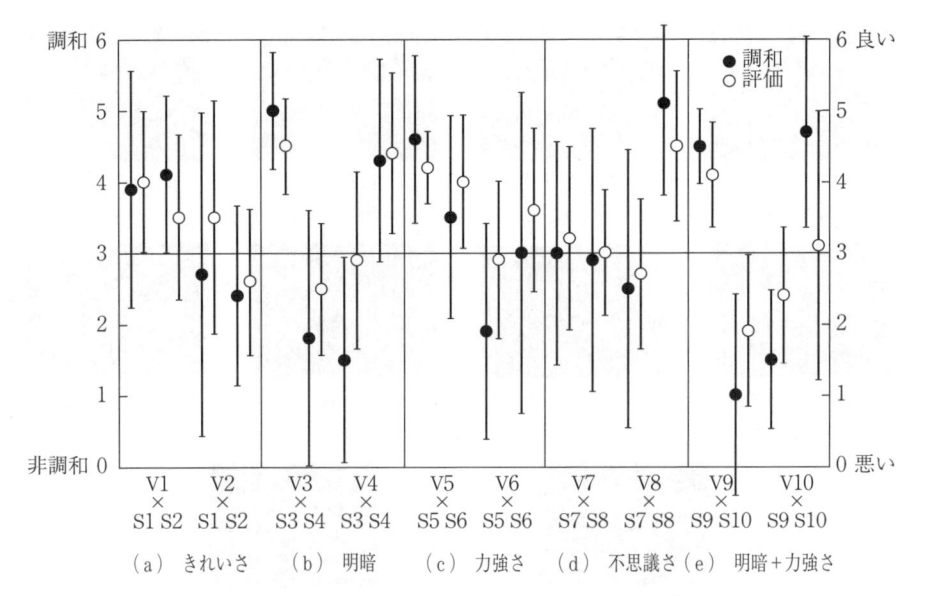

106   3. 映像メディアにおける視聴覚融合

図 3.12 テロップの書体と効果音の意味的調和の影響に関する実験で得られた各視聴覚刺激の平均調和度と平均評価値（エラーバーは標準偏差を表す）[68]

をもつ「泥棒（V2）」，力強い印象の「横綱（V3）」，弱々しい印象の「羽毛（V4）」，不思議な印象の「宇宙（V5）」，不思議でない印象の「雑巾（V6）」の6種類を用いた。効果音としては，テロップの言葉と同様に，「明るい（S1）」「暗い（S2）」「力強い（S3）」「弱々しい（S4）」「不思議な（S5）」「不思議でない（S6）」印象をもつ6種類を用いた。テロップと効果音を組み合わせた視聴覚刺激は，明暗，力強さ，不思議さの各印象条件の映像刺激と音刺激をそれぞれ組み合わせたものである。

図 3.13 に印象評価実験の結果を示す。これによると，明るい印象の言葉と明るい印象の効果音の組合せ（V1＋S1）のように，言葉と効果音の印象が一致し，言葉と効果音の意味的調和が形成される場合には，音と映像の調和感が高まる。明るい印象の言葉が暗い印象の効果音と組み合わされた（V1＋S2）ように，言葉と効果音の印象が逆の場合には，調和感は低下する。また，テロップと効果音の調和感が高いと一般にテロップ・パターンの印象も良いこと

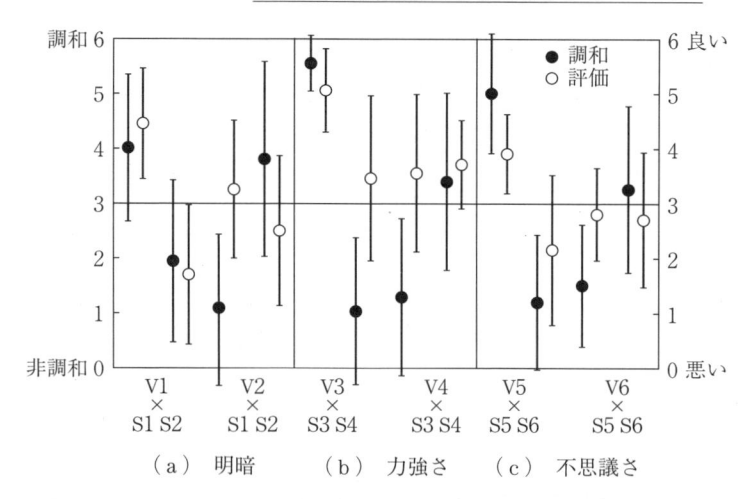

3.5 視聴覚融合をもたらすメカニズム

図 3.13 テロップの言葉と効果音の意味的調和の影響に関する実験で得られた各視聴覚刺激の平均調和度と平均評価値（エラーバーは標準偏差を表す）[69]

から，テロップと効果音の意味的調和はテロップ・パターンの評価を高める効果ももつことも確認された。

　意味的調和に関しても，藤山らは，音と映像の調和感の連続評価によって，調和感が形成される過程を検討している[66]。視聴覚刺激は，明るい印象の笑顔の映像と長3和音の繰返し，暗い印象の泣き顔の映像と短3和音の繰返しである。これらの視聴覚刺激の印象は正反対であるが，いずれも意味的調和を形成している。**図 3.14** にそれぞれの刺激に対する音と映像の調和感の形成過程を示す。いずれも刺激呈示直後から調和感は上昇しているが，図3.9の構造的調和の場合と比べると調和感は緩やかに上昇する。構造的調和の場合には，音と映像のアクセントの同期をとらえれば，調和感を感じることができる。これに対して，意味的調和の場合には，音の印象と映像の印象を感知し，音と映像それぞれの印象を比較したうえで調和感を得ることになり，調和感の形成に必要な時間は構造的調和の場合よりも長くなる。

　さらに，藤山らは実際の映像作品における意味的調和の実態を探るために，実際の映像作品『ファンタジア』の一部を用いて音楽と映像の印象と調和感の

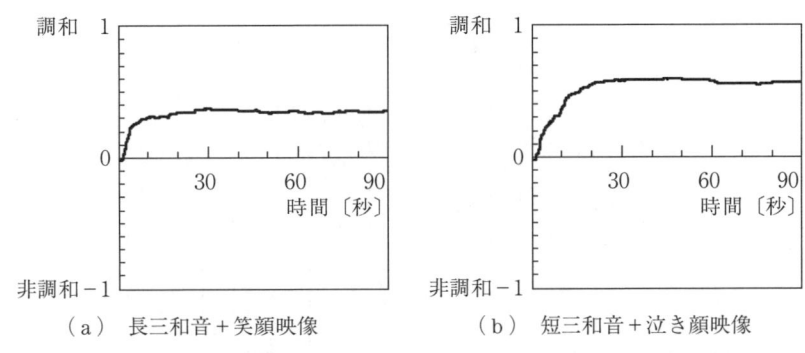

3. 映像メディアにおける視聴覚融合

図3.14 音と映像の印象が一致した視聴覚刺激に対する音と映像の調和度の推移—意味的調和の形成過程—[66]

（a）長三和音＋笑顔映像　　（b）短三和音＋泣き顔映像

（a）オリジナル刺激

（b）音楽と映像の組合せを入れ替えた刺激

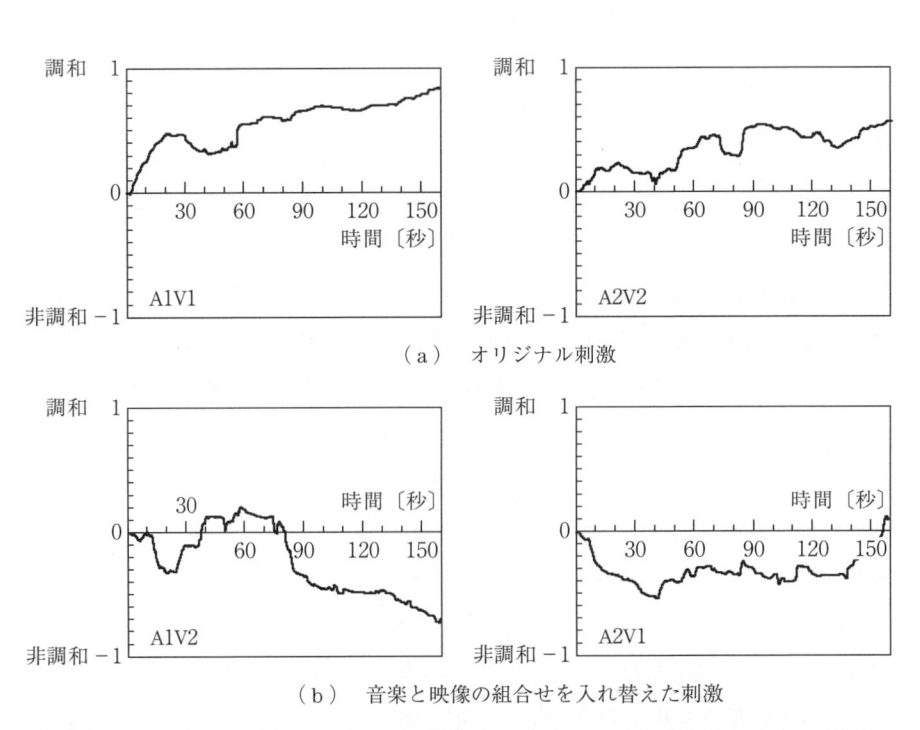

図3.15 オリジナル刺激と音楽と映像の組合せを入れ替えた刺激における音楽と映像の調和度の推移（A1：「禿山の一夜」の音楽，V1：「禿山の一夜」の映像，A2：「威風堂々」の音楽，V2：「威風堂々」の映像）[70]

連続評価実験と連続記述選択法を用いた音楽と映像の印象評価実験を行っている[70]。この研究で用いられた作品は，「禿山の一夜」と「威風堂々」であるが，これらをそのまま呈示した場合には，**図 3.15** に示すように音楽と映像の調和度は刺激全体にわたって高い水準であり，連続記述選択法を用いた実験により音楽と映像の印象もおおむね一致していることが示された。これに対して，二つの視聴覚刺激の音楽と映像の組合せをたがいに入れ替えた刺激の場合には，音楽と映像の印象は一致しておらず，調和度は低い水準であった。これらのことから，映像作品の制作者は，類似した印象の音楽と映像を組み合わせ，意味的調和を意図していることがわかる。任意の音楽と映像を組み合わせても，調和感は形成されない。

3.5.3　音と画の対位法—あえて意味的調和を崩す手法の効果—

一般に，映像メディアの音と映像の関係は調和するものがほとんどであるが，場合によっては調和しない組合せもある（3.2 節）。映画監督の黒澤明は，音と映像の関係に独特のこだわりをもっており，映像で展開されているシーンの印象とはまったく正反対の音楽を用いることで，観客に非常に強烈な印象を与えることをねらったと証言している。このような手法は黒澤作品のいくつかで見られ，黒澤監督は「劇と音楽の対位法的な処理」と呼んでいたが，のちに映画評論家の西村がこの手法のことを**音と画の対位法**（counterpoint technique of sound and moving picture）と称してその効果を論じている（なお，音と画の対位法は，音楽用語の対位法の用語を借りてはいるが，あくまでも比喩的な表現で，音楽用語での対位法とは異なる）。西村の著書[71]によると，「黒澤監督は，音と画の対位法によって，映像または音だけではできない，また，映像と音楽が調和しているだけでもできない，新たな心理空間を映像作品に創造した」と述べられている。

藤山らは，「音と画の対位法」が用いられた黒澤監督の映画『野良犬』（1949）から 400 秒間を抜粋した視聴覚刺激を用いて，音と画の対位法の効果を実証した[72]。抜粋した部分には音楽が付加された場面が 4 か所あり，最初の

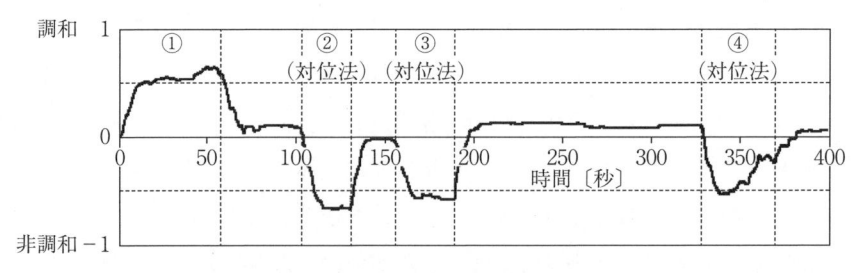

図 3.16 「音と画の対位法」を用いた黒澤明『野良犬』(1949) の 1 シーンにおける音と映像の調和度の推移（①：意味的調和がとれている，②，③，④：音と画の対位法が使われている）[72]

箇所を除く 3 か所で音と画の対位法が用いられている．最初の箇所（**図 3.16** の①）は刑事が犯人の追跡を始める緊張感のある場面で，緊張感のある音楽が組み合わされ，通常の映像作品のように音楽と映像の印象が一致している．つぎの 2 か所（②，③）は，刑事と犯人の緊張した銃撃戦の合間に，のんびりとしたピアノの曲（クラーウの「ソナチネ Op.20-1」）で，最後（④）は子どもたちの歌声（日本唱歌の「蝶々」）が聞こえてくるという場面である．映画評論家の西村は，この場面について「音と映像の強い対比が強烈な魅力を生んでいる」と評している[71]．連続測定法でこの視聴覚刺激の音と映像の調和感を測定した結果によると，図 3.16 に示すように，最初の部分（①）では調和度は高いが，対位法が使われた部分（②，③，④）では音と映像の調和度は低いことがわかる．音および映像の印象の連続記述選択実験により，最初の箇所では音楽と映像の印象が一致しているが，対位法が使われた部分では反対の印象をもつ音楽と映像が組み合わされていることが示された．

この研究では，オリジナルの視聴覚刺激（AV）の音楽を入れ替え，音楽が用いられるすべての部分で音楽と映像が調和している視聴覚刺激（AV-high），すべての部分で音楽と映像が調和していない（音と画の対位法が用いられた）視聴覚刺激（AV-low），オリジナル刺激（AV）の対位法が用いられている部分とそうでない部分を逆転させた視聴覚刺激（A'V）を用いて，刺激全体の印象評価実験も行っている．**図 3.17** に示すように，音と画の対位法が使われたオリジナルの視聴覚刺激（AV）の総合的な良さの評価は最も高く，全般的に音

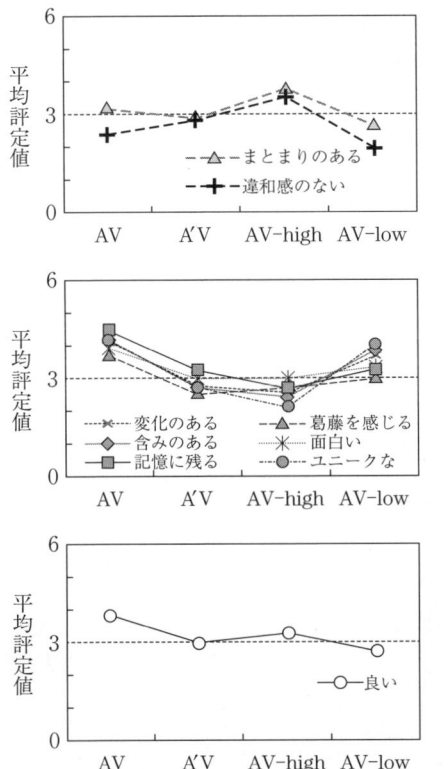

3.5 視聴覚融合をもたらすメカニズム

[グラフ: 平均評定値 vs AV, A'V, AV-high, AV-low — まとまりのある / 違和感のない]

[グラフ: 平均評定値 vs AV, A'V, AV-high, AV-low — 変化のある / 葛藤を感じる / 含みのある / 面白い / 記憶に残る / ユニークな]

[グラフ: 平均評定値 vs AV, A'V, AV-high, AV-low — 良い]

AV：オリジナル
A'V：音と画の対位法の使い方がオリジナルとは異なる
AV-high：全体に渡って意味的調和
AV-low：全体に渡って音と画の対位法

図 3.17 「音と画の対位法」が使われた黒澤明『野良犬』(1949) の1シーンを用いた視聴覚刺激の印象[72]

楽と映像の意味的調和がとれた（音と映像が調和した）視聴覚刺激（AV-high）を上回っている．AV-high は，まとまった印象はあるが，ユニークさに欠ける．また，対位法が使われる部分とそうでない部分をオリジナル刺激（AV）と逆転させた視聴覚刺激（A'V）の評価は低い．さらに，オリジナル刺激は，「ユニークな」「含みのある」「記憶に残る」などの印象も強く，黒澤作品において対位法の手法が効果的に利用されていることがわかる．

オリジナルの視聴覚刺激（AV）では，刑事と犯人の緊張した銃撃戦の合間に，のんびりとしたピアノの曲（「ソナチネ」）が流れるが，その中間に民家で女性がピアノを弾いている場面が挿入されている．また，最後の子どもたちの歌声（「蝶々」）が聞こえてくる場面では，実際の子どもたちが画面に映し出さ

れる。このように，黒澤監督は，映像の場面と対立した音楽を利用する場合，音源を画面に入れることによって，違和感を感じさせつつも映像コンテンツとしての物語の整合性をもたせようと意図したと考えられる。

実際に，ピアノの演奏風景の場面をカットし，子どもの映像にモザイクをかけるなどして対位法の場面で音楽の音源が画面上に存在しないよう刺激を編集して同様の印象評価実験を行うと，オリジナル刺激（AV-B）のユニークさは保たれるが総合評価は下がる（**図3.18**）。

音と映像を調和させない音と画の対位法の効果を十分に出すためには，音楽の音源が画面上に存在する（diegeticな状況を作り出す）ことが必要であると考えられる。黒澤監督は，音楽の音源を画面上に登場させて，映像と調和しな

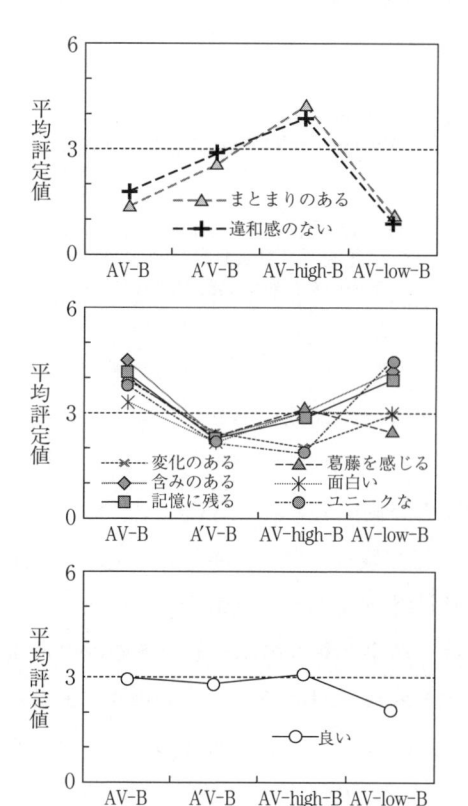

図 3.18 「音と画の対位法」が使われた黒澤明『野良犬』（1949）の1シーンにおいて音楽の音源をわからないようにした視聴覚刺激の印象[72]

い音楽が存在する状況を作り出したと思われる。そういった状況設定のもとで，映画が作り出す物語の世界の中で違和感を感じつつも，整合がとれていることで，「ユニークな」「含みのある」「記憶に残る」場面を構築する「音と画の対位法」の効果が発揮される。音と画の対位法の使用は，映像作品に深みを与える効果をもつと考えられる。

3.5.4　音と映像の変化パターンの調和

テレビなどで，ある場面から別の場面へ場面を転換するとき，さまざまな切替えパターンが用いられる。例えば，ニュース番組などで各地の天気予報を当地の映像とともに伝える場合などで，映像が切り替わるときに用いられる。切替えパターンは，場面転換が自然に行えるようにしたり，より印象的なものにしたり，句読点的意味合いをもたせたりと，さまざまな役割を果たす。

切替えパターンをより効果的にするために，効果音が用いられる。調和のとれた切替えパターンと効果音の組合せにより，印象的な映像コンテンツを制作できる。

音と映像の変化パターンの調和について系統的な知見を得るために，蘇らは，日本，韓国，中国の3か国の実験参加者を対象として各種の切替えパターンを用いて，音高（ピッチ）の変化パターンとの調和感を検討した[73]。**図3.19**に，それぞれ上・下方向，拡大・縮小，左・右方向の切替えパターンの概略図を示す。印象評価実験の結果，いくつかの組合せで，高い調和度を得られることが示された。

〔1〕**上下の移動の感覚**　多くの言語で，空間の上下の方向と，音高の変化方向で共通した表現が用いられている。「上下」「上昇・下降」「高低」などである。実際，空間の上下方向と音高の上下方向の間に，知覚的な共通体験が生じる。

映像の切替えパターンにおいても，空間と音高の上下方向の一致が，高い調和感を生み出す（**図3.20**）。画面の下部から上方向に画面が切り替わる場面転換（ワイプ）には，音高の上昇が調和する。対称的に，上部から下方向に画面

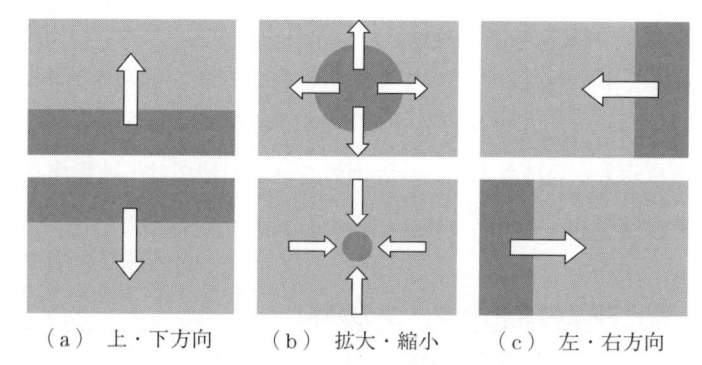

114   3. 映像メディアにおける視聴覚融合

（a）上・下方向　　（b）拡大・縮小　　（c）左・右方向

図 3.19 映像の切替えパターンと音高の上昇・下降パターンの調和に関する実験に用いた各映像素材の概略図[73]

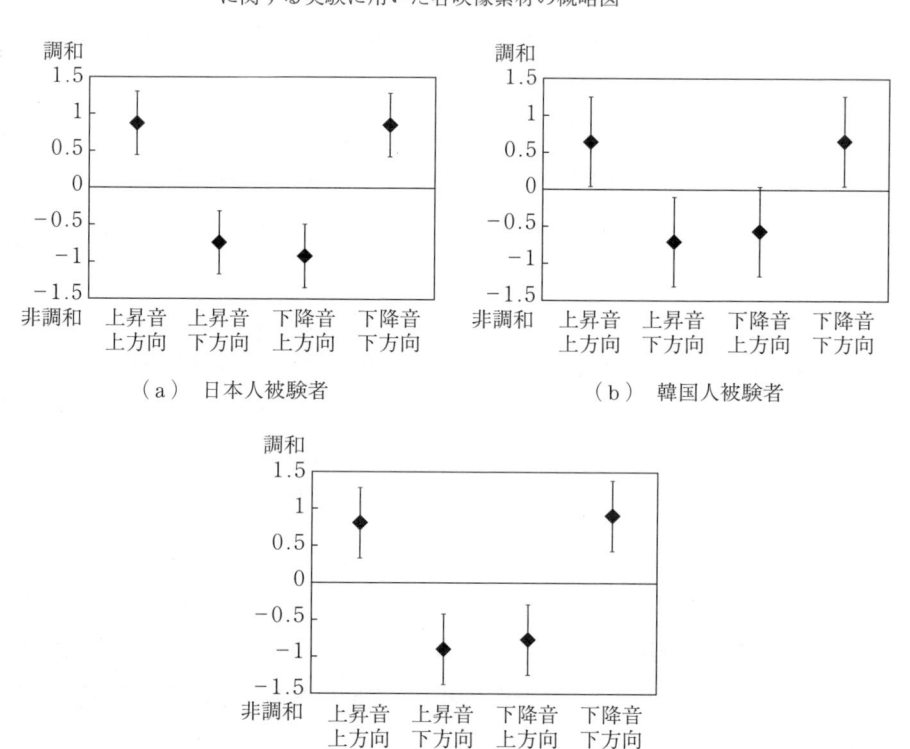

（a）日本人被験者

（b）韓国人被験者

（c）中国人被験者

図 3.20 日本，韓国，中国 3 か国の映像の上・下方向の切替えパターンと上昇・下降音を組み合わせた場合の各視聴覚刺激に対する平均調和度（縦棒は，99％信頼空間を示す。横軸に示す刺激を表す文字は，上段は音高の変化方向，下段は映像の移動方向を表す。）[73]

が切り替わる場合には，音高の下降が調和する。

蘇らの研究では，日本人のみならず，韓国人，中国人においても，空間の上下（高低）の感覚と音高の上下（高低）の感覚が対応し，上下の方向が一致した組合せを視聴するときに，高い調和感を得ることが確認できた。日本語，韓国語，中国語でも，多くの言語と同様，空間上の移動方向と音高の変化方向で，「上下」あるいは「高低」という共通した言語表現が使われている。

英語においても，空間上の移動方向と音高の変化方向で，「high, low」の同じ表現が使われる。LipscombとKimの研究は，実験素材は異なるものの，映像の上下の移動方向と音高の上昇・下降の調和に関しては本研究と同様の傾向を得ている[74]。英語を母語とする実験参加者においても，上下の移動方向と音高の上昇・下降の一致による調和感が形成されている。

Maedaらは，縞模様で上下いずれの方向にも運動して見えるあいまいな視覚刺激が，音高が上昇する音を聞いているときには上方向の運動と判断され，下降する音を聞いているときには下方向の運動と判断される傾向が強いことを示した[75]。

本郷は，上下に配置されたLED（発光ダイオード）を順番に発光させると同時に音高が上昇あるいは下降する音刺激を実験参加者に聴取させ，LEDのどちらが先に発光したのかを判断させた[76]。その結果，LEDの発光が上側から下側の順で，音高の下降が聞こえてきたときのように，LEDの発光の移動方向と音高の変化方向が一致したときに，反応率が高まる傾向を得た。これらの研究結果も，空間の上下感覚と音高の上下感覚の対応関係を示すものである。

音高の上下方向と空間の上下方向の対応関係に関しては，高い位置の音ほど高い周波数成分が優勢であり，また人間の聴覚も上方向の音ほど高い成分を伝達するとの説もある[77]。

空間の上下感覚と音高の上下感覚の結びつきは，かなり普遍的なもので，上下あるいは高低の視聴覚間の感覚の一致は，強い調和感を生み出す。

〔2〕 **拡大縮小の感覚** 画面の中央から拡大して切り替わる「円開き（ア

イリスイン)」の場面転換に対しては,音高が連続的に上昇する音を組み合わせたときに,非常に高い調和感が得られる(**図3.21**)。対称的に,周辺から縮小して場面が切り替わる「円絞り(アイリスアウト)」に対して,音高が連続的に下降する音を組み合わせたときにも,同程度の高い調和感が得られる。この傾向も,日本人,韓国人,中国人に共通して認められた。

拡大する映像と上昇する音高パターンの組合せで高い調和感が得られる要因は,**ドップラ・イリュージョン**(Doppler illusion)によるものと考えられる[78]。ドップラ効果とは,音を発生する物体が近づいてくる場合,音高が実際

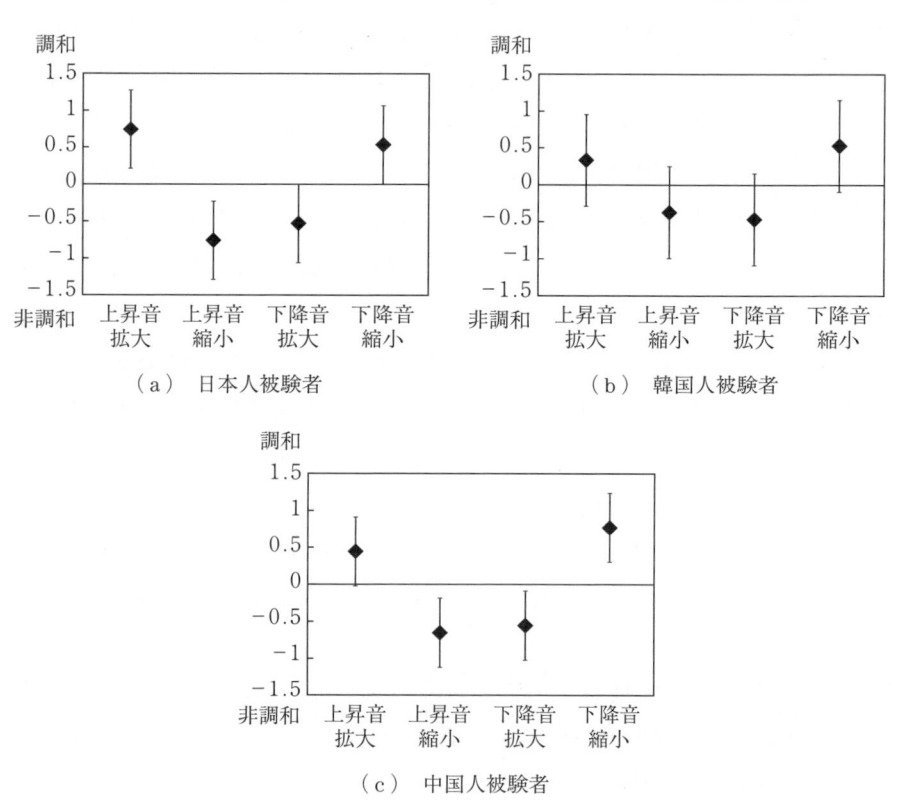

図3.21 日本,韓国,中国3か国の映像の拡大・縮小の切替えパターンと上昇・下降音を組み合わせた場合の各視聴覚刺激に対する平均調和度(縦棒は,99%信頼空間を示す。横軸に示す刺激を表す文字は,上段は音高の変化方向,下段は映像の移動方向を表す。)[73]

よりも高く感じられる現象をいう。実際のドップラ効果では，音源の周波数が一定であれば，移動前の周波数よりは上昇はするが，その周波数（音高）は一定である。ところが，実際に物体が近づいてくるとき，人間は音高が上昇するような錯覚（イリュージョン）を覚える。このような現象が，ドップラ・イリュージョンと呼ばれる現象である。

図形が拡大する映像は何らかの物体が近づいてくる感があり，縮小する映像は遠ざかる感がある。拡大する映像と上昇する音高パターンの組合せは，まさにドップラ・イリュージョンを具現化したものである。その結果，視覚情報と聴覚情報の自然な調和感が得られる。縮小する映像と下降する音高パターンの組合せにおいても同様である。「遠ざかる物体からの音高は低下する」という逆方向のイリュージョンに基づいて，高い調和感が得られる。

〔3〕 **左右の移動の感覚**　さらに，スライド状に右端から左端へ切り替わる場面転換（ワイプ）に対しては下降形の音高パターンが，逆に左端から右方向へ場面が切り替わるパターンに対しては上昇形の音高パターンが調和する傾向が得られた（**図 3.22**）。この傾向も，日本人，韓国人，中国人に共通して認められている。

左右の動きと音高の上昇，下降の間に直接的な関係があるわけではない。しかし，音高の変化方向とエネルギー・レベルの対応関係から，この傾向は説明することができる。音高の上昇はエネルギー・レベルの上昇，音高の下降はエネルギー・レベルの下降を連想するとされている[79]。

音量などのエネルギーの高低を表すインジケータの場合，音量が増すとLED などで表示された棒が伸びるように作られている。横向きの表示を用いた場合，左側が固定され，右側に棒が伸びるのが普通である。エネルギーの上昇は右方向の動きと，エネルギーの下降は左方向の動きと関連づけられている。

つまり，右方向の動きと音高の上昇はエネルギー・レベルの上昇，左方向の動きと音高の下降はエネルギー・レベルの下降を連想させる。このことが，これらの組合せが調和する要因となったと考えられる。

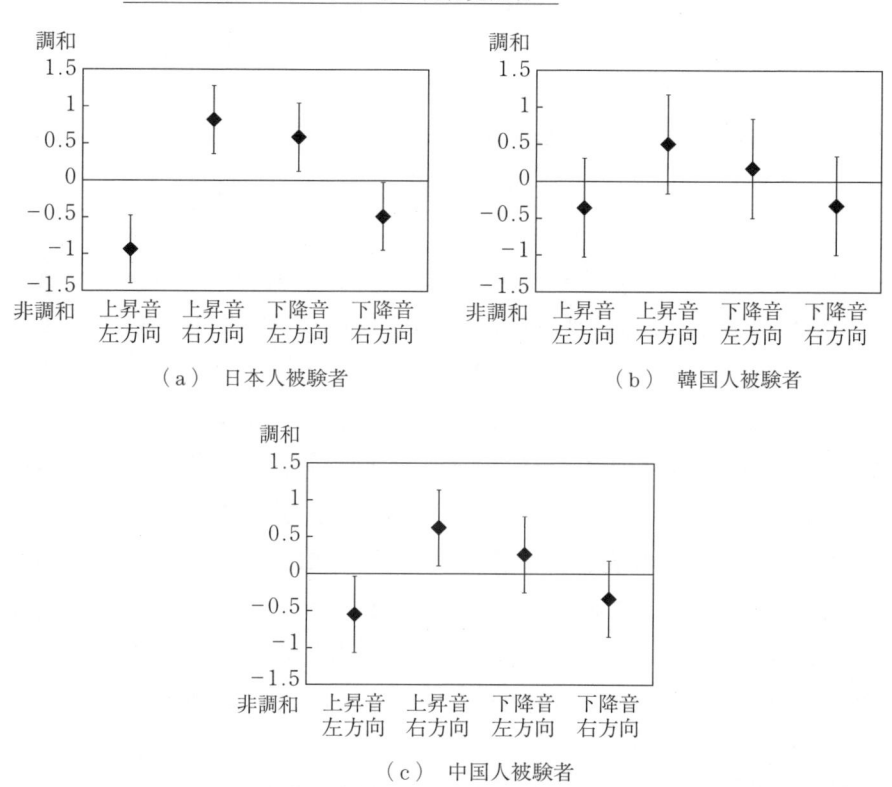

118　　　3. 映像メディアにおける視聴覚融合

(a) 日本人被験者

(b) 韓国人被験者

(c) 中国人被験者

図 3.22　日本，韓国，中国 3 か国の映像の左・右方向の切替えパターンと上昇・下降音を組み合わせた場合の各視聴覚刺激に対する平均調和度（縦棒は，99%信頼空間を示す。横軸に示す刺激を表す文字は，上段は音高の変化方向，下段は映像の移動方向を表す。）[73]

また，音高判断を行う実験において，高い音に右側，低い音に左側のキーを割り当てた場合のほうが，逆の組合せで回答させた場合よりも，反応時間が短いことが示されている[80),81)]。このような知見は，高音と右側，低音と左側の結びつきを示すものである。このような結びつきがあれば，本研究で示した右方向と音高の上昇，左方向と音高の下降の組合せが自然に受け入れられ，調和感が得られるものと考えられる。

〔4〕 **視覚情報の複合的な変化—2 種類の変化パターンの組合せ—**　さらに，蘇らは，日本人，韓国人，中国人を対象として，斜め方向に切り替わる切替えパターン，上下方向と拡大・縮小が組み合わされた複合的な映像の変化パ

3.5 視聴覚融合をもたらすメカニズム

ターン,拡大・縮小と左右の運動を組み合わせた変化パターンを用いて,これと調和する音高パターンを検討した[82]。

斜め方向の運動は,上下方向の移動と左右方向の移動が組み合わされたものである。したがって,斜め方向の運動に調和する音高パターンは,上下方向の移動および左右方向の移動と調和する音高パターンのいずれか,あるいはいずれもと考えられる。

印象評価実験によると,上下方向の移動と調和する音高パターンが,斜め方向の運動と調和する音高パターンであることが示された。左上と右上のような,左右方向の違いの影響は小さかった。斜め方向の変化の場合には,空間的な上下と音高の上下の一致は,左右方向の運動と音高パターンの一致より優先する。この傾向は,日本人,韓国人,中国人で共通していた。

上下方向と拡大・縮小が組み合わされた複合的な映像の変化パターンと音高の変化パターンを組み合わせたときには,日本人の実験データにおいては,映像と音高の変化方向の一致と拡大・縮小と音高の調和の効果がともに影響力をもち,加算的に働く。上昇しながら拡大する映像と音高の上昇,下降しながら縮小する映像と音高の下降の組合せは,特に高い調和感を生み出す。韓国人,中国人の実験データにおいても映像と音高の変化方向の一致の効果は認められるが,拡大・縮小と音高の調和の効果は,中国人ではまったく認められず,韓国人でも部分的にしか認められなかった。

拡大・縮小と左右の運動を組み合わせた変化パターンにおいては,拡大・縮小の動きが調和する音高パターンを決定する。左右の移動の効果は見られない。この傾向は,日本人,韓国人,中国人で共通していた。

左右の運動は,単独の場合には,調和する音高の変化パターンは明確に定まるが,ほかの変化と複合した変化パターンの場合,調和する音高パターンを決める要因としてはあまり有効には機能しないようである。

〔5〕 **視覚情報の複合的な変化―3種類の変化パターンの組合せ―** 岩宮らは,音高の上昇・下降と映像の上下方向,左右方向の移動,拡大・縮小の3条件の変化を複合した視聴覚刺激の調和感について,日本人,韓国人,中国人

を実験参加者とした印象評価実験に基づいて検討した[83]。

3か国の実験参加者群に共通して，音高の上昇と上方向の移動，音高の下降と下方向の移動が調和する傾向，および，音高の上昇と映像の拡大，音高の下降と映像の縮小が調和する傾向が示された。これらは，音高の変化と単純な映像変化の調和に関する研究[73]で得られていた傾向と一致する。ただし，単純な映像変化の場合に得られていた，音高と左右方向の移動がもたらす調和の効果は認められなかった。

左右方向と上下方向，左右方向と拡大・縮小の二つの映像変化を組み合わせた実験においても，音高変化と左右方向の変化の調和に基づく効果は明確ではなかった[82]。映像の変化が複合化した場合，左右の動きと音高変化との調和の効果は小さいようである。

さらに，日本人，中国人実験参加者群には，音高と映像の上昇が調和する効果が両者の下降が調和する効果より優勢である傾向が認められた。日本人実験参加者群では，さらに，音高の下降と映像の縮小が調和する効果が上昇と拡大が調和する効果よりも優勢である傾向，音高の上昇と右方向への動きが調和する効果が音高の下降と左方向への動きが調和する効果よりも優勢である傾向が認められた。ただし，このような傾向による調和度の差は小さく，必ずしも統計的にその効果が認められるものでもない。また，韓国人実験参加者においては，このような傾向は認められなかった。

〔6〕 **回転運動と音高変化パターンの調和**　　回転運動も，斜め方向の移動と同様に，上下方向の移動と左右方向の移動が組み合わされたものと考えられる。金らは，回転運動を利用した切替えパターンを利用して，音高の変化パターンとの調和感について検討している[84]。切替えパターンは，画面の中心から伸びた時計の針のような直線が回転することによって画面が切り替わるもの（クロックワイプ）である。

実験の結果，**図 3.23** に示すように，回転運動の場合も，やはり上下方向の一致の影響が大きい。例えば，画面の真上（12時の位置）からぐるりと1回転して画面が切り替わる場合，上下方向の変化パターンとして見ると，下方向

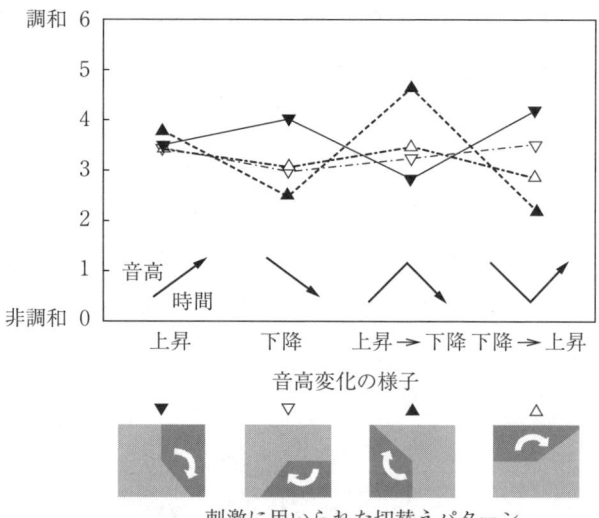

3.5 視聴覚融合をもたらすメカニズム   121

図 3.23 回転運動を用いた切替えパターン（クロックワイプ）と音高変化パターンの調和[84]

　の変化の後上方向の変化となる。このような切替えパターンには，一度下降した後上昇する音高パターンが調和する。この傾向は，回転方向が，時計回りの場合でも，反時計回りの場合でも変わらない。もし，左右方向の移動と音高パターンの調和の影響があったとしたら，調和度は回転方向によって変化するはずであるが，そのような傾向は見られない。真下（6時の位置）から回転する場合には，対称的に，一度上昇した後に下降する音高パターンが調和する。この条件でも，回転方向の影響は見られない。

　なお，単調に上昇または下降する音高パターンを回転による切替えパターンと組み合わせたときには，回転運動の前半の上下方向が，調和する音高パターンを決めている。真上からの回転の場合には，下降する音高パターンが調和する。真下からの回転の場合，対称的に，上昇する音高パターンが調和する。この場合も，回転運動の，左右方向の移動の影響は見られない。

　さらに，金らは，円が等速度で繰り返し円周上を回転運動する映像に音高の上下方向の周期的変動を組み合わせたときの音と映像の調和感について，印象

評価実験を行って検討した[85]。**図3.24**に示すように，いずれの条件下においても，円の回転と音高変化の周期が一致またはおおよそ一致したときに，高い調和感が得られている。円の回転と音高変化の周期がある程度以上ずれたときには調和感は低下するが，円の回転に対して音高変化が進んだ場合には，遅れた場合よりも調和感の低下は顕著である。また，本研究で用いた回転を繰り返す映像に対しては，変化を伴わない定常的な音を組み合わせても，調和感は得られない。

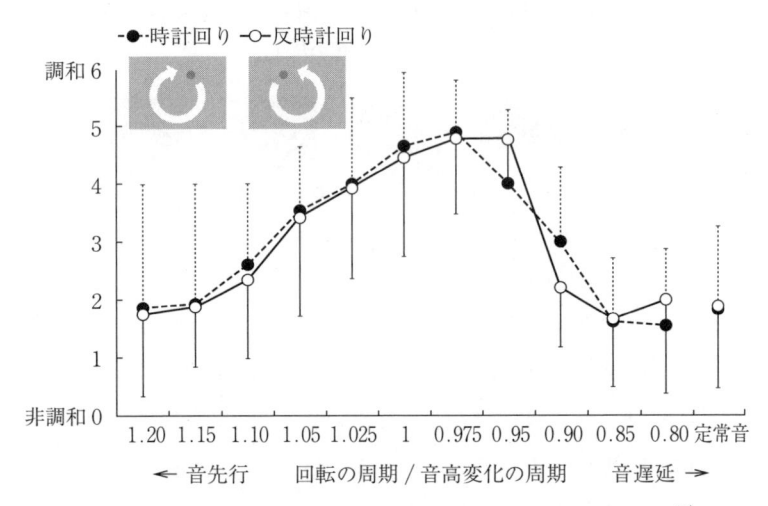

図3.24 回転の周期と音高変化の周期の比と両者の調和の関係[85]

さらに，回転運動と音高変化の上下関係が一致しているときのほうがその関係が反転した場合よりも調和感は高い。本項〔1〕で示したように，空間の上下と音高の上下を一致させると高い調和感が得られることが示されているが，この研究により，この傾向が連続的な回転運動の場合にも当てはまることが示された。

これらの傾向は，回転方向（時計回り，反時計回り）に関わりなく得られた。円の回転運動のうち左右方向の運動成分は，調和感に影響を及ぼさないようである。

さらに，音と映像が調和していると評価された視聴覚刺激は，視聴覚刺激の

総合的評価（良し悪し）も高いことが示された。

〔7〕 **映像の変化パターンと音の変化パターンの調和を形成するもの** 映像の切替えパターンや変化パターンと音高の変化パターンを利用して得られた調和を感じさせる組合せは，音と映像の変化パターンの調和によるものと考えられる。音と映像の変化パターンの調和というのは，音と映像の構造的調和と意味的調和の効果の両面をもつものと考えられる。変化パターンの調和そのものは，上下方向の一致のように，現象面からとらえれば構造的な調和とも考えられる。しかし，視覚と聴覚でとらえた感覚からは，上昇感，下降感の一致による意味的な調和とも考えられる。したがって，音と映像の変化パターンの調和は，音と映像の構造的調和と意味的調和の両面をもつ。

音高の直線的な変化と映像の変化パターンとの調和感に関する研究において，各種の映像の変化パターンが用いられているが，いずれも空間上の移動，変化によるものである。音高の上下と空間上での位置は，本来無関係なものであるが，「上下」のようにたがいに強い結びつきを示す対応関係が存在する。このような視覚と聴覚の結びつきは，**SMARC**（spatial–musical association of response codes：反応規則の空間と音楽の連合）と呼ばれている現象でも見ることができる[80),81)]。音高の変化に対する反応を求める場合に，音高の高低と対応する空間上で反応させたほうが，反応が自然で反応時間も短くなる。音高判断を行う実験に，高いほうの音に上側あるいは右側，低いほうの音に下側あるいは左側のキーを割り当てた場合のほうが，逆方向のキーで回答させた場合よりも，反応時間が短いことが示されている。

さらに，音と映像が調和している場合，調和を形成する要因によらず[68),69)]，その映像コンテンツの評価（良し悪し）が一般的に高い傾向が認められた[64),85),86)]。音と映像が調和している場合，音と映像が一体の知覚像を形成し，そのことが評価を高めることになったものと考えられる。音と映像の調和を図ることによって，映像メディアを効果的に利用することができるのである。

3.5.5 視聴覚融合のモデル

ここまで，映像メディアにおける視聴覚融合の諸要因についての各種のアプローチを紹介してきた．視聴覚融合に関する研究の成果をもとに，視覚情報と聴覚情報を融合するメカニズムを説明する認知モデルも提案されている．

Lipscomb と Tolchinsky は，Lipscomb と Kendall の**映画音楽パラダイム**（Film Music Paradigm）をもとに[30]，**図 3.25** のような修正モデルを提案している[22]．

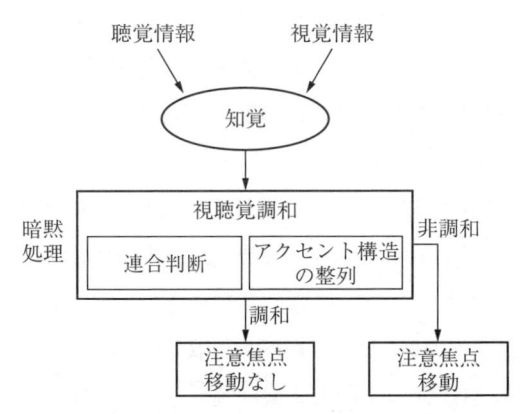

図 3.25 連合判断とアクセント構造の整列過程を基礎とした Lipscomb と Tolchinsky の「映画音楽パラダイム」[22]

このモデルでは，視覚情報と聴覚情報はおのおのの知覚的処理過程を経て，まず視聴覚間の調和の判断がされるという．ここでは，視覚情報と聴覚情報の**連合判断**（association judgment）と**アクセント構造の整列**（accent structure alignment）の二つの暗黙の処理が行われる．連合判断では，過去の経験や映像で展開されている状況に応じて，音と映像が意味的に関連づけられる．アクセント構造の整列は，視覚的アクセントと聴覚的アクセントが，同期していたり，周期が一致していたりで，時間的構造が関連づけられる．連合判断とアクセント構造の整列のいずれかの処理により音と映像が調和している（関連している）と判断された場合，視聴覚情報は視聴者の注意を引きつけるが，調和し

3.5 視聴覚融合をもたらすメカニズム

ていないと判断された場合には，注意を引きつける力は弱まる。

単純な事象の場合は，音と映像の時間構造の役割が顕著であるが，刺激が複雑となるにつれて時間構造の役割は弱まり，そのかわりに音楽と映像の意味レベルでの連合判断の役割が顕著になる。

Cohen は，**図 3.26** に示すように，映画やテレビドラマなどで，視聴覚情報を融合して，物語を理解するための**調和-連合モデル**（congruence-association model）を提案している[87]。このモデルでは，視聴覚情報を，文字，音声，映像，音楽，効果音に分類し，人間がこれらの情報を融合して物語を形成する過程を説明することをめざしている。処理は四つのレベルからなり，ボトムアップ処理とトップダウン処理が組み合わされて，物語が紡ぎ出される。

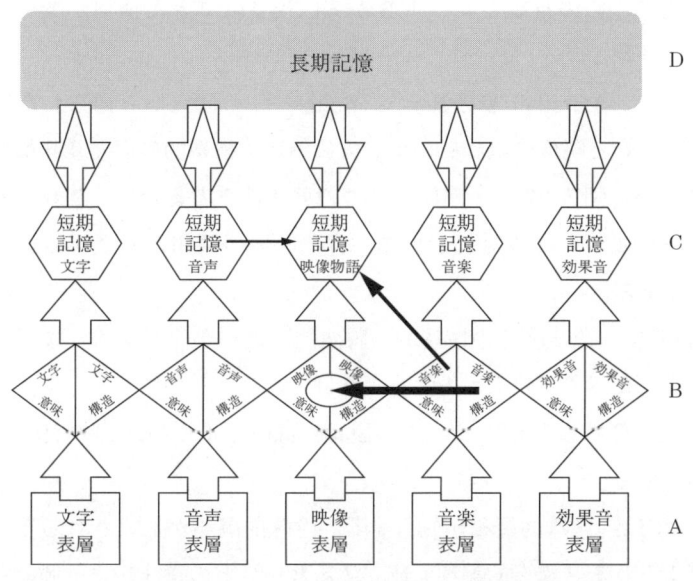

図 3.26 Cohen の調和-連合モデル[87]

処理は A～D の 4 段階に階層化されている。レベル A では，視覚と聴覚の各感覚器での処理が行われ，文字，音声，映像，音楽，効果音の情報としてレベル B へ送られる。レベル B では，レベル A から送られた情報から時間構造，意味情報を形成し，各情報チャンネルの間の相互作用，調和感の形成が行われ

る。各チャンネルの時間構造からアクセントの同期など，構造的調和が形成されたとき，この視聴覚情報は選択的に処理される。短期記憶を想定したレベルCは，レベルBの各チャンネルからの情報から物語が形成される過程である（Cohenらの最近の研究では，レベルCに，すべてのチャンネルに関わるワーキングメモリを想定している）。すべての情報がこの処理にボトムアップされるわけではなく，視聴覚情報の間に構造的調和が形成されるような情報は，注意を引きつけ，優先的に伝達される。また，音楽の意味情報は，音楽の短期記憶だけでなく，視覚情報の短期記憶にも伝達され，映像の短期記憶と連合される。レベルDでは，長期記憶に保留中の記憶や経験に基づいてレベルCへのトップダウン処理が行われる。レベルCでは，これまでに長期記憶に形成されていた物語からの推論とレベルBから伝達されてきた情報が融合されて，物語が形成される。

Bolivarらは，MarshallとCohen[27]，Boltzら[43]の研究から得られた知見と照合しながら，音と映像の調和感の生じ方における構造的側面と意味的側面の相互作用について図3.27のように，二つの可能性を考えた[42]。これらの説は，CohenのモデルのレベルBにおいて，音と映像の調和が成立する過程を考察したものである。

（a）説では，音と映像の構造的（時間的）調和が先行する。まず，構造的調和の形成によって，映像への注意が傾けられる。その結果として，音楽の意味が，映像の意味に結びつく。この説は，MarshallとCohenの実験結果に基づくものである。

（b）説では，意味的調和が先行する。意味的調和が形成されると，構造的要因が探索される。構造的調和も成立すると，もとの意味がより強められる。この説は，Boltzらの実験結果に基づくものである。

構造的調和が先行するか意味的調和が先行するかは，実際には明らかではない。一つの可能性としては，入力された視覚情報と聴覚情報のうち，視聴覚間に共有される構造的情報と意味的情報の度合いによって調和判断の主体が決まると考えられる。

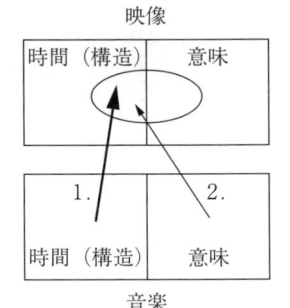

3.5 視聴覚融合をもたらすメカニズム　　127

(a) 構造的調和が先行

1. 構造的調和の形成によって，映像への注意が傾けられる。
2. その結果，音楽の意味が，映像の意味に結びつく。

(b) 意味的調和が先行

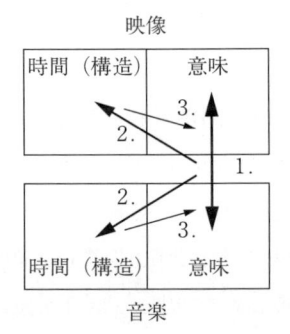

1. 意味的調和が形成される。
2. 構造的要因が探索される。
3. 構造的調和も成立すると，もとの意味がより強められる。

図 3.27 Bolivar らが考える音と映像の主観的調和を形成する構造的側面と意味的側面の影響（二つの可能性）の概念図[42]

Lipscomb は，単純な刺激の場合は音と映像の意味的要因より構造的調和の側面が優位となり，刺激が複雑（現実的）になるにつれて音と映像の構造的要因より意味的調和の側面が優位になるとし，各状況下で調和感を形成する主体が異なることを示唆した[62]。

金らの研究からも，音と映像の意味的調和が顕著な場合，実際には時間的に同期していないと判断されたにも関わらず，調和感への構造的要因の影響は小さく，図 3.27（b）のような意味的調和を基準とした視聴覚情報融合の処理が行われることを確認した[68]。

3.6 おわりに

本章では，映像メディアにおける視聴覚融合の諸様相について，多岐的に論じてきた。ここで紹介してきたように，この分野の歴史はそれほど長くはないが，近年多くの研究が行われるようになってきた。その背景として，視聴覚機器やコンピュータの発達とともに，低予算でも高度な実験が可能となってきたことがあるのだろう。

学術雑誌 Psychomusicology が 1994 年に発行した「映画音楽」に関する特集号は，映像メディアにおける音楽の研究が一つの流れを形成していることを示す，象徴的なものである。2 年に 1 回世界各地で開催される国際音楽知覚認知学会（International Conference on Music Perception and Cognition）でも，「マルチメディアにおける音楽」に関するシンポジウムが連続して開催されている。さらに，このシンポジウムがきっかけとなり，2013 年には，映像作品における音楽の役割について，国際的権威がまとめた『The Psychology of Music in Multimedia』（Siu-Lan Tan, Annabel Cohen, Scott D. Lipscomb, Roger A. Kendall 編）が Oxford University Press より発売された[88]。

教育カリキュラムにおいても，映像作品の音を対象とした科目，内容を取り入れる大学も増えてきた。アメリカの大学では，「音楽の才能 – 映画を聴く」（DePaul University），「マルチメディア認知」（Northwestern University），「映画音楽の心理学」（University of California at Los Angeles）などという講義が開講されている（これらは，シラバスも公開されている）。

日本の大学でも，「サウンド（音響）デザイン」「音楽デザイン」「視聴覚融合デザイン」「音楽心理学」といった授業の中で，映像の中の音，音楽の効果についての内容が多く取り上げられているようである。音響に関わる各種の内容の中でも，「音と映像」について最も評価が高かったというアンケート調査もある[89]。韓国の大学でも「視覚媒体のためのサウンドデザイン」などの講義が開設されるなど，同じような状況になりつつある。

「音」のことに興味をもってもらうのに，映像コンテンツでの音の役割をデモンストレーション付きで紹介すると効果的である。普段，テレビや映画を見ていても，「音のチカラ」を実感することはあまりない。意識して映像作品を視聴すると，いかにわれわれが「音」に影響を受けているのかを実感できる。映像メディアでの音の重要性を訴えることは，「音」の存在，意味，価値をプロモーションするのに有効な手段である。

つぎの4章では，映像メディアにおける視聴覚融合の制作現場を紹介する。本章までに解説した視聴覚融合の科学的知見がどのように適用可能かを考えつつ読んでいただくと，この分野へ理解が深まるだろう。

引用・参考文献

1) 岩宮眞一郎：音楽と映像のマルチモーダル・コミュニケーション，九州大学出版会 (2000)
2) 岩宮眞一郎：音が映像作品の「でき」を決める，日本音響学会誌，**64**(12), pp. 709-714 (2008)
3) J. M. Boggs and D. W. Petrie : The Art of Watching Films, Mayfield Publishing Company (2000)
4) D. Bordwell and K. Thompson : Film Art: An Introduction, McGraw-Hill Inc. (1993)
5) W. Faulstich : Einführung in die Filmanalyse, Tübingen: Gunter Narr Verlag (1994)
6) L. Giannetti : Understanding Movies, Prentice Hall College Div. (1995)
7) C. Gorbman : Unheard Melodies : Narrative Film Music, Indiana University Press (1987)
8) Z. Lissa : Ä Sthetik der Filmmusik, Henschel (1965)
9) R. Manvell, J. Huntley, R. Arnell, and P. Day : The Technique of Film Music, Focal Press (1975)
10) H. J. Pauli : Filmmusik : Ein Historisch-kritischer Abriss, In H. C. Schmidt (Ed.) : Musik in den Massenmedien Rundfunk und Fernsehen : Perspektiven u. Materialien, Schott (1976)
11) M. Chion : Audio-Vision : Sound on Screen, Columbia University Press (1994)
12) N. Cook : Analysing Musical Multimedia, Oxford University Press (1998)

13) N. Phillips : Review of Chion, M. audio-vision: sound on screen, ESCOM Newsletter, 9, pp.20-22 (1996)
14) A. J. Cohen : Musicology alone?, Music Perception, **17**(2), pp. 247-260 (1999)
15) S. D. Lipscomb : Modeling musical multimedia : A review of Nicholas Cook's analyzing musical multimedia, Intégral, 16/17, pp. 225-236 (2003)
16) M. Chion : Le Son Au Cinéma, Cahiers du Cinéma Livres (1985) ［川竹英克（訳），J. ピノン（訳）：映画にとって音とはなにか，勁草書房（1993）］
17) K. London : Film Music, Faber & Faber Ltd. (1936)
18) H. Münsterberg : The Photoplay : A Psychological Study, In A. Langdale (Ed.) : Hugo Münsterberg on Film : The Photoplay : A Psychological Study and Other Writings, Routledge (2001)
19) A. J. Cohen : Functions of Music in Multimedia : A Cognitive Approach, In S.W. YI (Ed.) : Music, Mind & Science, Seoul National University Press (1999)
20) A. J. Cohen : Music as a Source of Emotion in Film, In P. N. Juslin & J. A. Sloboda (Eds.) : Music and Emotion: Theory and Research, Oxford University Press (2001) ［大串健吾（訳），星野悦子（訳），山田真司（訳）：音楽と感情の心理学，誠信書房（2008）］
21) O. Vitouch : When your ear sets the stage : Musical context effects in film perception, Psychology of Music, **29**(1), pp. 70-83 (2001)
22) S. D. Lipscomb and D. E. Tolchinsky : The Role of Music Communication in Cinema, In D. Miell, R. MacDonald, and D. Hargreaves (Eds.) : Musical Communication, Oxford University Press (2005)
23) H. Zettl : Sight, Sound, Motion: Applied Media Aesthetics, Wadsworth Pub Company (1998)
24) T. Sobchack and V. C. Sobchack : An Introduction to Film, Longman (1997)
25) P. H. Tannenbaum : Music background in the judgment of stage and television drama, Audio-Visual Communication Review, **4**, pp. 92-101 (1956)
26) C. E. Osgood, G. J. Suci, and P. H. Tannenbaum : The Measurement of Meaning, University of Illinois Press (1957)
27) S. K. Marshall and A. J. Cohen : Effects of musical soundtracks on attitudes toward animated geometric figures, Music Perception, **6**(1), pp. 95-112 (1988)
28) A. J. Cohen : Associationism and musical soundtrack phenomena, Contemporary Music Review, **9**(1), **9**(2), pp. 163-178 (1993)
29) G. Sirius and E. F. Clarke : The perception of audiovisual relationships : A prelimi-

nary study, Psychomusicology, **13**(1), **13**(2), pp. 119-132 (1994)

30) S. D. Lipscomb and R. A. Kendall : Perceptual judgement of the relationship between musical and visual components in film, Psychomusicology, **13**(1), **13**(2), pp. 60-98 (1994)

31) W. H. Rosar : Film music and Heinz Werner's theory of physiognomic perception, Psychomusicology, **13**(1), **13**(2), pp. 154-165 (1994)

32) 岩宮眞一郎, 佐野 真：コンピュータを利用した音楽と映像の相互作用の実験―各音楽要素が映像作品の印象に与える影響―, 音楽知覚認知研究, **3**, pp. 14-24 (1997)

33) 吉川景子, 岩宮眞一郎, 山内勝也：スタッカート, レガート表現が映像作品の印象に与える影響, 日本音楽知覚認知学会平成16年度春季研究発表会資料, pp. 59-64 (2004)

34) M. Shevy : The mood of rock music affects evaluation of video elements differing in valence and dominance, Psychomusicology, **19**(2), pp. 57-78 (2007)

35) B. Hoeckner, E. W. Wyatt, J. Decety, and H. Nusbaum : Film music influences how viewers relate to movie characters, Psychology of Aesthetics, Creativity, and the Arts, **5**(2), pp. 146-153 (2011)

36) S. R. Alten : Audio in Media, Cengage Learning (2011)

37) 森 文哉, 金 基弘, 岩宮眞一郎：テレビ番組における効果音と背景音楽が笑いに及ぼす影響, 音楽音響研究会資料, MA2011-32 (2011)

38) 森 文哉, 金 基弘, 岩宮眞一郎：バラエティ番組における笑いを演出する音の効果, 聴覚研究会資料, H-2012-134 (2012)

39) 金 基弘, 森 文哉, 岩宮眞一郎：映像コンテンツにおける「笑い」を誘発する効果音と音楽の要因, 日本音響学会2013年秋季研究発表会講演論文集, pp. 1453-1456 (2013)

40) C. Bullerjahn and M. Güldenring : An empirical investigation of effects of film music using qualitative content analysis, Psychomusicology, **13**(1), **13**(2), pp. 99-118 (1994)

41) W. F. Thompson, F. A. Russo, and D. Sinclair : Effects of underscoring on the perception of closure in filmed events, Psychomusicology, **13**(1), **13**(2), pp. 9-27 (1994)

42) V. J. Bolivar, A. J. Cohen, and J. C. Fentress : Semantic and formal congruency in music and motion pictures : Effects on the interpretation of visual action, Psychomusicology, **13**(1), **13**(2), pp. 28-59 (1994)

43) M. G. Boltz, M. Schulkind, and S. Kantra : Effects of background music on the remembering of filmed events, Memory and Cognition, **19**(6), pp. 593-606 (1991)

44) M. G. Boltz : Musical soundtracks as a schematic influence on the cognitive processing of filmed events, Music Perception, **18**(4), pp. 427-454 (2001)

45) 吉岡賢治, 岩永　誠：映像と音楽の相互作用における記憶促進要因, 広島大学大学院総合科学研究科紀要Ⅰ, 人間科学研究, **2**, pp. 35-45 (2007)

46) R. Kopiez, F. Platz, and A. Wolf : The overrated power of background music in television news magazines : A replication of Brosius' 1990 study, Musicae Scientiae, **17**(3), pp.309-331 (2013)

47) S. L. Tan, M. P. Spackman, and M. A. Bezdek : Viewers' interpretations of film characters' emotions : Effects of presenting film music before of after a character is shown, Music Perception, **25**(2), pp. 135-152 (2007)

48) A. J. Cohen and Y. M. Siau : The narrative role of music in multimedia presentations : The congruence-association model (CAM) of music and multimedia, Proceedings of the 10th International Conference on Music Perception and Cognition, pp. 77-82 (2008)

49) A. C. North and D. J. Hargreaves : Music and driving game performance, Scandinavian Journal of Psychology, **40**(4), pp. 285-292 (1999)

50) M. Yamada, N. Fujisawa, and S. Komori : The effect of music on the performance and impression in a video racing game, 音楽知覚認知研究, **7**(2), pp. 65-76 (2001)

51) G. Cassidy and R. MacDonald : Music and videogame play : The effects of self-selected and experimenter-selected music on performance and experience, Proceedings of the 10th International Conference on Music Perception and Cognition, pp. 762-767 (2008)

52) Y. Sakabe, T. Katsuzaki, and M. Yamada : Effect of music on the performance and impression in a slot game, Proceedings of the 10th International Conference on Music Perception and Cognition, pp. 478-482 (2008)

53) 石田　翔, 相川清明：ゲームにおける効果音による心理コントロール, 日本音響学会 2011 年秋季研究発表会講演論文集, pp. 927-930 (2011)

54) 米田　涼, 山田真司：音楽のテンポと音圧レベルがゲームの随行成績と印象に及ぼす影響, 日本音響学会 2011 年秋季研究発表会講演論文集, pp. 931-932 (2011)

55) S. D. Lipscomb and S. M. Zehnder : Immersion in the virtual environment : The ef-

fect of a musical score on the video gaming experience, Journal of Physiological Anthropology and Applied Human Science, **23**(6), pp. 89-95 (2004)

56) M. Yamada : The effect of music on the fear emotion in the context of a survival-horror video game, Proceedings of the 10th International Conference on Music Perception and Cognition, pp. 594-597 (2008)

57) M. Tsukamoto, M. Yamada, and R. Yoneda : A Dimensional Study on the Emotion of Musical Pieces Composed for Video Games, Proceedings of 20th International Congress on Acoustics, No. 918, pp. 1-3 (2010)

58) J. A. Russell : A circumplex model of affect, Journal of Personality and Social Psychology, **39** (6), pp.1161-1178 (1980)

59) P. N. Juslin : Communicating Emotion in Music Performance : A review and Theoretical Framework, In P. N. Juslin and J. A.Sloboda (Eds.) : Music and Emotion: Theory, Research, Oxford University Press (2001) ［大串健吾（監訳），星野悦子（監訳），山田真司（監訳）：音楽の感情と心理学，誠心書房（2008）］

60) S. Iwamiya : Subjective congruence between moving picture and sound, Proceedings of the 10th International Conference on Music Perception and Cognition, pp. 83-87 (2008)

61) 菅野禎盛，岩宮眞一郎：映像と音楽の情緒的印象に対する同期要因と速度対応要因の効果，日本音響学会誌，**56**(10), pp. 695-704 (2000)

62) S. D. Lipscomb : Cross-modal integration : Synchronization of auditory and visual components in simple and complex media, Collected papers of the 137th Meeting of Acoustical Society of America and Convention of the European Acoustics Association, CD-ROM (1999)

63) S. D. Lipscomb : The Perception of Audio-visual Composites : Accent Structure Alignment of Simple Stimuli, In R.A. Kendall & R. W. Savage (Eds.) . Selected Reports in Ethnomusicology, **12**, Perspectives in Systematic Musicology, UCLA Ethnomusicology Publications (2005)

64) K. H. Kim and S. Iwamiya : Formal congruency between telop patterns and sound effects, Music Perception, **25**(5), pp. 429-448 (2008)

65) 金　基弘，岩宮眞一郎：テロップと効果音の開始部と終止部が調和感に及ぼす影響，音楽知覚認知研究，**13**(1), **13**(2), pp. 33-41 (2007)

66) 藤山沙紀，瀧下郁之，矢萩　徹，岩宮眞一郎：音と映像の同期による調和と印象の一致による調和の形成過程の比較，日本音響学会2013年秋季研究発表会講演論文集，pp. 1449-1452 (2013)

67) 岩宮眞一郎，上月　裕，菅野禎盛，高田正幸：音楽の調性及びテンポと映像の速度及び密度が映像作品の印象に及ぼす影響，音楽知覚認知研究，**8**(2), pp. 53-64 (2002)
68) 金　基弘，岩宮眞一郎，藤丸紗由美：テロップの書体と効果音の印象の類似の効果，音楽知覚認知研究，**11**(2), pp. 73-90 (2005)（K. H. Kim, S. Iwamiya and S. Fujimaru : Semantic congruency between sound effects and shapes of Telop characters, The 10th Western Pacific Acoustics Conference, No.269, CD-ROM (2006)）
69) 金　基弘，岩崎敬吾，岩宮眞一郎：テロップ・プレゼンテーションにおけることばと効果音の印象の意味的調和の効果，日本音響学会誌，**63**(3), pp. 121-129 (2007)
70) 藤山沙紀，矢萩　徹，瀧下郁之，岩宮眞一郎：音楽と映像の調和感が形成される心的過程，日本音響学会2012年秋季研究発表会講演論文集，pp. 879-882 (2012)
71) 西村雄一郎：黒澤明　音と映像，立風書房，pp. 73-90 (1998)
72) 藤山沙紀，江間琴音，岩宮眞一郎：黒澤明の映像作品における音楽と映像を対比させた手法の効果，日本音響学会誌，**69**(8), pp. 387-396 (2013)
73) 蘇　勲，金　基弘，岩宮眞一郎：映像の切り替えパターンと音高の変化パターンの調和，日本音響学会誌，**65**(11), pp. 1-8 (2009)
74) S. D. Lipscomb and E. M. Kim : Perceived match between visual parameters and auditory correlates : An experimental multimedia investigation, Proceedings of the 8th International Conference on Music Perception and Cognition, pp. 72-75 (2004)
75) F. Maeda, R. Kanai, and S. Shimojo : Changing pitch induced visual motion illusion, Current Biology, **14**(23), pp. 990-991 (2004)
76) 本郷由希：聴覚的空間情報による視覚的時間知覚の変容，神戸大学大学院博士論文 (2008)
77) C. V. Parise, K. Knorre, and M. O. Ernst : Natural auditory scene statistics shapes human spatial hearing, Proceedings of the National Academy of Science of the United States of America, doi : 10.1073/pnas.1322705111 (2014)
78) J. G. Neuhoff and M. K. McBeath : The Doppler illusion : The influence of dynamic intensity change on perceived pitch, Journal of Experimental Psychology: Human perception and performance, **22**(4), pp. 970-985 (1996)
79) Z. Eitan and R. Y. Granot : How music moves: Musical parameters and listeners

images of motion, Music Perception, **23**(2), pp. 221-247（2006）
80) E. Rusconi, B. Kwan, B. L. Giordano, C. Umiltà, and B. Butterworth : Spatial representation of pitch height : The SMARC effect, Cognition, **99**(2), pp. 113-129（2006）
81) 生駒　忍，橋本　望，大久保勇也：水平次元における音高の自発的定位，日本音楽知覚認知学会平成20年度春季研究発表会資料，pp. 39-42（2008）
82) 蘇　勛，金　基弘，岩宮眞一郎：複合的な映像の変化パターンと単純な音高の変化パターンの調和，日本音響学会誌，**66**(10), pp. 497-505（2010）
83) 岩宮眞一郎，蘇　勛，小山泰宏，金　基弘：複合的な映像の変化パターンと音高の変化パターンの調和—日本人・韓国人・中国人の実験参加者群を用いた評価実験—，日本生理人類学会誌，**15**(12), pp. 105-113（2010）
84) 金　基弘，岩宮眞一郎，北野博之：回転による映像の場面転換と音高の変化パターンの調和，音楽知覚認知研究，**14**(1), **14**(2), pp. 29-36（2008）
85) 金　基弘，岩宮眞一郎，北野博之：映像の回転運動と音高の周期的変動に基づく調和感，人間工学，**45**(6), pp. 336-343（2009）
86) 岩宮眞一郎，関　学，吉川景子，高田正幸：映像の切り替えパターンと効果音の調和，人間工学，**39**(6), pp. 292-299（1993）
87) A. J. Cohen : How Music Influences the Interpretation of Film and Video: Approaches from Experimental Psychology, In R.A. Kendall and R. W. Savage（Eds.）. Selected Reports in Ethnomusicology, **12**, Perspectives in Systematic Musicology, UCLA Ethnomusicology Publications（2005）
88) S.L. Tan, A.J. Cohen, S.D. Lipscomb, and Roger A. Kendall（Eds.）: The Psychology of Music in Multimedia, Oxford University Press（2013）
89) 西村　明，亀川　徹，星芝貴行：非理工系学生のための音響教育，日本音響学会誌，**65**(5), pp. 294-299（2009）

第4章 視聴覚融合をデザインする現場

4.1 はじめに

「映像がなにか100％な感じのとき，意図的な音を加えると台無しになる。しかし40％のものを80％くらいにまで音響で引き上げることはできる。」この章を執筆するにあたり，著者二人で話し合ったときに出た言葉である。われわれがめざす〇〇％な感じ，とは何をどのようにめざすものなのだろうか。

本章では，視聴覚融合をデザインする現場において，映像に対して効果的な音響がどのように考えられているのか，過去から現在までを振り返り，「〇〇％な感じ」の本質を紐解いていく。

4.2 映像に伴う音響の過去と未来

4.2.1 映画とラジオの黎明期について

1895年，映画誕生にまつわる示唆的な出来事があった。投影式映画の祖といわれるリュミエール兄弟の**シネマトグラフ**で初期に撮影された『シオタ駅への列車の到着』の上映で，手前に突進してくる機関車の映像を初めて目にした観客が，その蒸気機関車を避けようとして騒然としたという。機関車そのものの音もないのに。機関車に限らず風や煙，水など日常の自然現象をとらえた映像に対してさえも同様の興奮があったという。そのものの音がないのに関わらずである。映画はこのような現実感の力を背景に，無声映画として映像編集と

スーパーインポーズ，伴奏音楽などで観客を魅了する表現を急速に成熟させていく。もちろん無声映画とはいってもそれはあくまでフィルムメディア自体の特質であって，無音で映画の上映が行われていたのではない。サイレント時代の映画上映時には，弁士の解説と楽士の演奏に加えて，スクリーン裏での音響効果の演奏や，一度に多数の音を出すことができる音響効果装置が劇場用に販売されるなど，たいへん賑やかなものであった[†]。

映画発明初期はフィルムメディアが映像のみを記録，上映するものであったために映像と音響の共存への模索は，先行して発明されている蝋管式や円盤式蓄音機の技術を利用して，リュミエール兄弟のシネマトグラフ発表以前から数多く試行されてきた。その中で最初に販売されたシステムは，エジソン研究所による**キネトフォン**（1893年：明治25年）である。キネトフォンは，覗き窓式映画『キネトスコープ』（1891年：明治23年）の発表から2年後に発表された，機械式同期方式であった。この方式は，のちに世界で初めて興行的に大ヒットした『ジャズシンガー』（ワーナーブラザーズ：1927年：昭和2年）でシステムとしてほぼ完成する。なお映像との厳密な同期を求めなければ，**トーキー映画**（いわば有声映画）がシステム化される以前にきわめて多くの試行がなされていたことが当時の資料からうかがい知ることができる（**表4.1**）。（付表として巻末にトーキー映画に関する技術発展を概観する年表を示す（**付表（a）～（d）**））。これを眺めると，30年で基礎研究，続く30年で実用化研究，5年でトーキー映画への転換，続く6年で普遍化していく技術発展の様子が，時代を経てアナログからディジタルへ音声処理が移行している現在の技術転換の様子と似ていて興味深い。

[†] DVD『Discovering Cinema』www.flickeralley.com（2014年8月現在）参照。
ここで映像として紹介されている1.5㎡ほどの劇場用音響効果装置は，馬車，汽車，汽笛，ガラスの割れる連続音などを複数のクランクを回すことにより発することができる。これと同様の効果マシンは〈ニッケルオデオン〉と総称される低コストでオープンできる映画館の普及により需要が高まったことを背景に，1908年ころから数社かの製品が実用に供されていたとの記述が文献41）p. 154にある。その製品名は「Pathé cabinet」「The British Allefex machine」「The Excela Soundgraph」など。

4. 視聴覚融合をデザインする現場

表4.1 1929年時点での各フォーマット[1]

メーカー系列	名称	方式	おもな採用国
R.C.A.（米） （現 General Electric 系）	（光学）フォトフォン（可変面積型） （ディスク）Victor の技術を応用	光学/ディスク	米 英 日
Western Electric（米） （現 AT & T 系）	（光学）ムービートーン（濃淡型） （ディスク）ヴァイタフォン	光学/ディスク	米 英 日
Klangfilm-Tobis（独）	トリエルゴン（Tri-Ergon：1929）	光学	独 仏 英 伊
	アー・エー・ゲー ジーメンス・ハルスケ		独
その他系列外（独）	キュヒェンマイスター メスター（Oskar Messter：1907）	ディスク	
Gaumont-Petersen-Poulsen（仏）	ペーターセンパウルセン（Gaumont）	ディスク	仏 独
その他系列外（仏）	リグノス	光学	仏
	エルゲフォン シンクロフォン メロヴォックス	ディスク	
その他系列外	フォノフィルム（Phonofilm：1921） （リー・ド・フォレー）	光学	米 英 日
	フォトトーン	ディスク	米 英
	パーセント	ディスク	米 日
その他系列外（米）	トラベルトーン パワース・シネフォン	光学/ディスク	米
	ヴァイタ・トーン ヴィオフォーン（Biophon：1907） ヴォリス・オ・トーン グットオール・リプロデューサー クレスト・サウンドシステム クワリトーン ゲンオエット・シンクロナイザー シンクロウ トーン・オ・グラス フィルムオフォーン フォトヴォックス ブリストル・フォーン マスター ムービィフォン リールトーン ローヤル・アンプリトーン	ディスク	
その他系列外（英）	アコースチック エディベル エレクトロコード ネーチュアトン	ディスク	英
その他系列外（日）	エイ・オン（映音） レネフォン	光学/ディスク	日
	イーストフォン 高密式トーキー マキノトーキー	ディスク	
その他系列外（露）	ウエイ	光学/ディスク	露

注）　文献1）「発聲映画の知識」を http://www.silentera.com/ （2014年8月現在）にて補足

4.2.2 「音響効果」の誕生と初期録音技術に関して

日本国内では映画の音にはどのような歩みはじめがあったのだろうか？概観すると，シネマトグラフが発明の 2 年後の 1897 年に輸入され，同時期に弁士と楽士が活躍をはじめている。1900 年（明治 33 年 7 月）には，吉沢商店[†]カメラマンの土屋常二によって撮影された相撲映画に行司の声を蓄音機に入れて流したという記録がある[2)]。また最近の研究では，吉沢商店が，活動写真の興行者たちへの活動写真機と蓄音機のセット販売を行っていたとの報告がなされている[3)]。

楽士による音楽，弁士による台詞・解説に続いて，歌舞伎の下座音楽における囃子方と小道具係による擬音器具の伝統は，映画館での効果音実演をうながした。舞台袖で演技に合わせて出される演奏や物音など，歌舞伎から繋がる陰囃子の表現が，演劇舞台の構造を引用していた初期映画館で行われていたことは，当時の映画館の図面からもうかがい知ることができる[4)]。

4.2.3 トーキー映画とラジオ放送

映画の発明から四半世紀を経て，真空管の発明と発展により，トーキー映画とラジオ放送の実用化がほぼ同時にやってくる。増幅器の道をひらいた三極真空管の発明とフィルムへの光学録音の実用化は両者ともド・フォレー（米）による。この電気的音声増幅の実用化として一歩先んじるラジオ放送は，1925 年（大正 14 年）3 月に試験放送が開始されている[5)]。ラジオにおける最初の音響効果を伴ったドラマは同年 7 月 19 日に放送された『大尉の娘』である。これはドイツ映画『憲兵モエビウス』を中内蝶二が翻案/戯曲化し，井上正夫，水谷八重子らが舞台戯曲として当時すでに公演しており，放送以前の 1917 年（大正 6 年）には井上正夫自身による演出の無声映画が，続いて 1924, 27, 29, 36 年に異なる監督によりたびたび映画化されるなど一般への認知度が高

[†] 1896 年改名。以前より貿易商として存在。日本最古の映画会社の一つで，その後 4 社合併で日活となる（福宝堂，横田商会，M・パテー商会）。また日本初の映画専門館「電気館」を手がける。

い題材であった[6]。元 NHK 音響効果マンの岩淵東洋氏によると，この日本で最初のラジオドラマ効果音担当者は松竹演劇部や井上正夫の井上演劇道場，水谷八重子の芸術座の音調部にも籍をおいて新派劇効果音を積極的に考案していた四代目中村兵蔵だったという[7]（中村は 1982 年に 94 歳で亡くなるまで劇団新派音調部で現役であった）。ついで同年間を空けずに，新劇の先鋭，築地小劇場の和田精（イラストレーターで映画監督である和田誠の父）が同劇団同人の小山内薫演出のもとに『炭坑の中』の音響効果を作成する（**図 4.1**）。

図 4.1 築地小劇場のメンバーによる再放送時のスナップ（昭和 4 年）[8]

この時代には，新派とはいえ伝統芸能の延長にある「音響効果」と，モダニズムを背景とする芸術運動に影響を受けている新劇由来の「音響効果」が初期ラジオ放送において並存していた。その新旧演劇の音響がラジオの黎明期に純粋に音響のみで成立する表現を育んでいく時期に，トーキー映画が実用化を迎えた。

4.2.4　黎明期の音響効果技術について

録音機使用以前の放送は，もちろんすべて生放送であった。音響効果担当者は同時に音具制作者，演奏者であり（**図 4.2**），建具などの操作や人物の所作などは役者も参加して入念なリハーサルのもと皆で文字通り音響を演じていた（**図 4.3**）。

映画においても，役者の台詞とともに生音（ナマオト：4.3.3 項）を収録する制作手法は，時代が下って 1935 年ごろの P.C.L.（Photo Chemical Laborato-

4.2 映像に伴う音響の過去と未来　　141

図 4.2 音響効果の制作：汽車，自動車，街の騒音[9]（東京放送局愛宕山放送所にて）

図 4.3 昭和5年『女優尖端業』での松竹蒲田の女優川崎弘子ら[10]（東京放送局愛宕山放送所にて）

ry：(株) 写真化学研究所，東宝映画の前身企業の一つ) 発足のころにはすでにシステム化されていた。**図 4.4** に1930年ごろの東宝撮影所ダビングルーム略図を示す。この手法は時代が進んで高度成長期の映画大量生産期にも受け継がれ，**アフレコ**（アフターレコーディング：同時録音ではなく，後日撮影済み映像に対して役者が自分の台詞を吹き込み直す意味の和製英語）をする役者と

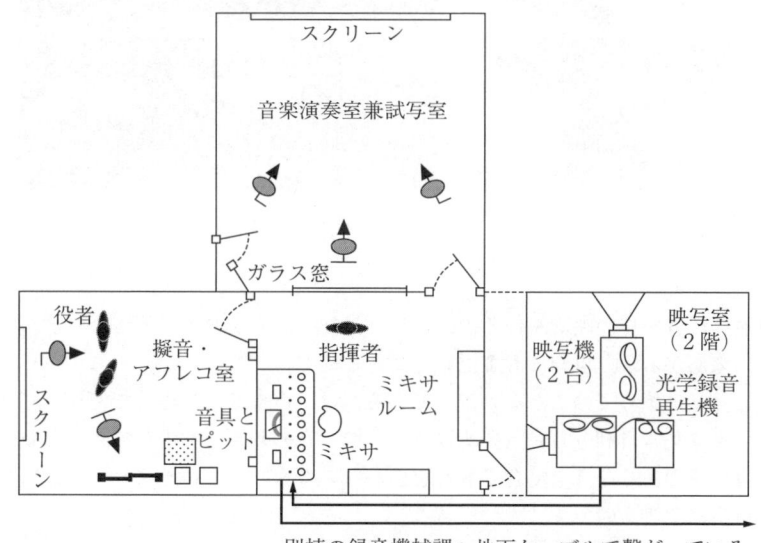

図 4.4 1930年ごろの東宝撮影所ダビングルーム略図[11]

同時に音響効果担当者が足音や衣擦れなどを演じていた。当時の生音は，録音技術の制約を由来としながらも，現在の手法ではなし得ない高い表現効果であったという[12]。

4.2.5　日本初のトーキー映画『黎明』

ラジオ放送開始2年後の1927年，ド・フォレー（米）の光学式撮影同時録音システム〈**フォノ・フィルム**〉を輸入商，皆川芳三が輸入する（**図4.5**）。これを〈ミナトーキー〉と銘打って一連の試作短編を制作した。その中に唯一の劇映画として日本初トーキー映画『黎明』も制作される（**図4.6**）。監督は新劇の創始者として歴史に名を残す小山内薫，そして音響効果担当者は先のラジオドラマ『炭坑の中』を担当した和田精であった。国内初のトーキー映画『黎明』を監督するにあたり小山内薫はつぎのように述べている。

図4.5　フォノ・フィルム　　　　**図4.6**　『黎明』スナップ[14]
　　　　（撮影/録音機）[13]

　声並びに音を持つ映画を作るのは，日本最初の試みなので，果たしてどんなものが出来あがるか，自分にもまだ見当つきません。
　併し，私は始めてのことなので，できるだけ，声や音を節約して使うつもりです。つまり利き目利き目に（要所要所）声或は音の効果を利用して，さもないところは，音のありそうな場合でも音を使わないつもりです…そういうことはどうでも自由にできるのです。[15]

残念ながら『黎明』のプリントは失われており，われわれは現在これを視聴

することはできないが，その内容について「日本映画発達史」の著者である田中純一郎はつぎのように述べている。

> 『黎明』は，舞台劇的様式を持ったセットによって，すべてが演ぜられ，ロケーションはなく，そのかわり一切が同時録音によって撮影された。映画劇としての構成よりも，新劇の舞台を科白のまま映写幕に再現した，といった方が近いであろう。[16]

田中の論説はソ連（現，ロシア）のトーキー映画芸術表現に関する論考が発表されている時期のものである。時代を経れば，技術的制約が強い時代の作品には表現術の稚拙さが目立って意識されるものである（ただし，それは表現意図を無視した表面的な印象に過ぎない）。田中の印象は時代的には妥当なものであろうが，技術的には同じものさしでは計れない。トーキー黎明期の映画は，性能のおぼつかない記録メディアゆえに台詞の記録が最優先にならざるを得なかった。ラジオ放送の音響効果担当者にとっては，技術上不安定で拙い記録メディアを用いた映画音響は，放送と比べて技術的・人的制約が避け難く強くあったのではないだろうか。その点について，和田誠は氏の父が『黎明』のことを日本初の映画でありながらまったく語らなかったことについてつぎのように述べている。

> 「音的効果」というのは音の設計をするだけで，実際に録音したのは別の人だったから，思うようにやってくれなくて，完全主義者としては例によって烈火のごとく怒ったりして，この件は喋りたくなかったのかもしれませんね。[17]

音響効果担当者ながら舞台や放送のように，思うように音響の効果を上げることができない和田精の立場は辛いものであったと想像される。では，当時彼らはどのような環境でラジオドラマの音響効果制作を行っていたのだろうか。ラジオドラマが開始されたころの東京放送局愛宕山放送所の写真を見ると，鉄筋コンクリート建ての建物中央のラウンドウォール部に沿って大放送室奥の窓面も曲面構造となっていることがわかる（**図 4.7**，**図 4.8**）。

その平面図とラジオドラマにおける音具配置プランニングの図面が，大正時

144   4. 視聴覚融合をデザインする現場

図 4.7 東京放送局愛宕山放送所全景[18]

図 4.8 東京放送局愛宕山放送所内大放送室[19]

代発刊の「無線と実験」に掲載されている[20]。この図面によると，一つのマイクロフォンを中心に同心円が描かれ，その遠近および配置位置によって音の階層を意図する緻密なプランニングが行われていたことがわかる（**図 4.9〜図 4.11**）。

カメラが同時録音機を兼ねていたフォノ・フィルム（ミナトーキー）での『黎明』撮影において，ラジオドラマスタジオでの音響収録のような詳細な音響効果音具配置を行う手法をそのまま転用できたかどうかははなはだ疑問である。当時の技術的制約により，マイクロフォンの位置に対応して，音具配置をラジオのように自由に行えない強い制約があったと考えられよう。

これまでの考察を敷衍（ふえん）すると，当時の視聴覚融合の最先端にあったトーキー映画とはすなわち役者の発する声の録音そのものであったといえる。1, 2本の感度の低いマイクロフォン，初期の電気技術による真空管で構成された重量のかさむ機器，開発されたばかりの気難しい光学録音機など，現代の技術からは想像できないほどの技術的制約がトーキー映画にはあった。しかし一方メディアの特性に表現が振り回されることは，技術発展が途絶えぬ限り続いていく宿命である。未成熟なメディアであっても，これを使いこなして作品を創る技術者がいた。画のないラジオで耳を澄まして豊かに情景を思い浮かべる聴者がいた。現実音のない映像を見てリアルな音響を感じる観客がいた。視聴覚融

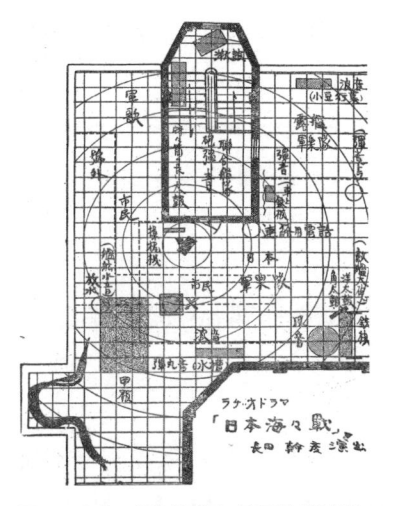

4.2 映像に伴う音響の過去と未来　　145

図 4.9 『日本海海戦』長田幹彦演出

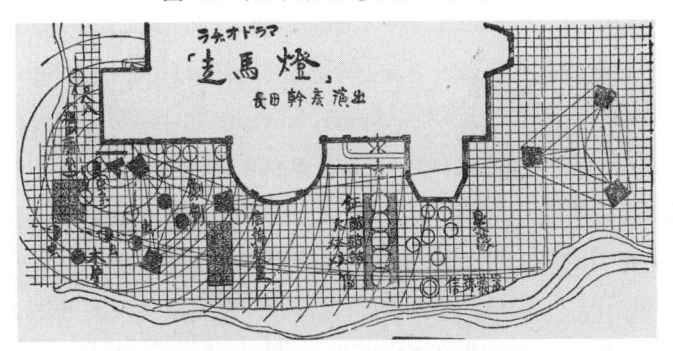

図 4.10 『走馬燈』長田幹彦演出

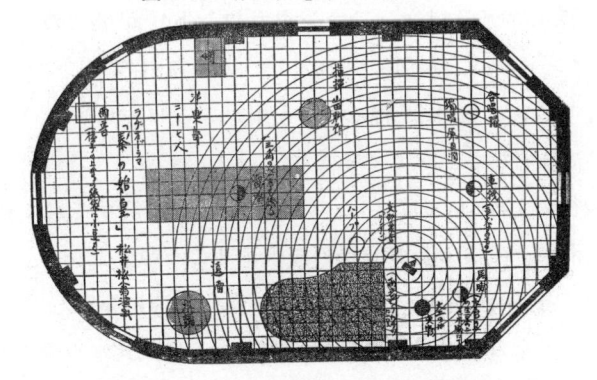

図 4.11 『秦の始皇帝』松井松翁演出

合の黎明期は映像と音響が技術的にいまよりも遥かに未成熟な状況であったが，そこから紡がれる作品が貧しい表現であったとはいえない。「視聴覚の融合」を演出的に考えざるを得ないトーキー映画黎明期には，純粋な音響表現を模索し始めたラジオドラマが技術的な歩みをともにすることは，必然の展開であったのだろう。

4.2.6 映画館やホームシアターで再生される立体音響の成り立ちと現行の再生形式

映像と音響融合の黎明期を経たのち，映画はどのような音響的変化を遂げてきたのだろうか。

〔1〕 **映画音響のディジタル化以前**　ラジオと技術的な歩みを共有していたトーキー映画の音声記録は，初期はレコードをベースとしていたディスク式であったが，のちにフィルムに音の波形を写真として記録する光学録音が主流となった。戦後に音声記録の主流となる磁気録音は1898年にデンマークのヴォルデマール・ポールセン（Valdemar Poulsen）によって発明され，1900年にはアメリカで特許出願されていたが，映像と同期できる技術を備えるには1950年代まで待たなくてはならなかった。一方，光学録音のステレオ方式については1930年以降にイギリスの音響研究者であるアラン・ブラムレイン（Alan Blumlein）らによって実験的に行われ，映画館での実用化はウォルトディズニーによる1940年発表のアニメーション『ファンタジア』専用に作られたマルチトラック光学録音〈**ファンタサウンド**〉が最初の事例となった。〈ファンタサウンド〉は，画面中央のスピーカに左右のスピーカを加えたマルチチャンネル（音声3 ch＋ゲイン切換え用コントロールトラック1 ch）による映画界初の立体音響システムである。

第二次大戦後の1945年以降には，戦時にドイツで発明された磁性粉を用いた磁気録音技術がその後の音声記録の技術革新の下敷きとなり，戦後の映画仕上げに伴う録音技術が光学録音から磁気録音へ急速に移行していく。1952年には磁性体をフィルムに塗布してそれに録音する磁気式マルチチャンネル録音再生機が開発される。これは1950年代にブームとなるステレオ式立体映画

（眼鏡を要する 3D），およびワイドスクリーンのパノラマ映画（シネラマやシネマスコープ）への音響的対応であり，現在の映画館における基本的スピーカの配置〈LCRS：left, center, right, surround〉は，このときにフォーマット化されて映画館での立体音響普及の基礎となっている。また磁気音声記録のマルチトラック化は万博などで上映される特殊映像に対する複雑な立体音響の構成を可能とした。1966 年のモントリオール万国博覧会，1970 年の大阪万国博覧会の展示に見られた巨大スクリーンやマルチ映像に伴う立体音響技術の試みは，まさに磁気マルチトラック記録再生の成果であった。

　映画に戻ると，1976 年にドルビーラボラトリーズ（Dolby Laboratories, Inc.）によって光学式マルチチャンネル録音再生方式が開発される（**ドルビーステレオ**）。この技術は『スターウォーズ』の立体音響の効果を 70 mm 幅フィルムの映画（6 ch 磁気録音）よりも遥かにローコストな 35 mm 幅のフィルム上で実現した。その技術は，当時乱立した 4 ch マトリクスステレオ技術（4 ch 録音→2 ch 伝送→4 ch 再生）とドルビーによってすでに開発されていたノイズリダクション（ノイズ低減）技術の統合により成立している。磁気マルチトラックの立体音響に近い効果を圧倒的な低価格で提供する，コストパフォーマンスに優れた技術であったために，以後フィルム上映がディジタル上映に移行するまで映画におけるアナログ音声のスタンダードとなった。

　そして 1992 年にはディジタル圧縮技術を用いてフィルム上や CD-ROM にディジタル音声を記録するディジタルマルチチャンネル（5.1 ch は，Dolby Digital：AC-3 符号化，dts：APT-X 符号化，7.1 ch は SDDS：ATRAC 方式符号化）の実用化に至り，2012 年には映像のディジタル上映化（フィルムからディジタルへのメディア大転換）による非圧縮音声のマルチトラック化によって Dolby Atomos（2013 年東映東京撮影所導入）や，Auro 3D（2012 年日活撮影所導入）など正面，側面の高さ方向や天井からの音響再生を加えた複数の立体音響再生方式が主流を争っている。

　振り返るとおおよそ 15 年ごとに立体音響のフォーマットが大きく変わっていることがわかる（**表 4.2**）。その背景にはその節目節目で記録メディアの技

表 4.2 立体音響への歴史

時期大別	西暦	和暦	ターニングポイントの映画、技術	トラックフォーマット	付記	国内放送（参考）
マルチチャンネル実験期	1937	12	『オーケストラの少女』（ユニバーサル映画）	−	実験のみ	
	1940	15	『ファンタジア』	L, C, R	4トラック光学録音によるフロントL, C, Rの呼称：ファンタサウンド（製作、配給のRKOは1957年に倒産）	
	1952	27	『This is Cinerama』	L, Lc, C, Rc, R, Ls, Rs	35 mmシネテープ使用。6トラックのうち、5トラックは前方のコントロールトラックで、残りをサラウンドに使用（日本では1955年1月公開）。	日本初のステレオ実験放送
磁気4ch & 7ch期	1953	28	『聖衣』20世紀フォックス	L, C, R, S	初のシネマスコープ (1:2.35)。磁気4T。前方3、後方1の3-1方式。元RCAの技術者、グリンバーグのシネマスコープ特許をフォックス社が入手。1954年、アカデミー賞受賞（1968年にフォックス社は独立系製作会社が引き続き制作を行うフォーマットを中止するが、日本国内での磁気録音も以後増加していく）。	NHK総合テレビ本放送開始（東京地区）
	1954	29				3元ステレオ（フロント3 ch）放送の実験
	1955	30	『オクラホマ』70 mm	L, C, R, Rc, R, S	トッドAO方式：シネラマの大画面、マルチチャンネル音声を継承した方式。前方5、サラウンド1の5-1	SONYがステレオのテープレコーダを生産しはじめる
	1959	34	『人間の条件』	L, C, R, S	日本初の磁気4T作品	NET, CX開局
	1966	41	Dolby Atype Noise Reduction		以後、映画のダビング作業におけるノイズ低減に貢献	
	1971	46	『時計仕掛けのオレンジ』	MONO	最終磁気マスターまで一貫してDolby A typeを採用した最初の映画	
光学4ch期	1976	51	『スター誕生』	L, C, R, S	マトリックス処理によるLCRS構成のサラウンドエンコードを行った最初の作品	マトリクス方式を用いた4chステレオ番組の試み（FM東京による生放送 4-2-4）
	1977	52	『スターウォーズ』『未知との遭遇』	L, C, R, S（光学） L, Lc, C, Rc, R, S（磁気）	光学マトリックス方式のドルビーステレオが普及のでこの作品で決定的になった。磁気4Tに勝る4ch音声を可能としたため以後磁気方式は用いられなくなる。低域の専用記録トラックはないが、光学では再生時には120 Hz以下をSWに送るOptical Base Extensionが設けられた。また70 mmドルビーステレオでは250 Hz以下をフロントの二つのSWに送った（Baby Boom）。	PCMレコーダ使用によるFMステレオ放送（NHK-FM）
	1978	53				テレビでのステレオ多重放送実験開始（1982から本放送）
	1981	56	『連合艦隊』		日本初のドルビーステレオ	

4.2 映像に伴う音響の過去と未来

表 4.2 立体音響への歴史（続き）

時期大別	西暦	和暦	ターニングポイントの映画，技術	トラックフォーマット	付記	国内放送（参考）
光学4ch期	1986	昭和 61	Dolby SR type Noise Reduction			最初のドルビーサラウンドテレビ放送（選抜高校野球：MBS） 最初のドルビーサラウンドFM放送（ラジオドラマ『シュナの旅』：NHK）
	1987	62	Pro Logic 発売	L, C, R, S	劇場と近似の音響再生が家庭で可能となる．	
	1989	64				衛星本放送開始
フィルムによるデジタル5.1ch期	1990	平成 2	『ディックトレイシー』	L, C, R, Ls, Rs, LFE	最初のデジタル音声映画（CDS：光学式）ニアディジタル2年後に運用中止	
	1992	4	『バットマン・リターンズ』	L, C, R, Ls, Rs, LFE	最初のドルビーディジタル	
	1993	5	『ジュラシックパーク』	L, C, R, Ls, Rs, LFE	最初のdts Digital	
			『ラストアクションヒーロー』	L, Lc, C, Rc, R, Ls, Rs, LFE	最初のSDDS	
	1994	6				ITU-R BS775.1 勧告
	1999	11	『スターウォーズ Ep.1』	L, C, R, Ls, Cs, Rs, LFE	最初のDolby Digital Surround EX	HD-TV最初の5.1 ch mix『天国への階段』：NHK
ディジタルシネマ本格普及元年	2010	7	『Toy Story 3』	L, C, R, Ls, Lb, Rb, Rs, LFE	最初のデジタルシネマ用 Dolby Surround 7.1	
			[Red Tails]	Auro-3D	最初のAuro-3D作品	
	2012	9	『メリダとおそろしの森』	Dolby Atomos	最初のDolby Atomos作品	

150   4. 視聴覚融合をデザインする現場

　ここで家庭内での立体音響の浸透について目を向けると，ホームシアター用に多くの AV アンプが販売されている。その再生チャンネルには，7.1 ch，9.1 ch，9.2 ch，11.2 ch，フロントサラウンドなどの表記があるが，これらは 7.1 ch を除いてプロフェッショナルの記録フォーマットではなくホームシアター用のマルチチャンネルアンプの機能として合成される音場である。現場以降のスタジオ作業（以降ポストプロダクションと呼ぶ）で仕上げられる完成音はテレビ放送との互換性を考慮に入れた 5.1 ch がおもなフォーマットであるが，将来的には映画館のディジタル上映に準じてさらなる多チャンネル化が見込まれる（**表 4.3**）。

〔2〕 **映画音響のディジタル化以降**　　映画の上映メディアは発明以来フィルムを 100 年間用いてきたが，ディジタル処理技術の向上によって撮影から上映までのフィルムプロセスを排したディジタル方式での映像制作形態に移行する。2006 年にハリウッドの映画製作メジャー会社各社とソニーなどの機材メーカーによって **DCI**（digital cinema initiatives）が組織され，そこで検討された仕様がアメリカ映画テレビ技術協会（**SMPTE**）などの技術規格組織で検討の後，規格化されている。音響の多チャンネルフォーマット化は，この技術的転換期にならい 5.1 ch 以上の多チャンネル化が図られた。立体音響の規格化の検討は，2006 年にアメリカ映画テレビ技術協会のディジタルシネマ部会 DC28（audio は 28.6）によって終えている。その規格化に呼応して，2010 年公開の『トイストーリー 3』では従来の 5.1 ch に加えて 7.1 ch での上映がなされている。また，ドルビー社のシネマプロセッサ[†]CP750 & 650 は，SMPTE：DC28.6 の 16 ch 規格化に先んじて製品化されている（**表 4.4**）。

　DCI の初期の仕様書[21]）には，正面垂直高さ拡張，左右拡張，天井などの検討が見られるが，この配置に関しては規格化されてはいない。そのため 2013

---

　　† シネマプロセッサとはフィルムに焼き付けられたディジタル・アナログ音声のデコードと ISO2969X に準拠した伝搬特性を得るためのハウスイコライザ，および音量調整機能を備えた統合的音声コントローラのこと。

4.2 映像に伴う音響の過去と未来

表 4.3 現在のサラウンドフォーマット

属性	記録フォーマット	再生チャンネル数	音声原版のトラック名	ホームシアターでの再生
劇場用:DCP	DCP (Digital Cinema Package : DCI 準拠)	基本的に 5.1	L, C, R, Ls, Rs, LFE	
	Dolby Surround 7.1	7.1	C, R, Ls, Lb, Rb, Rs, LFE	Blue Ray 先行のフォーマット
	Dolby Atmos	5.1~64 (メタデータによるコントロール)	L, C, R, Ls, Rs, LFE に加えて、正面垂直高、左右、サラウンド後方・水平方向、天井。左右、後方 LFE の拡張が劇場単位で冗長的に対応	
	Auro 3D	13.1 (5.1 or 7.1からのアップミックスデコード)	L, C, R, S (120 Hz以下をLFEとして抽出)	Prologic IIデコードによりサラウンドの Stereo化とLFEの付加
劇場用:Film (上映形態のディジタル化により激減中)	Dolby SR / dts Digital	4	L, C, R, Ls, Rs, LFE (納品記録は基本的にLtRt)	
	Dolby Digital / dts Digital	5.1	L, C, R, Ls, Cs, Rs, LFE (納品時のサラウンドは Lst, Rstの2chにマトリックスエンコード している)	
	Dolby Digital Surround EX DTS-ES	6.1	L, Lc, C, Rc, R, Ls, Rs, LFE	
	SDDS (面劇制作実費はほぼない)	6 (一部上映館で 80 Hz以下をLFEとして抽出)	L, C, R, Ls, Rs, Top (同サイズのスピーカによるダイレクトサラウンド)	なし（市販ソフト用では基本的に5.1chにリミックスする。そのときTopの定位は音の定位の属性を聴いて判断する。）
劇場用:その他	I-MAX, I-MAX Dome (プラネタリウム設備に特化)	7.1		L, C, R, Lvh, C, Rvh, R, Ls, Rs, LFE：前方高さ方向拡張
家庭用	BlueRay用 (劇場用フォーマットではない)	7.1	民生機による再生拡張	L, C, R, Ls×2, Lb, Rb, Rs, RPrR, RPrL スタッドサラウンド
		9.1		L, FPrL, C, FPrR, Ls, Rb, Rs, RPrR, RPrL, LFE (L), LFE (R)
民生機による拡張再生		11.2		不明
次世代音響フォーマット	DCI (Digital Cinema initiatives) の要請と連動するSMPTEのディジタルシネマ作業部会(DC-28:1999年立ち上げ)内でのディジタルシネマ規格内での検討をしている。Dolby AtmosやAuro 3Dは本規格に準拠している。	16 (最大16 chを設定しているが、右記アサインは提案、視覚障害者用解説、高齢者用台詞補強音声などの想定もあり。)	L, C, R, Ls, Rs, Rsd に加えて以下の拡張トラック TpFL, TpFC, TpFR, TpSiL, TpBL, TpC, TpBR, TpSiR：頭上拡張、LW, RW (W：Wide)、Lsd, Rsd (sd：Surround Direct)：サラウンド水平方向拡張。LsS, RsS (rS：Rear Surround)：サラウンド後方方向拡張。TS (Top Surround)：天井など	L, Lc, C, Rc, R, Lsd, Ls, Cs, Rs, Rsd に加えて以下の拡張トラック TpFL, TpFC, TpFR, TpSiL, TpBL, TpC, TpBR, TpSiR：頭上拡張、床L, 床C, 床R, LFE (L), LFE (R)：スクリーン下方向拡張
	NHKスーパーハイビジョン用音声	22.2 (SMPTE2036-2として規格化されている)	各チャンネルごとに呼称はフォーマットごとに異なるので、ここでは混乱を避けるために表記しない。	2010年のNHK放送技術研究所一般公開に、22.2 chのリビング向けダウンミックスとして波面合成による8.1 chのデモがレーションが行われている。
注記			(9.1 ch, 9.2 ch, 11.2 ch) は、AVアンプ内のDSPによる演算付加されるもので、われわれがポストプロダクションがフォーマットに則り作成するものではない。	Lb, Rb (b：Back) Lvh, Rvh (左右正面直高さ拡張), FPrL, FPrR, RPrR, RPrL (前後左右デコレート)など：残響プレゼンス：残響シミュレート

152　　4. 視聴覚融合をデザインする現場

表 4.4　DCI での Dolby surround 7.1

AES Pair#/Ch#	Channel #	Label/Name	Description
1/1	1	L/Left	Left screen loudspeaker
1/2	2	R/Right	Right screen loudspeaker
2/1	3	C/Center	Center screen loudspeaker
2/2	4	LFE/Screen	Screen Low Frequency Effects subwoofer
3/1	5	Ls/Left Surround	Left wall surround loudspeakers
3/2	6	Rs/Right Surround	Right wall surround loudspeakers
4/1	7	HI[*1]	Hearing Impaired（聴覚障害者用）
4/2	8	VI-N (AD)[*1]	Visually Impaired-Narration（視覚障害者用音声解説）
5/1	9	–[*3]	Unused/User Defined
5/2	10	–[*3]	Unused/User Defined
6/1	11	Bsl	Back surround Left loudspeakers
6/2	12	Bsr	Back surround Right loudspeakers
7/1	13	–[*3]	Unused/User Defined
7/2	14	–[*3]	Unused/User Defined
8/1	15	HI[*2]	Hearing Impaired（聴覚障害者用）
8/2	16	VI-N (AD)[*2]	Visually Impaired-Narration（視覚障害者用音声解説）

[*1] Dolby Surround 7.1 の初期リリースでは既存の設備との互換性を維持するためチャンネル 7/8 で音声解説が提供される。
[*2] 新しいチャンネル割当て規格との互換性を維持するため, HI/VI-N 音声がチャンネル 15/16 で追加提供される。
[*3] L, C, R, Ls, Rs, Bsl, Bsr に加えてつぎの拡張トラックが残りの 6 ch で検討されている。VhL, VhC, VhR（Vh : Vertical Height）：正面垂直高さ拡張, LW, RW（W : Wide）：左右拡張, TS（Top Surround）：天井など

年現在, Dolby Atomos や Auro 3D など複数のディジタルシネマ次世代立体音響再生方式が主権を争っている状況である。両フォーマットともに現行の 5.1 ch 用設備に加えて, 天井とサラウンドスピーカの増設が必要になる。

〔3〕　**映画館以外の立体音響の展開概要**　　SMPTE2036-2 として規格化されている NHK によるスーパーハイビジョンの音響フォーマットでは, SMPTE DC 28.6 で初期に検討されていた高さ方向への音場拡張が導入されている。NHK のシステムは, チャンネル構成として, 上層 9 ch, 中層 10 ch, 下層 3 ch の 3 層 12 ch と, 2 ch の LFE（low frequency effect）を配置した再生システムである[22]。その他の現行フォーマットにおける高さ方向のチャンネルとしては, 巨大スクリーン規格の I-MAX に「Top」ないしは「OH：オーバーヘッド」

と呼ぶチャンネルが設定されている．これは頭上ではなく，巨大スクリーン上部の音像定位を確保するためであり，配置的にセンターチャンネルの拡張的役割を負っている側面が強い．次期サラウンドフォーマットも含めたマルチスピーカによる立体音響の限界は，目前や耳元などの極近距離の定位ができないところにある．その技術対策としては，ヘッドフォンで最適であったバイノーラル音声処理技術のスピーカ使用による疑似立体音響化か，多スピーカ使用での遅延アレイによる超指向再生技術の応用に期待がかかる．前者は最近の立体音再生を謳う携帯電話などで実用化されている．このシステムでは，頭部伝達関数（HRTF：head related transfer function：頭や耳介の形の影響を受けながら鼓膜に到着するまでの時間差や音色などの伝達関数）と，二つのスピーカから放射される位置，時間差の関数を出力する音波に畳み込むことによって，従来のステレオ音場とは異なる立体感を生み出している．また後者は，音響機器メーカーからのAV再生機としてサラウンド再生に応用されている（例えばフロントサラウンド方式によるヤマハのサラウンドシステムは「アレイスピーカ装置」として2007年3月に特許出願がなされている）．原理は小型の複数スピーカでの再生をDSPにより時間制御して再生音の超指向性を得るものである．両者とも，現段階の技術はおもに再生音に対する処理によって効果を得るもので，録音時に関数を畳み込むものではない．

　さらに映像が立体化していく先はホログラムであろう．目前に現れたホログラム自体が音を発しているような音響の空間再生が求められる．それは，例えばいまここにある机上の電気スタンドが話をするような技術である．

　リアリティは視聴者の記憶を呼び覚ます「鍵」の一つである．リュミエール兄弟の『シオタ駅への列車の到着』では，映像がまさにそのような効果を観客にもたらしていたと考えられる．技術進化の途上にある3D映像や超高画質映像と立体音響は，いずれは観客の映像体験を実体験と誤解させるような技術にまで進化するであろう．しかし，どんなに表現メディアが発展しようとも，観客に感動を与える音響演出・技術の探求は広く深い．

4.3　音響制作 2000 年から 2010 年にかけての実務例

　4.2.1 項で述べた映画のトーキー黎明期から戦後までの機材の制約下では野外における同時録音は大変難しく，同時録音は撮影スタジオ内の大規模録音システムを用いる場合にとどまっていた．同時録音が容易にかつ安定的に行うことができるようになるのは，1958 年にスイスの Kudelski 社による小型テープレコーダ「NAGRA Ⅲ」が開発され，カメラとの完全同期機能を備えるようになってからである．1960 年ごろまでに量産された映画にアフターレコーディングが大変多い理由の一つとして，野外での同時録音に適した機材がきわめて乏しかった背景があろう．

　ただし音響機器が拙い時代の音響表現が凡庸であったというわけではない．当時の技術で最大限効果を出すように工夫された表現には，現在のコンピュータ処理による細密さが無意味で凡庸なものとしか感じられないことすらある．映画館での再生システムの能力が飛躍的に上がったからといって，そこには音の再現性が向上する以上の意味はない．問われるのは，表現する音の意味と記憶の中にある音の現実的質感再現の両立である．

　実務的には録音時の作品に対する完成イメージが薄弱であると，現場で響く意味のある音響とそうではない音響を取捨選択できなくなる．つぎはその感性を演出意図にしたがって実現するための実務について見てみよう．

4.3.1　実写劇映画，テレビドキュメンタリーの録音

　〔1〕　**収録スタイル**　　録音対象を大別すると ENG（electric news gathering）スタイルかドラマ収録スタイルに分類される（**図 4.12**）．

　前者 ENG は，1971 年にアメリカの CBS テレビが日本製の家庭用ビデオ機材を用いて「ENG システム」と名付けたことに由来する少人数機動力を重視した撮影スタイルであり，ニュース取材やドキュメンタリーの撮影スタイルがこれにあたる[23]．後者は撮影用に仕込まれた現場で腰を落ち着けて複数の助手

4.3 音響制作 2000 年から 2010 年にかけての実務例

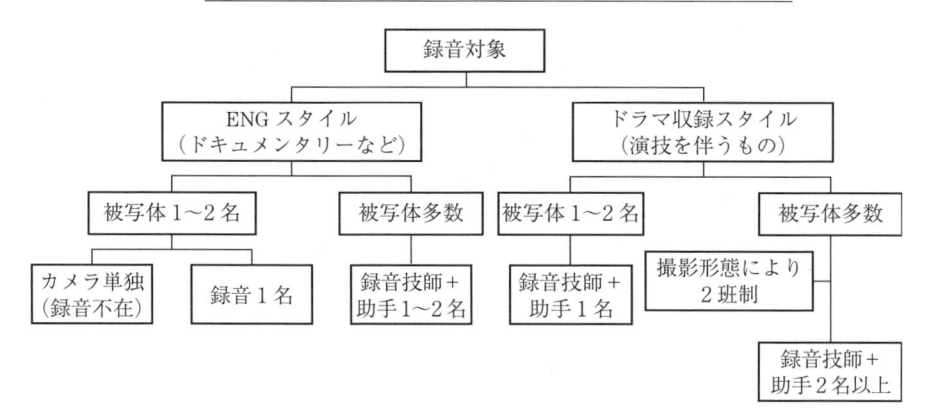

```
                              録音対象
                                 │
                ┌────────────────┴────────────────┐
           ENGスタイル                       ドラマ収録スタイル
        （ドキュメンタリーなど）                （演技を伴うもの）
                │                                 │
        ┌───────┴───────┐                 ┌───────┴───────┐
     被写体1～2名      被写体多数        被写体1～2名      被写体多数
        │                │                 │                │
    ┌───┴───┐       録音技師＋         録音技師＋       撮影形態により
 カメラ単独  録音1名   助手1～2名          助手1名          2班制
（録音不在）                                                 │
                                                         録音技師＋
                                                        助手2名以上
```

図 4.12　収録スタイルの分類と録音スタッフ数

とともに収録に臨むスタイルであり，劇映画やテレビドラマなどがこれにあたる。なお中継の音声収録は，大規模なものになると放送局音声スタッフと委託スタッフによる総力戦となる。

　家庭用 HD（high definition：高精細度）カメラの普及によって，監督が一人でセルフポートレイト的に身近な問題を掘り下げていくドキュメンタリーや，カメラマンとディレクターが2人で現場に臨む撮影手法が増えている。このとき録音技術者にできることは，民生機に対するマイクロフォンの適切な使用に関するアドバイスと機器選択およびセッティング程度にとどまる。このような現場に音声のプロフェッショナルが介在しない場合には，明瞭度の劣る音素材を丁寧に整える「整音」と呼ぶ作業の重要性がきわめて高くなる（整音の実務については 4.3.2 項以降で述べる）。

　多くの作品における録音のおもな目的は，被写体の言葉を明瞭にとらえることである。台詞の録音方法と使用機材は，メディアの違いとともに求められる音響の質によって異なる（**図 4.13**）。そして，マイクロフォンやレコーダの小型・高性能化は，各機器のディジタル化と相まって収録技術，ポストプロダクション技術の進化をもたらしている。

　〔2〕　**収 録 機 材**　機材のディジタル化前後を簡単に俯瞰すると，記録する音声トラック数が3倍以上に増加していることがわかる（**表 4.5**）。

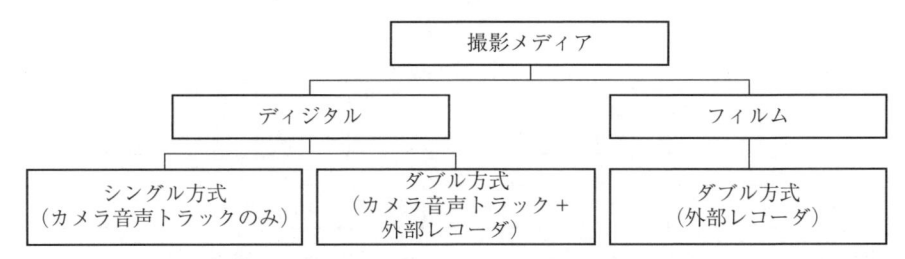

156　4. 視聴覚融合をデザインする現場

```
                    撮影メディア
                  ┌──────┴──────┐
              ディジタル          フィルム
            ┌────┴────┐              │
       シングル方式    ダブル方式    ダブル方式
     （カメラ音声     （カメラ音声    （外部レコーダ）
      トラックのみ）    トラック＋
                       外部レコーダ）
```

図 4.13　撮影メディアによる録音方式の大別

表 4.5　ディジタル化前後

	ディジタル化前	ディジタル化後
上映用音声原版最大トラック数	2	6
周波数特性	30 Hz〜16 kHz	20 Hz〜20 kHz
ダイナミックレンジ	90 dB 未満	110 dB 程度
Production Recorder	磁気テープレコーダ（2 トラック）	ポータブル HDR（8 トラック前後）
マイクロフォン（標準）	2 本のガンマイク ワイヤレス 4 波程度	2 本以上のガンマイク ワイヤレス 6 波以上
Post-Production Recorder	35 mm 磁気テープ MTR など	Pro Tools などの DAW
Post-Production での作業用映像メディア	Film or VTR（VHS など）	Movie Data（QT など）
ミックスオートメーション	貧弱	多彩
音声加工手段	高価で限定的機能の外部機器	安価で高機能なプラグインソフトウェア

　これによると現場以降のスタジオ作業の手間が 3 倍以上に増えそうだが，コンピュータ処理による作業効率が劇的に上がっているので，実情は 2 倍未満で済む場合が多い（ただし細密に作り込む意図と必要性がある場合はその限りではない）．

　ディジタル化以降の現場録音の状況を俯瞰すると，2001 年以降に現場でのディジタルマルチ収録への試みが始まり，NAGRA Ⅳ -S（ステレオ同期型 6 mm テープレコーダ）一辺倒だった現場録音の機材構成が以降一気に変化していく（**図 4.14**）．また機器だけではなく，5.1 ch などのサラウンド音声や **BWF**（broadcast wave format : wav に複数のメタデータ記録のスペースを加え

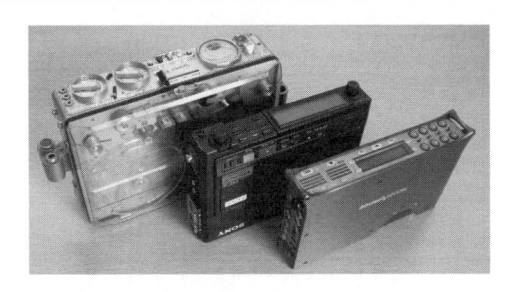

4.3 音響制作 2000 年から 2010 年にかけての実務例

左から，NAGRA IS-L（1974：モノ）
SONY TCD-D10（1987：ステレオ）
Sound Devices 788T（2008：8 トラック）

図 4.14 テープレコーダの種類

た音声フォーマットで wav と互換性がある）など音声フォーマットのスタンダードが **EBU**（European Broadcasting Union：欧州放送連合）など諸規格機関により整えられてきた。

（協）日本映画・テレビ録音協会会報によると，2004 年以降ポータブルマルチトラックレコーダの使用事例報告が目立って増えている（**表 4.6**）。会報によると，複数の有線のメインマイクロフォンとサブマイクロフォンに加えてワイヤレスで 7 波前後など，多くの作品において多トラック収録が行われ始め，2014 年現在では多チャンネル化した新規レコーダの発売によって撮影現場でのマルチトラック録音は普通の作業となっている。なおノートブックパソコンで動作する DAW（ディジタルオーディオワークステーション）とマルチチャンネル入出力のオーディオインタフェースを用いて現場録音を行う事例も特別ではない。

撮影現場においてマルチトラック録音を活用するおもな利点は，①役者へ個別にワイヤレスマイクロフォンを取り付け，これを独立したトラックに収録することにより，同時録音の台詞を活かすチャンスが増える，②環境音の全方位的な録音を可能となる，の 2 点である。利点①は役者のアフレコを劇的に減らし，利点②は立体音響における環境音の現実感を格段に向上させることに貢献している。

表 4.6 近年のドラマロケ録音セット例

制作年	メディア	ミキサ	メインレコーダ	サブレコーダ	DAW	マイクロフォン	ワイヤレスマイクロフォン
2004	映画	SONOSAX SX-S	HHB Portadrive 8ch HD recorder	—	—	?	?
2004	TV	Σ SS424	Fostex PD-6	AIWA HD-X 7000TC 2台	—	?	?
2005		Cooper CS-106+1	Stella DAT-II	NAGRA IV-S/Sony TCD D-10	M-Box で PB	SENNHEISER MKH-816×2 SENNHEISER MKH-416×4	RAMSA ワイヤレス×7波
2005		?	Fostex PD-6	Fostex PD-4	Digi002 Rack	SENNHEISER MKH-816×1 SENNHEISER MKH-416×4 20P× 2 418S×1	RAMSA ワイヤレス×6波
2006	映画	Σ SL-10	Fostex PD-4	—	—	MKH 416P	?
2006		Cooper CS-106	Fostex PD-6	Fostex PD-4	Digi002 Rack	SENNHEISER MKH-416P×4 SENNHEISER MKH-418S	RAMSA×5
2006		SONOSAX SX-ST	Fostex DV824	EDIROL R-4	—	SENNHEISER MKH-416P×4 SENNHEISER MKH-816T×2	RAMSA×4
2006	TV	Σ CSS-82L	Fostex PD-6	EDIROL R-9	—	SENNHEISER MKH-416P/816P	RAMSA+SANKEN COS-11
2006		Cooper CS-208	D-5VTR	Fostex PD-6	—	MKH 816P	?
2007			Sound Devices 744T	NAGRA ARES-BB+	—	SENNHEISER MKH-416P SENNHEISER SKP-30 TRS with 416	
2007	映画	Cooper CS-106+1 Cooper CS-108+1		NAGRA ARES-BB+ EDIROL R-4×2	M powered 1814	SENNHEISER 60P×2 NEUMANN KM150×3	SENNHEISER SK5012 QuadPack 1set RAMSA WXR×2
2007			Sound Devices 744T EDIROL R-4	Sound Devices 744T	M box	NEUMANN KM150×3 (屋内) SENNHEISER 60P×2 (屋外)	SENNHEISER SK5012 QuadPack 1set RAMSA WXR×2
2008			HHB Portadrive 8ch HD recorder	Sound Devices 744T	—	NEUMANN KM100 SENNHEISER 416P	RAMSA WXR×6
2008		SONOSAX SX-ST8D	MINIR82	744T×2 NAGRA-V	—	SENNHEISER MKH-50P 60P 70P 418S	SENNHEISER SK5212×8

〔3〕 **使用機材の具体例：ドラマ収録を想定して**　多くの場合，複数機材を設置できる台車（カート）にミキサ，レコーダ，ワイヤレス受信機，加えてカメラからの映像確認用に小型液晶モニタを据えて一括して移動する（**図4.15**）。

図 4.15　サウンドカート

1）　**ミキサ**（図4.15のミキサはCooper Sound System CS108＋1）　現場で使用するミキサは録音のためだけの機材ではない。現場でミキサを用いる場合には，収録音声の監督や録音助手への分配や，録音助手との専用コミュニケーション回線のために，ミキサにはマイクロフォン入力などの基本的機能のほかに，複数の現場再生用 **AUX**（auxiliary：補助出力）と助手とのコミュニケーション用出力，録音機の再生入力および各チャンネルモジュールのダイレクトアウトを備えるタイプを用いる（チャンネルモジュールとは，一つの接続に対して入力ゲインとフィルタ，AUXへの出力調整，フェーダなどの機能を一つに収めたもの。ミキサは入力チャンネル分のモジュールと，それらの出力をまとめてコントロールする一つのマスターモジュールとで構成される。ダイレクトアウトとはチャンネルモジュール個別の直接出力であり，これを個別に録音することにより，ポストプロダクションでの整音を容易にする）。なお録音時に録音メディアの再生（プレイバック）を聴くことが録音事故を未然に防ぐ点で重要であり，主録音にVTRなどの映像機器を用いる場合にもそのプレイバックをミキサのプレイバック入力に返してモニタすることが望ましい。

2）　**レコーダ**　現行の業務用ポータブルマルチトラックレコーダは，マイ

クロフォン入力が4〜6 ch，記録トラックが8〜12トラック（内2〜4トラックは内部ミックス用）が標準的であるが，録音トラックは年を追うごとに増加している（ほかにタイムコード（他機器との同期信号）の入出力，ライン入力（マイクロフォンよりも出力レベルの高い機器用の入力）やAES/EBUディジタル入出力など製品によって仕様はさまざまである）。これらのレコーダでは，主記録媒体をHDDやSSDとして，データのバックアップにはDVD-Rや，CF，SD-HCなどのメモリカードを用いている。なおレコーダとミキサの機能が一緒になった製品も増えつつある。

3） **ワイヤレス送受信システム**　確実に音声を収録することを意図して，複数の役者に超小型マイクロフォン（ラベリアマイクロフォン：ピンマイク，またはラペルマイクとも呼ばれる）と小型送信機を仕込むことや，音声ケーブルの取り回しを簡略化するためにガンマイクに直接取り付ける送信機を用いて棹（ブーム）を操作する際のワイヤレス送受信システムの使用は非常に有用である。日本の電波法ではこのような用途のために周波数と出力がA型からD型まで割り当てられている。そのうち，音声収録や拡声業務には，700 MHz 2帯（A型とA2（AX）型：2019年4月1日以降は帯域変更）と800 MHz 1帯（B型：2019年以降も現行帯域継続）を用いている（**表4.7**）。（ちなみにA2とAXは同じものであるが，メーカーの都合により名前が統一されていない。）

3，4 chで収まるロケーションではB型を用いる場合が多いが，それを超える場合にはA型，A2（AX）型を併用する。多チャンネルの使用に際しては，相互変調混信を避けるために事前にチャンネルプランを練って混信のトラブルを避ける。

ちなみにA型とA2（AX）型はテレビ中継に用いるFPU（Field Pick-up Unit）のMバンド2帯および4帯と共用であり，このバンドの使用には無線局免許が必要である。そのためA帯は電波の運用調整を行う機関「特定ラジオマイク利用連盟（特ラ連）」[24]があり，機器購入の際にはこの特ラ連への加入証明書を添えて特定の書類とともに総務省へ免許を申請しなければならない。使用の際には特ラ連事務局へ使用日時，場所，マイクロフォンの帯域（A

4.3 音響制作 2000 年から 2010 年にかけての実務例

表 4.7 周波数割当区分

	A 型		B 型	C 型
用　途	高品質伝送用/放送事業者など		一般用/規定せず	
	音声，楽器などを放送に使用できる十分な高音質で伝送		音声楽器などを良好な忠実度で伝送	音声を必要最低限の明瞭度で伝送
帯域変更	2019 年 3 月 31 日まで	2019 年 4 月 1 日以降	変更なし	
無線局の種別	陸上移動局（特定ラジオマイク）	・陸上移動局 　（特定ラジオマイク） ・ホワイトスペースは特定ラジオマイク以外の利用が複数見込まれる	特定小電力無線局（ラジオマイク）	
使用周波数	FPU の M-2 帯：A2 (AX) 779〜788 MHz FPU の M-4 帯：A4 797〜806 MHz	①地上波ディジタルのホワイトスペース（470〜710 MHz） ②710〜714 MHz ③1 240〜1 260 MHz（ただし1 252〜1 253 MHz は除く）	806〜810 MHz	322 MHz
空中線電力	10 mW 以下	50 mW 以下（ただしホワイトスペースのみアナログ方式使用は 10 mW 以下）	10 mW 以下	1 mW 以下
変調方式	周波数変調	周波数変調/ディジタル変調	周波数変調/ディジタル変調	周波数変調
変調周波数	15 kHz 以内		15 kHz 以内	7 kHz 以内

注）中継の場合，映像が使用する M-1〜M-4 帯の使用状況を要確認

or A2（AX）），本数を記載した運用連絡票を提出して特ラ連事務局が運用調整を行う。機材レンタル会社から A，A2（AX）型をレンタルする場合には申請を含めてのレンタルなので，個人的に機器を所有しない限り免許申請は不要である。B 型の場合には免許申請が不要なので誰でも使うことができる反面，大学の教室やホテルのバンケットルーム，さらにはパチンコ屋などでも多用されているので，そのような場所でのロケーションでは混信を避けるために B 型は極力用いない。やむを得ず使用しなければならない場合には施設の電波管理者との相談が不可欠である。

なお 2011 年のアナログテレビ放送の地上波ディジタルへの移行によって空き帯域となった周波数帯域はスマートフォンなど携帯端末のために使用されることとなっている。そのために映像転送用に割り当てられた 700 MHz 帯を使用していた A2（AX）帯は廃止となり，2013 年から 2018 年の 5 年間に他帯域

へ移行となっている。その行き先の周波数帯域は，地上波ディジタル放送でチャンネル登録されてはいるが使用されていない**ホワイトスペース**帯の 470～710 MHz および 710～714 MHz と，1.2 GHz 帯（1 240～1 260 MHz：ただし 1 252～1 253 MHz は除く）である。特ラ連は相互運用の調整機関として存続する。地上波ディジタル放送と帯域を共有するホワイトスペースの運用に関しては，新たに組織される TV ホワイトスペース利用システム運用調整協議会（移行中は暫定組織として連絡会）が担う。移行費用は法令により携帯事業者が負担することになっている。なお B 型の使用帯域変更はないので，移行のための機材更新の必要はない。

4) **目的に応じたマイクロフォンの選択**　　ロケーション現場では，被写体の発話を明瞭に収録することを必須の目的として，機材選択は柔軟に対応する。以下にロケーションで使用するガンマイクと送信機（トランスミッタ）に繋げるラベリアマイクロフォンに絞ってその機能を見てみよう。

・**ガンマイク**　マイクロフォンを向ける様子が拳銃のような構えにもなるガンマイクであるが，現場ではおもに棹の先に取り付けて，被写体になるべく近い位置からカメラフレームの際とマイクロフォンの影を見極めて被写体をねらう。指向性が強くなれば環境雑音の入り込みは少なくなるが，その分被写体の台詞をとらえる範囲が狭くなり，マイクロフォンの操作が難しくなる。また中高域の指向特性が異なるマイクロフォンを比べると被写体から同じ外れ方をしても低域との相対割合に開きがあるので，とらえる音の明瞭さや音質感が異なってくる。

例えば Sennheiser（ゼンハイザー）MKH416 と Neumann（ノイマン）KM150 の指向特性を比べると，1 000 Hz と 16 000 Hz とでは大きな違いがあることがわかる（**図 4.16**）。

また MKH416 と KM150 の周波数特性を比較すると，高域と低域の特性に大きな違いがある（**図 4.17**）。それはマイクロフォンの個性ともいえる。

マイクロフォンの指向性のデータとマイクロフォンの位置操作による収音の手応えは機種によって異なる。各機種の特性を事前に把握することは，意図す

4.3 音響制作 2000 年から 2010 年にかけての実務例　　　163

（a）　MKH416（1 000 Hz）　　　　（b）　KM150（1 000 Hz）

（c）　MKH416（16 000 Hz）　　　　（d）　KM150（16 000 Hz）

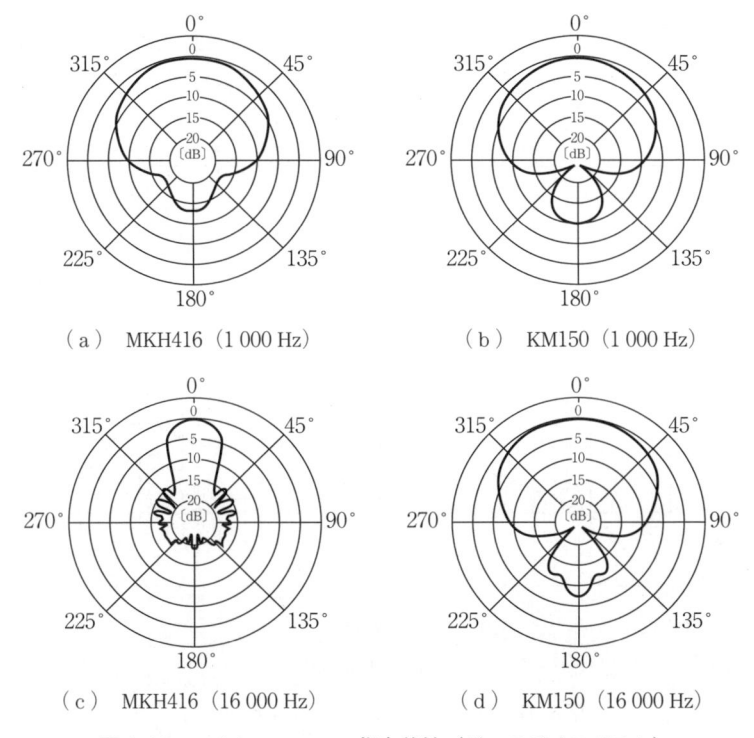

図 4.16　マイクロフォンの指向特性（ポーラダイアグラム）

る音質をとらえるために欠かせない。マイクロフォンの選択は，木を刻むノミの種類を選ぶようなものである。

- **ラベリアマイクロフォン**　ガンマイクで明瞭に台詞をとらえることができる距離は周辺騒音の大小や役者の台詞発音の明瞭度に強く依存するが，静かな場所であっても 2 m 以上離れると台詞の明瞭度が落ちてくる。それ以上の距離でマイクロフォンがカメラに写り込まずに台詞を録音する必要のある場合には，小型送信機とラベリアマイクロフォンのセットを用いる（一般にこれらセットを称してワイヤレスマイクロフォンという）。役者の衣服に仕込む際に欠かすことができないマイクロフォンである。以下にその仕込みノウハウを簡単に述べる。
ラベリアマイクロフォンに何も保護せずに衣類に仕込むと，役者の動きに伴

(a) MKH416

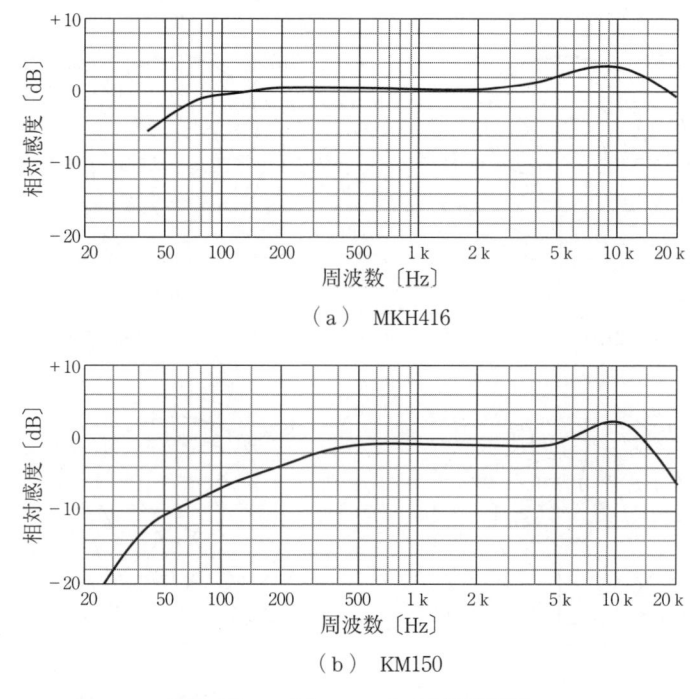

(b) KM150

図 4.17　マイクロフォンの周波数特性

うノイズばかりの使えない音になってしまう。これを避けて隠し仕込みをするためには，既製の固定具ではたりない。そこでフェイクファーや手製のワイヤーガード，セーム革などさまざまな状況を想定して用具を準備する。

　例えば（**図 4.18**（a））のようなフェイクファーで包んだものはブレザーの胸元裏側などに仕込む場合が多いが，マイクロフォンヘッド直下でがっちり固定すると衣類の動きに抵抗してしまいノイズを多く拾ってしまうこともある。その場合には柳のようなイメージでヘッドの動きをある程度自由にしてやると擦れても目立つノイズにはなりにくい。

　明らかに固い素材で擦れることが免れない場所へ取り付けざるを得ない場合には（図（b））のようにヘッドをしっかりガードしたものを用いることもある。また衣装がTシャツ一枚などの場合にはマイクロフォンヘッドをセーム革と両面テープで挟んでテーピング用テープで身体に直接貼る（図（c））。ネ

4.3　音響制作 2000 年から 2010 年にかけての実務例　　　165

(a) フェイクファー
　　による保護

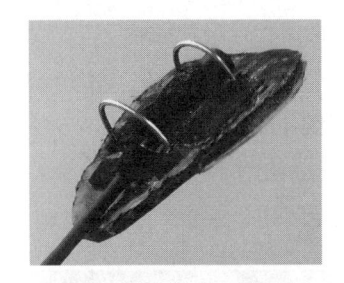

(b) ワイヤーによる保護

(c) セーム革による保護

(d) ネクタイ結び目
　　仕込み保護

図 4.18　ラベリアマイクロフォンの保護

クタイをしていれば，結び目の中に下向きに仕込む（図 (d)）。女性の身体に密着した衣装であれば，極細ケーブルのマイクロフォン（ゼンハイザーのMKE platinum やカントリーマンの B6 など）を用いてブラジャー中央に仕込み，下着のラインに沿ってケーブルを固定するが，衣装部や役者の理解を事前に得なければできない仕込みである。送信機（トランスミッタ）の固定には衣装のポケットやベルトを流用するほか，海外旅行用の隠しポシェットなどが種類も多く便利であり，その準備は仕込みにおいて必須である。また海外の使用事例では，送信機用のポケットを衣装に付けることや，もじゃもじゃ胸毛がマイクロフォンのヘッドに触れて大きなノイズを出すために，胸毛の多い役者のT シャツ仕込み時に了解を得て剃るなど，日本ではあまり聞かない方法もなされている。

166   4. 視聴覚融合をデザインする現場

　仕込み技術は音響効果収録時にも有用である。例えば排気口，室内（リアウインドウ），エンジンルーム，ホイールハウスなどにラベリアマイクロフォンを仕込み（**図4.19**），マルチトラックレコーダで録音した現場の音は，プロフェッショナル用に販売されているステレオライブラリーに勝る個性を帯びる点できわめて有用である。

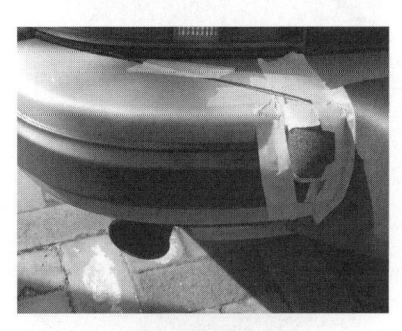

（a）排気口近くへの仕込み　　（b）リアウィンドウへの仕込み

（c）エンジンルーム内への仕込み　　（d）ホイールハウスへの仕込み

図4.19　ラベリアマイクロフォンの仕込み

〔4〕**現場（プロダクション）における音声収録とは**　　よい音はじつは至る所にある。よい音を録音するためには，聴き取るセンスとチャンスを逃さない姿勢をどのような状況にあっても保ち続けることが必要である。現場（プロダクション）における音声収録の基本的スタンスは，機材がいかに進歩しようとも変わらない。録音が純粋に技術ではない所以である。

　映画音響は現場録音後の処理（ポストプロダクション）での作業を経て，音

響は作品としての体裁を整える．次項からそのポストプロダクションの実作業を紹介する．

4.3.2　ドラマにおける台詞の整音

現場（プロダクション）で収録した音声には現場で取捨選択したとはいえ，なお台詞以外にさまざまな音が録音されている．DAW（ディジタルオーディオワークステーション）の普及により，以前には不可能であったノイズの除去や微細な編集などによって多くの同時録音を使用できる品質にまで高めることができるようになった．その処理の様子を簡単に見ていこう（なお本項目で扱うDAWの編集画面はAVID社DigidesiginのProTools (ver. 8)である）．

〔1〕　**映像編集後の音の受け渡し**　オリジナル素材や完成CG (computer graphics) を用いる本編集（**オンライン**）前の映像編集（**オフライン**）では通常圧縮した映像を用いる（オフラインで非圧縮の映像を用いてオンライン編集を兼ねるワークフローが映像編集ソフトウェアの機能発達により可能となっている）．

一方音声は非圧縮でディジタルコピーしたものを用いる．オフラインで用いている映像編集ソフトウェア（Avid Media Composer や Apple Final Cut Pro, Adobe Premire など）で **OMF** (open media framework) または **AAF** (advanced authoring format)[†]に変換した音声ファイルと編集データをProToolsで開くと（**図4.20**）のように映像編集ソフトでの編集状態が再現される．

別テイクやSO (sound only), アフレコなどの差替え素材は事前に映像編集担当に渡しておくのが通常なので，録音素材の差替えは映像編集者によって行われるが，録音，整音担当者が行う場合も多い．図4.21は音声の前後にクリック性のノイズが出ないようにフェード処理やボリューム調整などの仮処理が行われた状態である．

実写映画の場合には通常，編集部に現場でマルチ録音しながら1ないし2ト

---

†　OMF & AAF：ノンリニア編集ソフトで作成したプロジェクトの編集方式などを含むマルチメディアファイル交換形式．ファイル交換のプロトコルのようなもの．

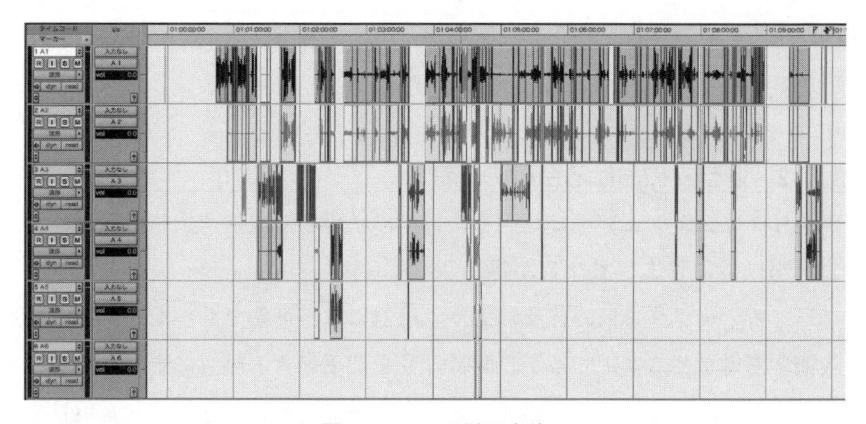

図 4.20　OMF 展開直後

（吹き出し）繋がりを滑らかにするために，音の前後の角を削っている

図 4.21　仮処理された音声

ラックにミックスダウンした仮音声を渡す。ポストプロダクションで良好な整音作業を行うためには，仮音声をマルチ録音した音源へ差し替える必要がある。OMF や AAF で編集部と編集情報をやり取りする方法は音声ファイルのメタデータを手掛かりにクリック一つで位置情報が再現されるので，音の差し替えには大変便利である（ProTools ver.7 より可能）。ただし編集アプリケーションによっては専用のプラグイン（ユニット化された機能補助アプリケーション）がなければ対応できないものあるので[†]，編集担当者とのコミュニケーションを密にする必要がある。

〔2〕　**整音作業の下準備としてのサブマスター作成**　スタジオ作業前の

---

†　Final Cut Pro では，Automatic Duck 社の「Pro Export FCP」

4.3 音響制作 2000 年から 2010 年にかけての実務例

DAW での整音作業においては，ファイナルミックスでのトータルな音量操作を見越したサブマスターを作って音声ルーティング（経路）を事前に作成しておくと効率がよい．サブマスターの内訳は，主要台詞，それに重なるほかの台詞，加工音声（電話，PA，特殊加工など），アンビエンス（同時録音をつなぐ必要最低限の背景音），リバーブのリターン（台詞を音源として作る空間の響き）などとなる．

具体的な設定は，AUX などをサブマスターとして設定し，同じ属性の音をそこにまとめる．なおサブマスターにインサートするプラグインは，スタジオのミキシングコンソール（大規模ミキサ）のシミュレート程度にとどめておくことが肝要である（図 4.22）．ここでは Comp（**compressor**：コンプレッサ）と EQ（**equalizer**：イコライザ）を仮に入れている．ミックス時に必ず抑えると予想されるピーク成分と，5.1 ch サラウンドから Stereo へのダウンミックス時に大抵カットする 120 Hz 以下の成分を編集時に省いておくことは，事前整音作業の効率を若干ではあるが向上させる．

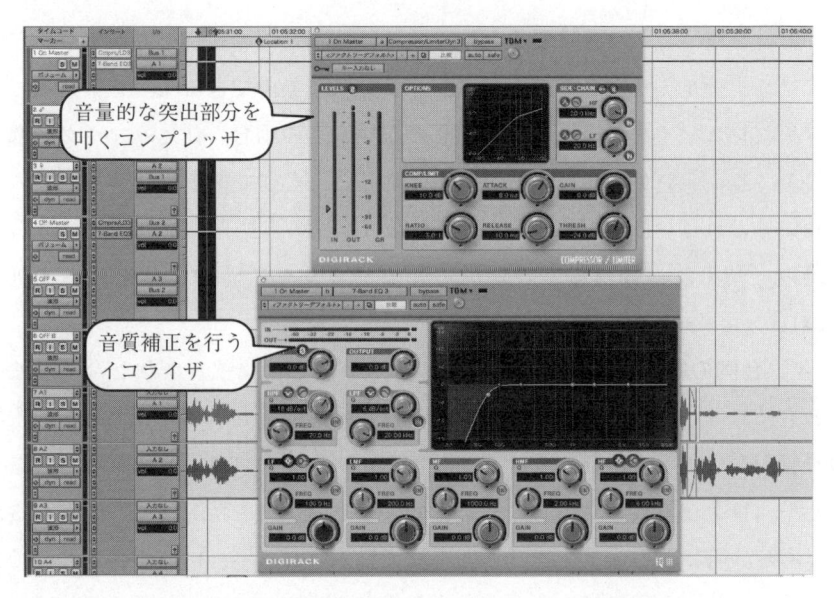

図 4.22 整音作業を見越した音処理プロセスの仮挿入

〔3〕 **属性ごとのトラック分け，および音前後の切り口調整**　男性の声・女性の声など大きく音質の異なるものは混ぜずにトラックを分け，さらにその On（寄り）と Off（引き）マイクをグループ化して各サブマスターへ送る（図4.23）。ここでは音声の前後にフェードをかけて，異なる属性間の音の繋がりを滑らかにしている。ついで無台詞部分の環境音をループにして音が抜けている部分に充て込み，環境音を統一させ違和感がないようにする。

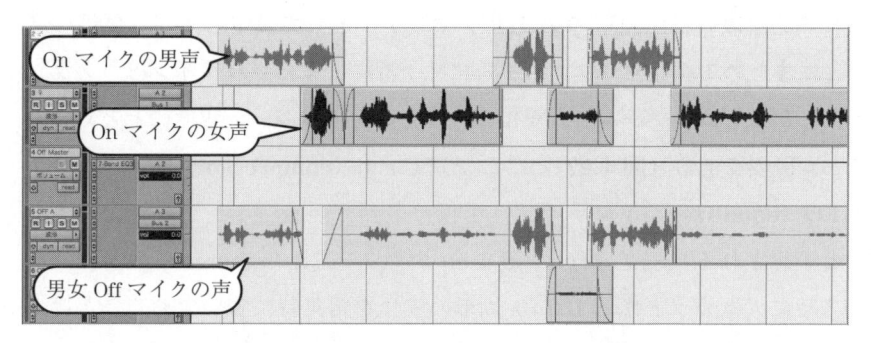

図 4.23　音素材の属性（On-Off や性別）振分け

音素材を属性ごとに分けることによって，個別台詞の整音を容易にするとともにファイナルミックス時のトータルバランスに集中できる環境を整える。特にワイヤレスマイクロフォンを多用した現場音声の場合，仕込みマイクの都合上 EQ による細やかな音質補正が登場人物ごとに必要である場合が多い。人物ごとに分ければ，EQ のオートメーション（操作の自動再生）も複雑にならずに済み，結果的に操作の手数が減ってプリミックス時の負担を減らす（図4.24）。

〔4〕 **台詞の細かな整音で得る効果**　カットごとに録音された台詞が映像とともにストーリーに従って並べられると，同じシーン内でカットごとに台詞の音質が変化する。これはカメラの画角ごとにマイクロフォンの距離が異なることや，ロケーション撮影時の背景音の入り込みが撮影状況によって異なるからである。特にドキュメンタリー的手法で撮影される場合にはすべてのテイクが本番であり，台詞以外のあらゆる音が録音されるのでカット間の落差は大き

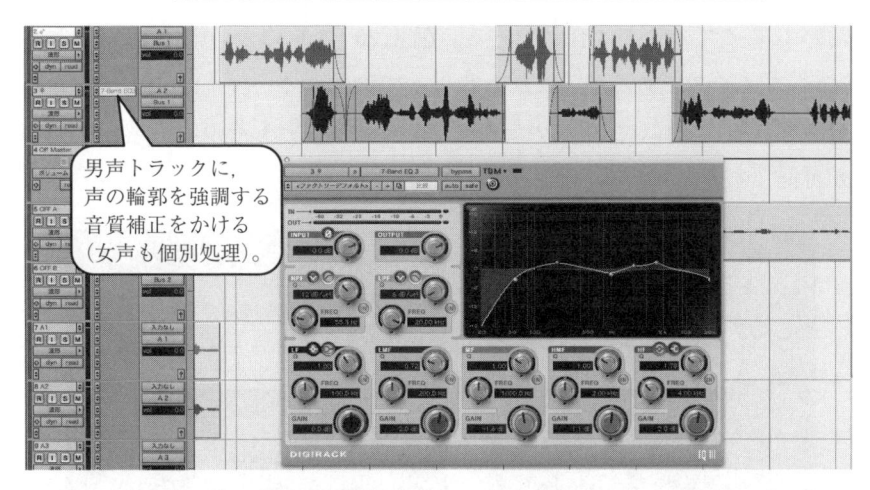

図 4.24 属性ごとに必要な音質補正のために任意のトラックへ EQ をインサート

なものとなる。その落差を補正しない意図があれば別だが，通常のドラマではストーリーへの没入を意図するゆえに，それを阻害するような音の乱れを厳正に整音する。

そのおもな処理は台詞一語単位の，音量補正，音質補正，ノイズ除去の三つ巴である。例えば録音状態のよくない音源（目的の音が環境騒音に埋もれているもの）にはノイズ処理専用のプラグインによる処理を施している（図 4.25，図 4.26 は izotope 社の RX2）。**図 4.25** は，空調などの持続的環境騒音を除去して，マスクされていた音の輪郭を得る様子である。特定の強い周波数成分で

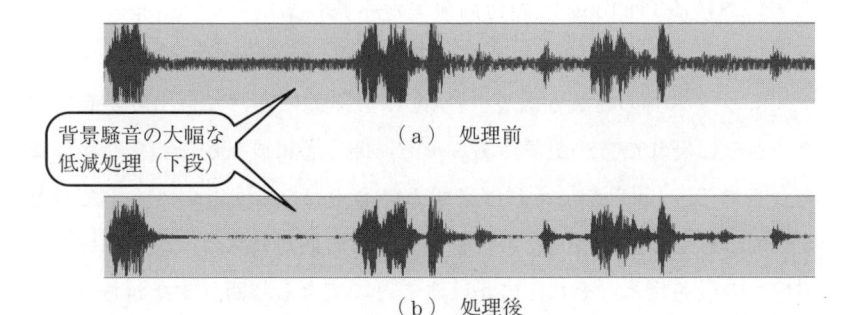

（a）処理前

（b）処理後

図 4.25 環境騒音の軽減

172　　4. 視聴覚融合をデザインする現場

あるハムノイズの除去は容易である。図 4.26（a）の太い線は 100 Hz と 200 Hz のハムノイズであるが，これをねらって除去すると図（b）のように大幅に軽減される。同様に，甲高い鳥声やブレーキ音などもそのポイントのみの軽減が可能である。

（a）ハムノイズ除去前　　　　　　　（b）ハムノイズ除去後

図 4.26　ハムノイズ除去の例

ただし，ディジタル処理を深くかけるとノイズ以外に目的の音声自体も音質を損なうことになる。つまり，録音したときの音質以上の品質にはならない。撮影現場で確実に録音されていることが音響の仕上がりにとって最善である。役者の演技は表情や仕草だけではない。それらが美しくとらえられた映像に対して，どのような品質の声が必要であるかを考えれば，撮影現場で音声に対してベストを尽くさずにはいられない。

実写映画における ProTools での台詞編集から整音までをかいつまんで紹介した。通常はスケジュール的に同時進行で，効果音，音楽の準備がなされ，ファイナルミックスへの行程が続く。DAW は機能的に非常に自由度が高い道具なので，さらに優れた方法が多くある一方，聞く者に成果が伝わらない作業に陥る場合もあろう。「手を加えれば必ずよいものになる」というものではない。作業密度の程度は，表現したい音響に費やす時間対効果と，最終的に再生される環境への最適化と，それらにかけることのできる時間，すなわち予算を見越して決めることが肝要である。実際のスタジオ作業はこれらの経験則から，実作業時間の見積りを出してスケジュールを組み立てている。

4.3.3 生音（Foley）について

本章の冒頭で触れたように，映画とラジオの黎明期において音響効果とは音具による創作音（生音）であった．時代が進み，後に述べるきわめて多種にわたる高音質の音源ライブラリーの入手が可能である現在でも，複雑な動きに合わせて的確な音を重層的に創り出す生音のクリエイティブワークにおける価値は，録音技術の簡易化によってむしろ普遍的なものとなりつつある．

過去の音響効果マンの活躍は，岩淵東洋男氏の著作『私の音響史』[7]に詳しく紹介されている．現在の生音制作のレポートについては，特に分業が明確なアメリカでの生音担当者による著作『The Foley Grail』[25]において付録のDVDで紹介されている．WEBでも米Todd AOスタジオのGary Heckerが実演している様子や[26]，オランダのアムステルダムにあるスタジオがシトロエンの2CVをスタジオに持ち込んで生音を録っている様子など[27]を見ることができる．

〔1〕**Foley（フォーリー）とは** 日本国内におけるラジオや映画の音響効果の創始者の一人が和田精であることは前述したが，アメリカにおいても名人が過去におり，その名前を冠して生音のことをFoleyと呼んでいる．Jack Donovan Foley（1891～1967）の生い立ちは「The Art of Foley」[28]や，Film-Sound.orgでの「The Story of Jack Foley」[29]，David Lewis Yewdallの著作[30]などに詳しい．特筆すべきは，Jack Donovan FoleyはUniversal映画の最初のトーキー『Melody of Love』（1928）スタッフであり，その後スタンリー・キューブリックの『スパルタカス』（1960）まで音響効果の第一人者であり続けたパイオニア＆フロントランナーであったことである．

映像系音響技術者も「生音」のことをFoleyと呼んで久しいが，その用語使用の端緒は1991年4月にNHK渋谷放送局内に新設された生音収録専用スタジオ：CR-300（**図4.27**）の愛称「Foley Stage」からであると考えられる．業界誌のレポートでその名を目にしたころは，いまだ諸先輩方はFoleyとはいわず「生音」であった．その「生音」の由来は，「生放送でリアルタイムにやる音だから」「ライブラリーを缶詰とすれば，実演音は『生』だから」などといわれている．

174   4. 視聴覚融合をデザインする現場

図 4.27　NHK Foley Stage CR-300

〔2〕 **生音（Foley）の制作環境**　映像のイメージに合致するよう多種多様の音を創る制作作業では，非常に多くの音具を要する（**図 4.28**）。

また作品のための音具作成や（**図 4.29**），音具の保管倉庫にはない素材を求めることも多い（**図 4.30**，**図 4.31**）。映像環境によって，泥だらけや埃だら

（a）ニューヨーク Sound One の Foley Stage back yard

（b）ニューヨーク Sound One の靴棚

図 4.28　音具の保管倉庫の例

図 4.29　特定作品のために井戸つるべを作成

図 4.30　河原で採集した葦

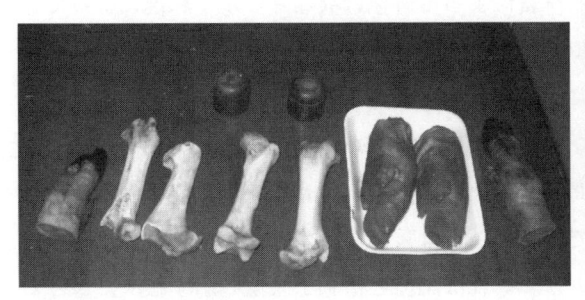

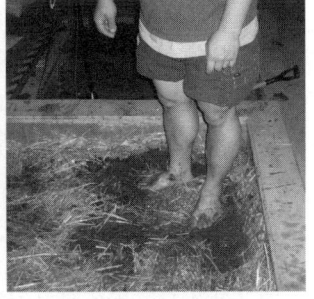

4.3 音響制作 2000 年から 2010 年にかけての実務例   175

図 4.31 さまざまな足たち　　　　図 4.32 泥沼の再現

けになることも特別なことではない（**図 4.32**）。

〔3〕 **生音（Foley）の表現**　　鳥笛や雨音具，風音具など擬音器具が主であった初期ラジオの音響効果は，その道具の使いこなしに技能を要するとともに，使用に関して一定のルールもあったと考えられる。一方現在では，同時および事後加工を前提とした素材収録の趣が強いので，無数にある道具に対する発音方法の閃きによる面白さが強く求められる。それがライブラリー音源に遥かに勝る点でもあろう。とはいえ技能を問われる表現の価値は昔より変わらない。音響効果の職人である帆苅幸雄は「映画という仕事」で生音についてつぎのように述べている。

> 　たとえば〈歩き〉ひとつ取っても，そんなに簡単にできるものじゃないんです。完全に足音が作れるようになるまでには，三年はかかる。
> …絵と足音は，合うことは合うんですよ。経験が無くても。ただ雰囲気を出す事ができないんですよね。
> …仕事場の外でも訓練はしていましたね。駅のホームで，向こうのホームを歩いている人を見つけて，なんとなく歩調を合わせてみる。そうやって，電車が来るまでの待ち時間，ホームを行ったり来たりするとか。
> …でも，このトレーニング法は先輩に勧められたんです。〈歩き〉のコツをつかむには，いちばんいいと言われて[31]。

帆苅のいう〈歩き〉は，じつは生音の中では最も難しい。なぜならば見る者が皆，生活体験として無意識につねに聞いているからである。それが一寸でも不自然であれば，多くの観客が感づき映画鑑賞の夢から醒めてしまう。自分の

足音に耳を澄ますと接地する材質によって音色は異なる。歩く状況によっても足の着き方が異なるので，歩みの度に音が変化することは体感的に記憶している。そのような記憶は創作には非常に重要である。例えば，城の長い廊下を歩く映像があってもそのようなところを歩く経験など普通はない。類似の経験が記憶の引き出しにあるかが問われる。加えてその足音は芝居に直結する。男性の登場人物が怒気をはらんでいれば，音は重くなる。それが女官ならば重い音でありながら軽やかさもあろう。それは記憶と情動を映像の示す状況に繋げる作業といえよう。しかし生音（Foley）の録音はスタジオの限られたスペースで行われ，かつマイクロフォンの指向性に限定された範囲で収録される。何十メートルも移動する様子を 1, 2 メートル四方のスペースで表現しなければならない（図 4.33）。

図 4.33　Foley Stage のピット

　映像に対して台詞についで重要な音響を構築することができる「生音（Foley）」という技術は，音響効果ライブラリーという缶詰がきわめて充実している現在の音響構成において，作品のオリジナリティを際立たせる手段ということができる。

〔4〕　**生音（Foley）の発展的表現について**　　音響効果というカテゴリーは，複数人数での作業を前提とした段取りでは，環境音，FX, 生音（Foley）の 3 種類に分けられている。**環境音**は，ベースノイズ（現実に定常的に存在する持続音），アンビエント（空間の響き），バックグラウンドノイズ（その環境固有の音），雰囲気音（現実音と心理的音響の狭間の音）などの音素材である。

4.3 音響制作2000年から2010年にかけての実務例

FX（サウンド・エフェクツの音韻的通称）は，環境音でもなく生音（Foley）でも録音が難しい細かな編集による音響や，シンセサイザーでデザインした音素材全般を指す。**生音（Foley）**は，人の動きに伴う物音を主とする音素材である。

しかし近年はディジタル化した録音・編集技術によって生音（Foley）のカバーエリアが広がり，生音（Foley）を必ずしも人間の行動に伴う音に限定する理由がなくなっている。つまり，その気になれば〈FX〉の範疇にある巨大構造物，大きな爆発，小型ロボットなどいわゆる〈SE〉と呼ばれるものの7割位を生音（Foley）で構築することも可能である。

例えば環境音を生音（Foley）に含めて表現することに関してはつぎのような状況を例えるとわかりやすい。撮影現場とほぼ同じ環境の屋外で小型モニタを見ながら録音する足音などは録音する場所の環境音と不可分となる。そのリアリティとライブ感は野外での同時録音のリアリティに匹敵するが，この方法はスタジオ内でも通用する。例えば，図書館のように静かな場で数人の"人間らしき物体"が無言で作業している映像がある。それはただそこに"人間らしき物体"があるだけの映像であるが，音響はそうではない。実際には複数の人間が静かな場所に存在しているだけで細かな音がしている。撮影現場での同時録音では録音がきわめて困難だが，スタジオの静寂の中ではそのような繊細な音を容易に作り出すことができる。そしてこれは，ねらった音にしか耳を傾けていないとまったく意識されない音響である。環境情報を含んだノイズを録音することによって，描写されないが存在する集合体としての音場イメージが成立する。無人のコンサートホールの静寂と，観客が演奏直前にぐっと集中して醸し出される静寂との違いが好例である。そのような意識されない部分の録音には，行間を探るような感性を必要とする。例えば，歩く→止まる→何かを拾う→その場で5秒まじまじとそれを見る→思いついたようにまた歩く一連の動作の音を作り出すことを考える。「歩く音」「拾うときに屈む音（衣擦れのような音）」，ここまでは即物的な感覚で録音できるが，"その場で5秒まじまじとそれを見る"の音響表現には，その心情を現実音に繋げるための感性がいる。

まじまじとそれを見るときに意識は拾ったものに集中される。そこから何らかの記憶が喚起されるような音は,「不意に聞こえる息づかい」かもしれないし,ただ立っているだけでも鳴る「膝の音」かもしれない。そのようなはかない音は,その時間を満たす空気感,雰囲気,そこに人が居る存在感を表現する貴重な素材である。もちろんすべてのシーンにおいてこの考え方が適用できるものではないが,生音（Foley）のライブ感を極力活かして実作品に貢献できる作品は美しく,またときには生々しい。その例は,スタジオジブリ作品『借りぐらしのアリエッティ』(2010),『風立ちぬ』(2013)の音響や,和田淳による一連のアニメーション作品（第62回ベルリン国際映画祭で銀熊賞を受賞）などで体験することができる。なおこのような音響を目的とした生音（Foley）録音では映像とのシンクロ率の高さが非常に重要なので,かなりの熟練度を実演者は要する。なぜならば,とらえるライブ感は時間を含めたものであるがゆえに,DAWで滑らかに美しく編集して時間軸を捏造しても,それは死んだライブ感となる。

　空気感を演出できる生音（Foley）の実演者は,人間の周辺の物音のみならずロボットや巨大構築物,SFチックな音響素材をイメージしながら音響として顕在化させ,かつ映像とのシンクロ率が高い状態で演技を行うことができる。特殊技能としての認知は映画のローリングタイトルにおいて「Foley Artist」としてクレジットされるところからも,映画における音響的重要度が認められている存在と考えられよう。生音（Foley）が職人技であるところは,映画の黎明期より変わらない。

4.3.4　音響効果ライブラリーの構築

　現在プロフェッショナルが用いている**音響効果ライブラリー**の充実には目をみはるものがある。販売されている著作権フリーの音響効果ライブラリーには,総合的ライブラリーの集成としてCD 658枚で音源数122 000以上などというラインナップも販売されている。総合音源以外にも非常に細かくカテゴライズされ深化しているライブラリーがきわめて充実している。使用状況に応じ

4.3 音響制作2000年から2010年にかけての実務例　　179

て俯瞰的に例示してみよう。

・人が殴り合うシーンを音で強調⇒「骨が折れる，クラッシュ，足音，打撃，人間の声，メタル，紙，ヒュー音，シュー音，木片」などのアタック音が凝縮されたライブラリー。

・事故から病院の手術室まで⇒「救急車，病院，血圧計，火事，消防車，銃，暴動防御盾，防弾チョッキ，パトカー無線」などの緊急事態ライブラリー。

・スポーツ観戦で観客の雰囲気が足りない⇒「500種以上の聴衆のどよめき」ライブラリー。

・雷が鳴りました。⇒遠雷からすぐそこに落ちるまでには「100種類以上ものカミナリに関連した雨，風，嵐などの音」のライブラリー。

・リゾートに行きました。⇒「リゾートアイランド」ライブラリー。

・ボートに乗ってダイビングしました。⇒「小型船から大型船までのチェーン，ウインチ，エンジン音，航行音，アイドリング音，氷を砕く音，ベル音，換気装置音，ドアの開閉音，ハッチ開閉音，エアホーン音など」ライブラリーと「水中音」ライブラリー。

・そこは東南アジアでした。⇒「アジア独特の寺院，自然，村，町，交通，群衆などの雰囲気，環境音」ライブラリー。

　など枚挙に暇がない。その膨大なライブラリーの充実は，この20年近くにわたるDAWの編集機能の向上に沿っている。またこれら膨大な音響効果ライブラリーは音響効果専門のプロダクションには，あまねく行き渡っていると考えてよい。では著作権フリーの音響効果がこれほどまでに充実する以前の音響効果は，どのように仕事をしていたのだろうか。

　図4.34（a）は，現在の音響効果制作会社の作業場である。ところ狭しとオープンリールテープが並べられている。その一つひとつが作品ごとに作られた音源であり，創作作業はまさに蓄積のうえに成立していたことがわかる（図（b），図（c））。借り物ではない音源が音響効果制作者の特徴を際立たせる時代でもあったといえよう。現在は音響効果ライブラリーが付属しているノンリニア編集ソフトや，シーケンサー兼DAWなどもあり，プロフェッショナ

180　　4. 視聴覚融合をデザインする現場

（a）音響効果制作会社サウンドリング社内 　　（b）『太陽の王子ホルスの大冒険』の素材群

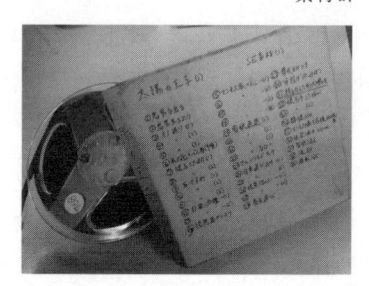

（c）『太陽の王子ホルスの大冒険』の素材

図 4.34　音響効果ライブラリー

ルではなくてもある程度プロの作るような音響構成ができる環境にある．しかし真のプロフェッショナルによる音響効果が膨大な経験と音源に裏打ちされている事実は重い．

4.3.5　映像に対する音楽について

映画音楽を論じる書籍は多くあるが，本項では，それら書籍が触れないファイナルミックスにおけるエンジニアリングに関係する点に絞って簡単に触れる．

映像への音楽の関わり方は，プロジェクトの期間と作品の属性（映画かテレビ単発かシリーズか）によって，**フィルムスコアリング**，溜め録り，既存曲の三つの制作スタイルがある．

フィルムスコアリングとは，特定の作品のために作曲家がストーリーと映像

に完全に同期した音楽を作曲し,その映像に沿って演奏,録音されるものを指し,劇映画や単発のテレビドラマなどで用いられるスタイルである。溜め録りとは,演出者が作曲家にストーリーに沿った汎用パーツの作曲を依頼し,選曲担当者が後日それを選曲構成するスタイルで,テレビの連続ドラマなどはこのスタイルによって制作されている。既存曲は選曲担当者が音楽の既存曲ないしはライブラリーを用いて,映像に合わせて選曲構成するスタイルである。なお,フィルムスコアリングと溜め録りの境界はあいまいである。

フィルムスコアリングは映像編集確定後に行われることが映像に対する同期上最も望ましいが,音楽録音後の編集変更や音響効果との兼ね合いによるファイナルミックス時の音楽バランス変更など,不確定な状況がほぼつねに生じる。その場合には音楽編集者が対応すると作業がスムースに進む(多くの場合選曲担当者,ときには整音エンジニアが対応)。音楽編集者は,欧米では **music editor** としてローリングタイトルにクレジットされる専門職でもある。音楽のファイナルミックスを,すべて混ぜたものではなくパーカッション,ストリングス,ブラス,ボーカル,シンセサイザーなどに分けたセット(**ステム**と呼んでいる)で仕上げると音楽編集の自由度が格段に高まる。例えばスコアリングの構造上,パーカッションが続くパートで同じリズムのストリングスに乗り代わる必要が生じた場合,ステムの変更で対応すると滑らかな編集となる。またファイナルミックスのバランス上,音楽の存在を薄めたくないが楽器音が台詞の明瞭度を阻害している場合には,該当のステムのみ調整するなどの対応が柔軟にできる。映像作品に添付される音楽は,純粋に音楽のみを楽しむ音楽とは異なる。あくまで映像,台詞,音響効果との相乗効果を高める要素であるので,ミックス時の変更が音楽性を損なうと考え過ぎないことが肝要である。

なお映像専門の作曲法「フィルムスコアリング」に関する専門書は,洋書に多く出版されている。スターウォーズやインディジョーンズの作曲家 John Williams がまえがきを書いている『On the Track : A Guide to Contemporary Film Scoring』が大変参考になる[32]。

・**映画音楽録音の仕上げにおいて望ましいもの**　映像に見られる空気感

は，音響が空間に満ちる質感に直接対応する．茂った森と開けた森，霧に満ちた山，青空広がる山，木の壁，床，石畳の苔，土間，対岸の土手，草は凪いでいるのか，そよいでいるのか，それらは映像としてとらえられた時点ですべて表現されたものである．その映像にフィットする音響は記憶の中に必ずある．無音さえも構成上は音響のくくりに入る．

一方音楽は感情と感覚を直接揺さぶる力を単独で有する．例えばスターウォーズのオープニングでただ黄色い文字が宇宙空間に流れていくだけの映像に添付されているあの曲が大音量で映画館の空間を満たすときに，まさに音楽の力を思い知るだろう．大空間を心地よく満たす音楽の fff（フォルティッシシモ），その響きはこれから始まるドラマに対する高揚感を煽るだけではなく，コンサートホールで聴く音楽の皮膚感覚に近い．この感覚を実現するための映画用音楽に望ましいミックスは，生演奏において音圧レベル 100 dB を超える fff が，劇場内スピーカで鳴らしても音量感を損なうことなく再現できるミックスである．それが適切になされている音楽であれば，映画のファイナルミックスでドラマの進行に沿って音量を劇的に操作したときにも，音楽の最大音量感が無理なく表現できる．もしもその音楽が，ipod で聴くような弱音部がよく聴こえて最大音量がやかましくないようにミックスされた音楽である場合，いまだ曲の fff に至っていないのに聴こえ方が大変大きな音となり，ドラマと音量感を一致させたい最大音量のときに無理矢理最大音量を絞り出すような不具合が生じる．

音楽にしてもフィールド録音でとらえる環境音に関しても，現場で得るリアリティは後から作ることができるものではないし，それを損ねるような後処理は素材を損ねかねない．このことはレコーディングエンジニアが根源的に問われる自覚的意識の一つであろう．

4.3.6　ファイナルミックスへ至るプロセス

一音で納得させる「一音成仏」．音ネタ再生数の限界が低かった時代にはそれが音響表現のほぼすべてであった．現在もその発想は重要な表現手法の引き

出しの一つである。一方，現在の音響表現における基本的装飾は再生技術の高機能化によって上がった細密度への対応であり，その機能を活かした現実性の構築が音響表現の主要な手法ともなっている。もちろん無数の無意味な音響を重ねても意味の深化は望めず，生理的刺激の増加に貢献するのみである。そのような環境下，現在の音響表現の最終段階はどのような段取りでなされているのであろうか。台詞，音楽，音響効果の素材が揃った以降の具体例を紹介する。

ポストプロダクションで音響仕上げを行うにあたり，まず，公開がどのような音響フォーマットで行われるかを明確にしておく必要がある（**図 4.35**）。作業はゴールを決めてその完成形態を目標に，つぎの作業区分で音響作業を分担して仕上げていく（図 4.34）。

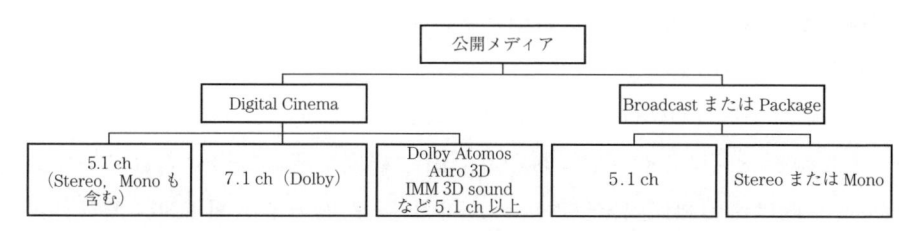

```
                    公開メディア
            ┌───────────┴───────────┐
      Digital Cinema          Broadcast または Package
     ┌──────┼──────┐              ┌──────┴──────┐
  5.1 ch   7.1 ch  Dolby Atmos    5.1 ch    Stereo または Mono
(Stereo, Mono (Dolby)  Auro 3D
  も含む)            IMM 3D sound
                    など 5.1 ch 以上
```

図 4.35 公開メディアによる音響フォーマット（映画の主要メディアであったフィルムは 2013 年以降，全国公開規模の映画ではほぼ作成されなくなった。）

DAW による音響処理が導入される以前は，各局面に逐一大規模なミキシングコンソールと複数のレコーダを駆使した手作業の積重ねであった。膨大な素材のバランスをとりつつまとめていくにあたり複数の塊で処理していく考え方は，使用するシステムが DAW に変更されても基本的に同じである。そこでカテゴリー別に整える考え方を便宜上磁気テープを使っていたころの作品『千と千尋の神隠し』で振り返り（**プリミックス**）という用語にくくって，作業の細部を簡単に見ていこう。

〔1〕**音響の要素分解**　最終仕上げ時には複数の事前調整の塊（プリミックス）を操作してトータルバランスの再調整を行う。このファイナルミックスを行うエンジニア（**Re-recording Mixer**）には，専門職として技能と感性の融合が求められる。以下に，各塊がどのような部品で構成されているかを，台

詞，効果音，音楽のそれぞれについて例示する（A,B,C表示は便宜上であり，実運用では名称はまちまちである）。

台詞は，プリミックス-A（主要台詞），B（主要台詞とは区別したい台詞），C（おもに特殊な声），ガヤ（群衆音声），アンビエンス（空間の響き成分）など，おおよそ五つのプリミックスにまとめられる。効果音は，プリミックス-A（主要効果音），B（主要効果音とは区別したい効果音），C（Bに同様），生音A，B，C（人の動作に伴う音など），ベースノイズA，B（空間を満たす環境音）など，最大八つのプリミックスにまとめられる。音楽は，プリミックス-A，B（A，Bともに同格）のおおよそ二つのプリミックスにまとめられる。

〔2〕**プリミックスの内容例示**：『千と千尋の神隠し』の，ある2カットの素材群〈**R-5 C-779 D, E**〉　台詞と生音のプリミックスにフォーカスして，それがどのような素材で構成されているかを「カオナシの暴飲，暴食シーン。それに応対するために厨房は大わらわ」のシーンを例にとって，説明してみよう。このシーンは2カットからなり，15秒程度で音楽はつけられていない（カッコ内は音の画面内定位：左＝L，中央＝C，右＝R）（**図4.36**：整音作業の様子，**図4.37**のシートを確認しながらのプリミックス作業）。

図4.36　『千と千尋の神隠し』整音作業の様子（写真中央はミックス責任者の井上秀司録音技師，右は筆者（高木））

台詞に関しては，従業員①，②が何かを叫ぶ（定位は従業員が話している位置）声，粒立ち系ガヤ（L, C, R），雰囲気ガヤ（L, C, R）の4素材をプリミックスする（図4.37（a））。効果音（FX）では，障子開閉，包丁速い（C），フライパン（L），大鍋かきまわし（LC），包丁バンバン（R），鍋蓋

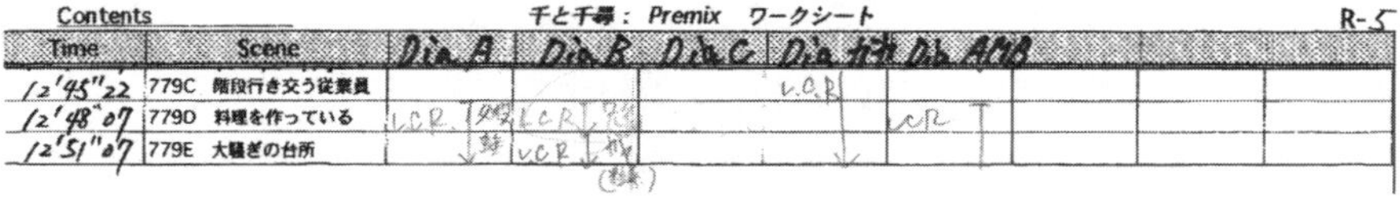

4.3 音響制作2000年から2010年にかけての実務例   185

(a) 台詞（R-5 C779D 付近）

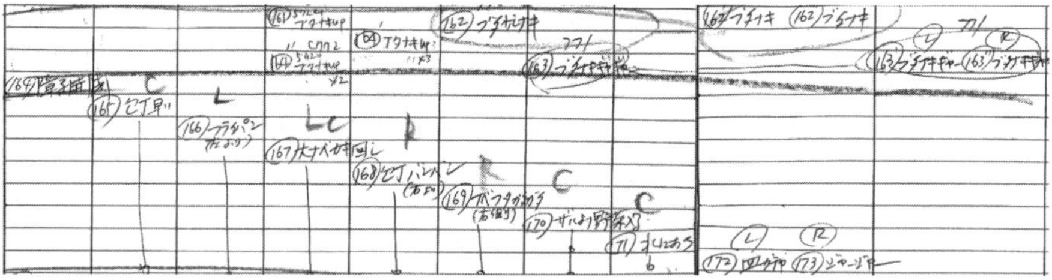

(b) 音響効果（R-5 C770 付近）

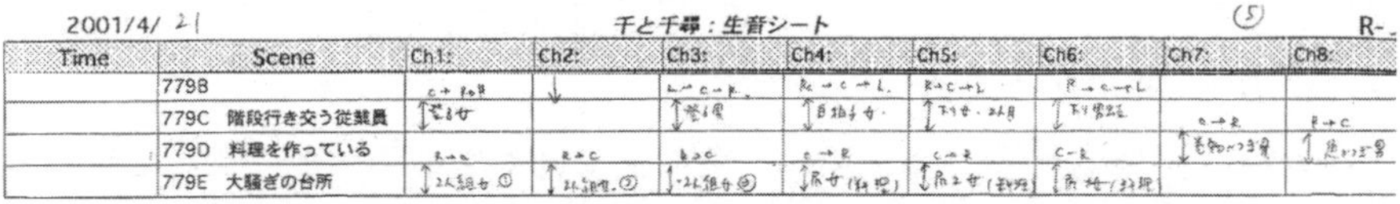

(c) 生音（R-5 C779 付近）

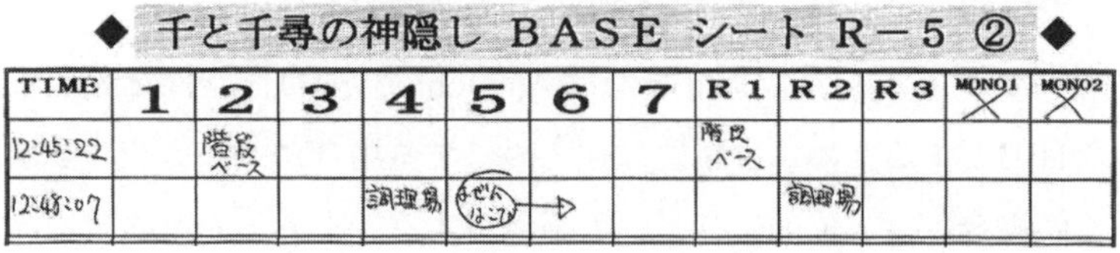

(d) BaseNoise_R-5

図 4.37 『千と千尋の神隠し』プリミックスワークシート（作業時使用図抜粋）

ガタガタ（R），ザルより野菜入る（C），水に落ち（C），皿ガチャ（L），ジャージャー（R）の10素材をプリミックスする（図(b)）。効果音（生音）は，巻物かつぎ男（CtoR），魚かつぎ男（RtoC），2人組女①（RtoC），2人組女②（RtoC），2人組女③（RtoC），尻向き女①（料理CtoR），尻向き女②（料理CtoR），尻向き女③（料理CtoR）の8素材をプリミックスする（図(c)）。さらに，効果音（ベースノイズ）は，調理場（L,C,R,Ls,Rs）と階段空間（L,C,R,Ls,Rs）の2素材をプリミックスする（図(d)）。

以上のように素材をまとめるにあたり，台詞，効果音ともに，音量感，音質，定位感，空間の質感，移動感などを調整する。

台詞（Dialogue）においては，従業員①，②の何かを叫ぶ声の距離感に伴う音量・音質・定位と響きの調整をし，同時に発声していてもたがいが明瞭な印象を残すようにする。背景には場の雰囲気ガヤがあるが，そのガヤは画像による描写のない場の背後の状況を音によって描写することを目的とする。言葉の意味を聞き取ることのできる「粒立ち系ガヤ」は，いわゆるざわざわとした「雰囲気ガヤ」になじませることによって，ガヤのリアリティを補完する効果がある。

効果音（生音：Foley）は，上記の台詞の加工になじむように同様の音質，残響処理を行う。そうすることで，台詞を発するキャラクターの存在にリアリティをもたせることができる。

効果音（主要効果音：FX）では，画面上で動くものすべてに対して見る者が最も強く意識するであろう動きを筆頭に，台詞と生音で定義づけた音質感から逸脱しない程度に音量・音質・定位と響きの調整を行う。

効果音（ベースノイズ：Base または Ambience）では，空間を表現することをおもな目的とするために音量感は控えめにする場合が多い。空間を満たすために多くの場合，全方位的にスピーカを使用する。もちろんその定位にも配慮する。

音楽（Music）は，通常，専門の音楽ミキサによってミックスされた状態で仕上げスタジオに持ち込まれる。プリミックスの段階では仕上げスタジオにおいて音質と空間バランスの微調整をするにとどめる。

プリミックス時に施す操作は，経験的に自然な音響バランスを探りながら作っていくために，次のような操作になる。

・二つの素材音が同時に鳴る場合の分離方法として，定位と時間を微妙にずらす。
・ガヤの中に際立つ声の処理として，収録時から別々に録音して，プリミックスでは音質と音量の調整によって経験的に不自然ではないように際立たせ

る。

・低域による重量感を増すために，あえて粒立ち系の耳につく音を混ぜ込む。

『千と千尋の神隠し』の音響仕上げ作業プロセスは，DAW 高機能化以前の段取りであるが，各パートで徹底した分業を行う作業スタイルとしてはいまだ大規模作品では廃れていない段取りである。一方劇場用作品であっても，いままで述べてきたスタイルとは大きく異なる段取りによって小人数で作業を行うことも DAW の高機能化によって可能となっている。つぎに，そのような作業を紹介する。

〔3〕 **小人数での作業を基礎とした音響デザインについて** 現行の分業段取りから少々先へ踏み込んで考察してみよう。

音響効果担当者には，どのような音でも必ず何らかの意図と思い入れがある。作曲家，選曲担当者には，フレーズ，コード，楽器の響きや余韻，すべての音に必ず何らかの意図と思い入れはある。残念ながら作品の最終行程であるファイナルミックス作業のときに，音響効果を上げれば音楽が聞こえず，音楽を上げれば音響効果が聞こえず，両方上げれば台詞が聞こえずという意図を潰し合う事態が往々にして生じる。

通常，映画などのファイナルミックスでは 2〜3 人の Re-recording mixer たちが台詞，音楽，効果音を操作する。その 3 茎の微妙な落下点を模索しつつ繊細な感性と緻密な作業を必要とされるミックスを複数人数で行い，感性を一致させることは至難の技である。このような複数人数による緻密なプリミックスが行われて繊細に作業されている作品ももちろんあるが，その一方で時間的な制約などによって，ファイナルミックスが始まって初めて音楽や効果音を聴く，というような作品も少なからずある。そのような制作状況に曝された下では音響デザインなどといっている場合ではなく，とにかく作品として成立させることで時間切れとなってしまう。その場合は音響セクションだけの問題ではないゆえに，作品のために最善な対応をとることができなくなる。愛情たっぷりの音たちが時間のなさによって，おたがい殺し合って朽ちる。この場合どうすればよいのだろうか。

対策としては，無駄な時間を省くことしかない．まず，膨大な人数で音の素材を準備する．そして音のジャンルごとにプリミックス（素材音のシーンに合った加工，定位決め）などを行う．そしてプリミックスを経てでき上がった何本かのステムのバランスを決めて，ファイナルミックスを実施するといった工程が考えられる．

この工程は前項で述べたように，現在でも行われている通常の作業形態である．DAW が普及する前の，磁気テープのオーバーダビングやマルチトラックテープレコーダによるピンポン録音しかなかったころから踏襲されているスタイルである．これは作業ルーチンとして海外においても完成された方法論であるかもしれないが，方法論ばかり海外（特にハリウッド）に追いついても中身が追従しなければ意味はない．DAW が進化し周辺機器も進化している現在ならば，もっとダウンサイジングされた音響デザインチームで勝負できると考えられる．

音の素材をただ準備するだけではなく仕込みの段階から定位，EQ，初期反射から残響までをすべてデザインする．作業途中で効果音の途中経過，音楽のデモンストレーション，台詞など，素材が集まってくれば，さらに高い精度で各ステム（集約素材）の仕込みができる．この方法で仕込みがなされたセッションファイルは，その終了時点でプリミックスが終了している状態となる．ファイナルミックス以前のこの時点で，かなり精密に音響デザインの方向性を監督に提示できる段取りである．

作業の区切りで監督，制作陣にわかりやすい状態でチェックプレビューを行い作品の完成イメージを早い段階から共有できるメリットは，作品の完成度を上げる段取りとして非常に有効である．それは音楽と音響効果がフレーム単位でバランスのやりとりをするところまで，チェックプレビューできることを意味する．この音響デザインチームがめざすべき初期設定を決めて，要所要所で機能拡張していく役割がサウンドデザイナーである．ゆえに音響デザインチーム内のサウンドエディターには，単なるエディターではなくデザイン能力もある人材が必要である．

このような作業段取りを行えば，従来プリミックスとして割いていた時間をさらに精度を高めたストラクチャーミックスと呼ぶ作業に置き換えることができる。これはおおむねでき上がっている構造をもう一度見直しつつ再度リファインしていく工程である。そしてつぎの段取りは細部を詰めるディテールミックスとする。音響デザインチーム的には仕上げの工程である。この過程でも監督チェックを行い，細かな軌道修正を行う。以上の段取りをとると従来ファイナルミックスと呼んでいた作業は，事実上ファイナルプレビューすなわち単なる確認作業となる。

この段取りをここ数年の作業に実施して，よい結果を得ている（『借りぐらしのアリエッティ』以降のスタジオジブリ作品など）。この方法論を完璧とは考えていないが，従来の段取りに沿ったプリミックス方式よりは優れていると考えている。

4.4 音が観客に届くとき

映画の最終ミックスを行うスタジオと，映画館への配給前に最終チェックを行う検定試写室，および映画館とは国際規格 **ISO2969**[33] によって音響再生の品質が保持されている。この規格は再生機側を **A-chain**，プリアンプ（音声再生信号の事前増幅器）からハウスイコライザ（伝搬特性を整えるためのイコライザ）を経て室内音響までを **B-chain** として区分した B-chain 側の規格である（図 4.38）。

図中 A-chain は入力系統を示す。Non-sync は，上映前劇場案内や BGM などの再生機用の汎用入力，Magnetic は，磁気 6 チャンネル再生時代の表記の名残で現在は dts や DCP などのディジタルサウンドトラック用入力，Photographic は，映写機の光学録音受光部からの入力を指す。各入力ともに機器の出力レベルを微調整するためにプリアンプを備え，Photographic では光学録音受光部のフォトセル固有の出力特性に対してはイコライザが必要であることを示している。図中 B-chain は出力系統を示す。主音量調整器，つぎに通常は

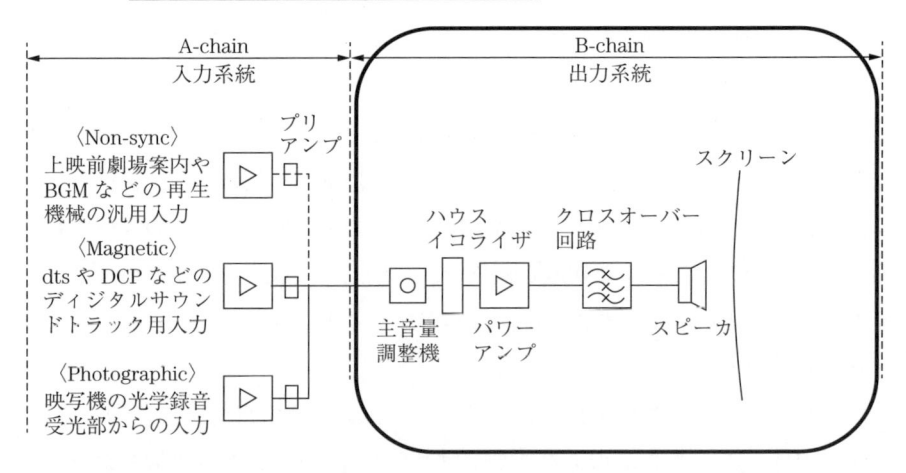

190   4. 視聴覚融合をデザインする現場

図4.38　ISO2969 B-chain

ハウスイコライザが備えられ（必要とあればとあるが，通常映画館ではXカーブの精度を上げるために必要），パワーアンプ，クロスオーバー回路，スピーカを指している。A-chainの表記は，上映が映写機によるフィルムからプロジェクタによるディジタルデータに移行した現在は，規格といえども概念としても時代遅れとなっていることは否めない。

　ドルビーステレオの普及がスターウォーズの公開によって確実なものとなった1977年に規格化されて以来，大きな変更もなく現在に至っている。特に技術者が**Xカーブ**と呼ぶ伝搬特性は映画館と仕上げスタジオとを繋ぐ非常に重要な規格である（**図4.39**）。なおISO2969に指定のない伝搬特性調整時の音圧レベル（1スピーカあたりC特性音圧レベルで85 dB）の指定と，超低域用スピーカの調整などに関しては**SMPTEのRP-200**[34)]が用いられている（**図4.40**）。このように音響的にスタジオと映画館との間で大きな差が生じないように配慮された規格が映画音響成立の土台としてあることは，制作者の映画に込める意図が大きく変質しないことを保証しておりその存在意義はきわめて高い。

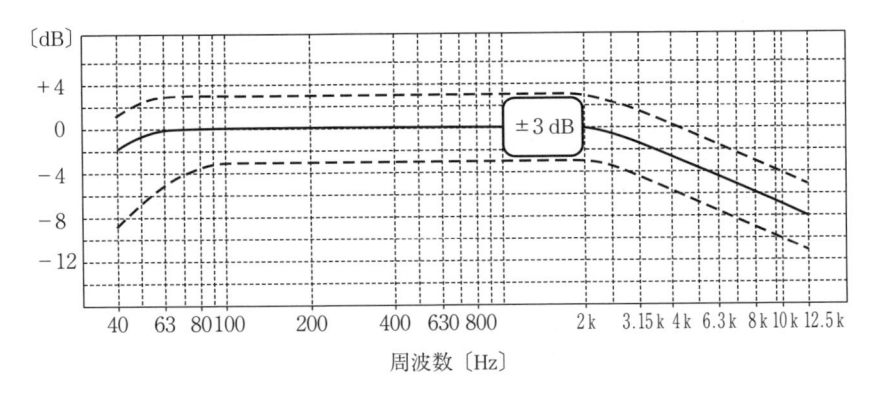

図 4.39 B-chain の X カーブ特性

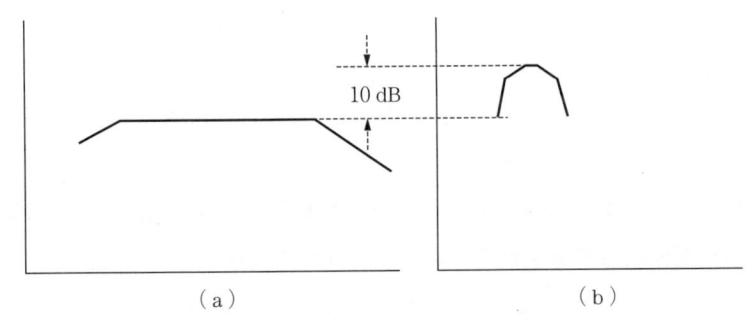

ディジタルサウンドトラックにおける超低域スピーカ（サブウーファー）の調整は，ピンクノイズ再生時のリアルタイムアナライザの表示において，X カーブに調整されたスクリーンバック L, C, R いずれかのスピーカの音圧レベルに対して（a），約 10 dB 大きく調整する（b）

図 4.40 超低域用スピーカの調整

4.4.1 録音スタジオと映画館との音量差

　国際規格 ISO2969 の環境下において，旧来型の単館映画館から現在主流のシネマコンプレックスへ映画館のあり方が大きく変わっていく時期（1998〜2000 年）の録音スタジオと映画館との間にどのくらい音量差が生じているのか調査を行った[35]。規格が厳格に運用されていれば大きな差が生じないはずであるが，実際はそうではなかった。ここでは，その調査の概要を紹介する。

　筆者の一人（高木）は 1997 夏に公開され，当時国内最高の観客動員を得たアニメーション映画『もののけ姫』の整音スタッフとして参加する機会を得

た。この作品はおもに東宝洋画系で全国公開され、上映期間は1997年7月から1998年春までという長期にわたるものだった。また1999年10月には英語吹き替え版がアメリカで制作され、アメリカ国内においておよそ130館で公開された。

これらの映画をサンプルに録音スタジオと映画館との再生音圧レベル差の調査・分析を行い、われわれ音響制作者と観客との間にある映画音響を受け入れる音量差の把握を試みた。日本国内は首都圏の封切館を中心とした36館、アメリカではニューヨークシティの2館と、全米拡大公開の試験公開都市に選ばれたミネソタ州ミネアポリスの11館のデータを収集した（なお、日本公開の英語版は対象としていない）。また他作品との比較もふまえ、同1997年公開のアニメーション作品（15館調査）、1999年公開のアニメーション作品（12館調査）のデータも、同基準条件で得ている。最終的に調査した映画館数は76館である。

仕上げを行った東京テレビセンター407スタジオ（THX認定）[36]でのマスタリング（映画館用音声原版作成）の音圧レベルを基準として、各封切館の音響再生方式（Dolby Stereo SR, Dolby Digital, dts）に対応して収集したデータの処理を行った。

スタジオでの測定の基準位置は、407スタジオの音声卓中央（整音技師の位置するポイント）とした。ここは前後比でおよそ1.5：1の位置にあり、ISO2969（4. Method of measurement）の（4.5 microphone position）の条件を満たしている。加えてドルビー社のシネマプロセッサ取扱説明書にある、映画館の音圧レベル校正位置として推奨されるポイントでもある。

映画館ではスクリーンからの見た目の距離感がおおむね407スタジオと同じ印象を得る位置、また両側面からはなるべく等距離でかつサラウンドスピーカが耳の延長線上にある座席を選択した。なお一般上映中での測定のために座席位置の距離測定は、上映前に歩測により行った。実際には、測定位置は映画館内のほぼ中央の位置となり、ISOの条件をスタジオと同様に満たしたものとなった。測定した劇場の座席数は平均300席で、600席以下が大多数を占めた

(**図 4.41**（a））。またスクリーンからの距離は 10 m 程度である（図（b））。映画の測定ポイントは，騒音計の MAX HOLD 機能を用いてデータを取るために最大音量をとらえやすい複数のシーンを選択して平均値を映画館の代表値とした。

（a）　座席数

（b）　スクリーンからの距離

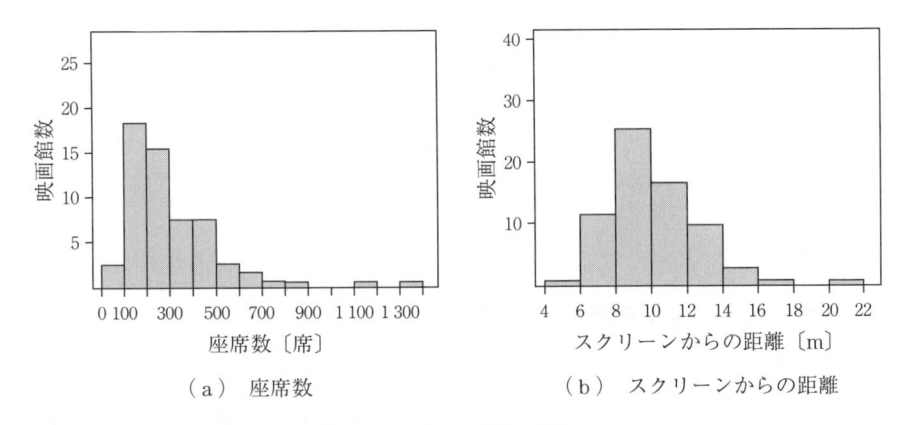

図 4.41　測定映画館の傾向

この調査はどの映画館でもほぼ中央付近で行ったことから，ISO の測定音圧レベルが守られていれば映画館は違っても，本来おおむね同じ音圧レベルが再現されることが予想されたが，実際には映画館によって再生音圧レベルはまちまちであった。

調査対象の全 76 館について，スタジオと映画館との音圧レベル差にのみ注目して全館のヒストグラムを見ると，多くの映画館において映画を仕上げた 407 スタジオよりも低い音圧レベルで映画は上映されていたことがわかる（**図 4.42**）（x 軸は，基準とするスタジオ音圧レベルを（0）で示した相対音圧レベルを表す）。スタジオと映画館との音圧レベルの差は，平均値で A 特性では -7.4 dB（標準偏差 3.7），C 特性では -6.1 dB（標準偏差 4.9）である。またそれぞれに正規分布の傾向が見られた。

測定した映画には，劇中に作品表現の意図としてある完全無音のシーンが約 25 秒ある。このシーン中では観客の話し声，身じろぎの音などは測定中にほとんど意識されなかったが，念のため暗騒音を A 特性音圧レベルで測定した。

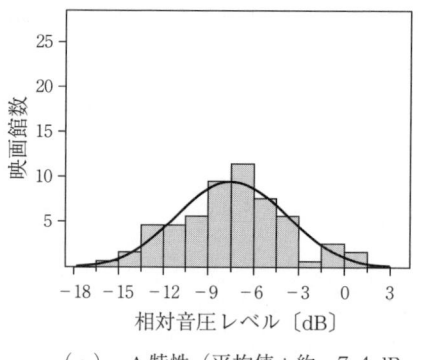

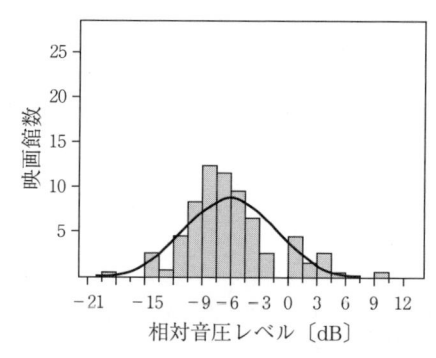

(a) A特性（平均値：約−7.4 dB，標準偏差：3.7）

(b) C特性（平均値：約−6.1 dB，標準偏差：4.9）

図 4.42 スタジオと映画館との音圧レベルの差（A特性とC特性の場合）

その結果，日本では平均値 44.4 dB（標準偏差 7），アメリカでは平均値 40.6 dB（標準偏差 5.7）であった．東京テレビセンター 407 スタジオでの同じ騒音計による測定値は 35 dB であり，日本の封切館を中心とした都内の映画館は，これと比較するとだいたい 7 dB ほど暗騒音が大きいことになる．アメリカのデータに関しては大部分が複数の大規模系列のシネマコンプレックスから得たものであるが，407 スタジオよりも 4 dB ほど暗騒音は大きい．ちなみに日本で得たデータの最低値（37.3 dB）はシネマコンプレックス大手チェーンだが，同等に暗騒音の小さい映画館は必ずしも同じ系列館ではなく従来の映画館も多くあった．ただし最大値（60.4 dB）を示した映画館の入っている建物および空調の設備は古い．2010 年以降は調査当時よりも最新のシネマコンプレックスが増えているので，2000 年当時のアメリカ並みには暗騒音は低くなっていると考えられる．

　なお，映画館と検定試写室との音圧レベル差に関しては，高野による 1979 年 9 月号の「映画テレビ技術」誌での報告がある．当時の測定ではモノラル再生という条件下，映画館での音圧レベルが現像所および映画会社の技術試写室のものより，A特性音圧レベルの平均値で，およそ 10 dB 低かったとのことである[37]．

4.4.2　年齢層による聴取音量差

　前項で示した映画館において聴取レベルを基準値よりも低く設定する傾向にあることに関連する情報として，いくつかの理由を映画館関係者から耳にする。代表的なものは，音が隣のスクリーンに漏れる割合を減らすため，スピーカの耐用年数を稼ぐため，昔決めた音量で習慣的に下げている，観客からの要望に応えて，などである。

　その理由の中で特に耳にするのは，高齢者による大音量に対する苦情である。高齢者のテレビ聴取音量については倉片らによって，高齢者の聴取レベルが若年者と比べて高いという結果が報告されている[38]。では映画の場合にはどうなのだろうか。ここでは，映画観賞における高齢層と若年層の最適聴取レベルの違いを探った研究を紹介する[39]。

　最適聴取レベルの測定は，九州芸術工科大学地域共同研究センター（2002年当時）の複合環境シミュレーション室で行った。被験者は60歳代前半の方々（シルバー人材センター派遣）と若者（大学生）の方々を対象とした。対象作品は1997～1999年の間に公開されたハリウッド産洋画2本と邦画2本である。いずれも公開時には多くのメディアに露出した作品で，社会的認知度は高かったと考えられる。実験室内での再生はDVDのディジタル出力による5.1 chで行った。使用するサンプルは，音楽，および効果音と拮抗していない台詞中心のブロック，比較的静かなシーンから映画内の最大音量のシーンまで急激に変化するブロック（各4分）とした。

　実験時の音量は，初めにスタジオでの仕上げレベルを所与のレベルとして設定・呈示し，被験者はこのポイントを基準に音量調整機（アッテネーター）のつまみを操作して好みの音量に調整する。その際"映画館で聴く"という聴取態度を想定して実験に臨んでもらった。なお聴覚能力には個人差があるので実験の開始前に聴力検査を行ったが，いずれの被験者も耳疾患の経験がなく補聴器の使用などもない，普通の聴力を有する人々であった。各年代別（平均26, 62歳）左右耳の平均聴力レベルを比較すると60歳代の聴力は全周波数にわたって低下しており，2 kHz以上の高周波領域での能力低下が強く見られた。

196 　4．視聴覚融合をデザインする現場

これは60歳代の聴力の特徴にほぼ一致している結果である。一方若年層の聴力レベルは比較的よい聴力を保持していた。

　実験場所の複合環境シミュレーション室はTHX認定の映画館と同等のスクリーンバックのスピーカ，サラウンドスピーカ，クロスオーバーネットワークを備えている。また伝搬特性はISO2969X規格の特性を満たし，暗騒音はNC20以下である。部屋の寸法はスクリーンから後壁まで8m，幅8m50cm，高さ7m，スクリーンへの投射映像はアスペクト比1.85：1のアメリカンビスタサイズ（高さ2m50cm，幅4m70cm）である（**図4.43**）。

　聴取レベルの差について若年層のグループと高齢層のグループに分け，セリフパート・最大音量パートの平均聴取レベル差を比較した結果，どちらのパー

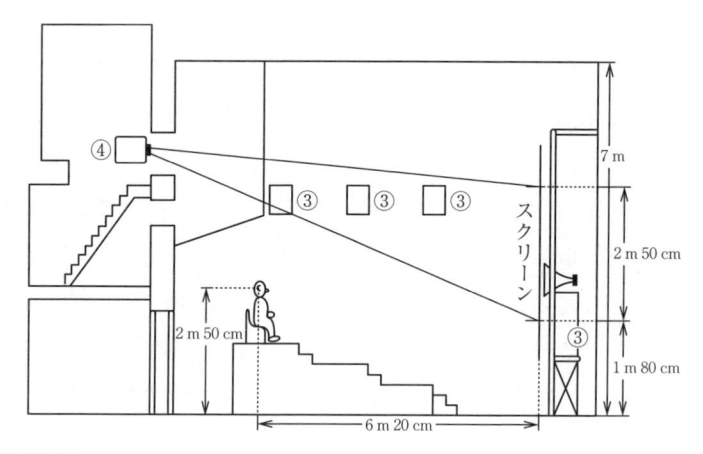

〈使用機器〉
　① Dolby DP562 AC-3 Decoder
　② JBL DSC260（クロスオーバーネットワーク，およびイコライザとして使用）
　③ Speaker〈JBL〉
　　　L/C/R：Model 4648A-8（Low）/Model 2446H（High）
　　　SW：Model 4645B
　　　L/R Surround：Model 8330
　④ Video Projector：SONY VPL-X2000
　⑤ DVD Player：SONY DVP-S7700
　⑥ アッテネーター：HIBINO Cine Audio Attenuation Unit
　注）　L/C/Rのデバイディングネットワークは，リンクウィッツ・ライリー型
　　　（遮断特性：－24dB/oct）を使用．

図4.43　複合環境シミュレーション室断面図

トでも統計的に聴取レベルの有意差が見いだされた。セリフパートにおける若年層と高齢層の聴取レベル差は約 6 dB，最大音量パートにおける聴取レベル差は約 12 dB あり，いずれのパートも高齢層の聴取レベルが若年層よりも低いことがわかった。特に大音量の設定に対して高齢層は与えられた音量を受け入れ難いと判断しているようで，音量を大きく下げる傾向を示した（**図 4.44**）（縦軸は映画録音スタジオでの測定値を基準（0）とした各年齢層の平均聴取レベルを示し単位は dB。縦軸を二分するラインは被験者の平均値を示す）。

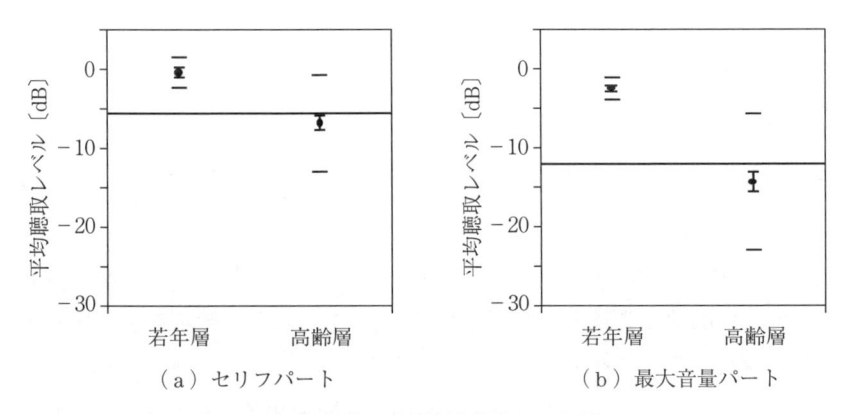

図 4.44 若年者層と高齢者層の比較

以上の結果から，映画館が測定基準に従って映画を上映するときの音量は 60 歳代の高齢層には受容し難いが，若年層はその音量をほぼそのままに受容していると考えられる。映画館での音響再生の現状は再生基準よりも 6〜7 dB 低く再生されているが，これは奇しくも高齢層が好ましいと判断したセリフパートの聴取レベルとおおむね一致する。

ピンクノイズが 0 VU のときに C 特性音圧レベルで 85 dB を出すように調整された映画用モニタで普通の会話だけのシーンを整音すると，VU 計でだいたい -15 dB 程度の振れになるので，会話の聴取レベルは C 特性音圧レベルでおおむね 70 dB 前後である（**図 4.45**）。一方家庭でのテレビニュースの快適聴取レベルは A 特性音圧レベルで 63 dB 程度であるとの報告がある[40]。普通の会話だけのシーンの台詞レベルからさらに 6 dB 程減じた聴取レベルを高齢層は

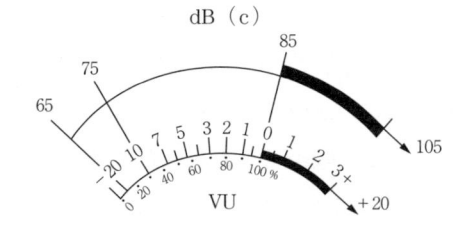

198   4．視聴覚融合をデザインする現場

図 4.45 VU 計と音圧レベルの関係

好ましいと判断したが，それは 64 dB（A 特性音圧レベル）程度であると予想される。このレベルは家庭内で聴くテレビの聴取レベルに近い。

4.4.3　映画とテレビの違い

2012 年 10 月 1 日からテレビ放送の音量が，国際連合下部組織の **ITU-R**（国際電気通信連合の無線通信部門）によって勧告されている規制値（K weighting を通して，小音量をゲーティングで間引いた音の Leq（エネルギー平均して dB 化）処理）に準拠した音量となった。この規制実施により番組間の音量差や CM との劇的な音量差が解消されている[†]。ただし，映画を放送する際はこの規制値に収まっても，台詞の音量が前後の CM や番組と比べて非常に低いままになっているという。その原因は映画の音響デザインが映画館での聴取に最適化さていることに由来する。ISO によって伝搬特性が規準化された大空間における大スクリーン映像と巨大スピーカ再生＆集中聴取の映画に対して，テレビ放送では小モニタ映像での数センチのスピーカ再生による家庭内でのながら聴取となる。再生環境もメディア特性もまったく異なる両者の最適ミックスバランスは，人間の聴覚特性からも同じ物であるとは到底いえない。

前項で触れた台詞の記録レベル（VU 計の指示値）に再度注目してみよう。映画のモニタ環境の規格下で適した台詞レベルは -15 dB 前後，かたや家庭環境で見るテレビドラマに適した台詞レベルの推奨は -3 dB 前後である。その差

[†]　**ITU-R BS.1770** と **BS.1864** を日本民間放送連盟主導で一般社団法人電波産業会（**ARIB**）の国内規格化（**ARIB TR-B32**）。運用は**民放技術規準**（**T-032**）により規定される。日本民間放送連盟ホームページに詳細な情報掲載がある。特に〈民放連技術規準 T-032「テレビ放送における音声レベル運用規準」運用ガイドライン〉は大変わかりやすい。国際規格準拠なので国際番組交換においても有用である。

はおよそ 12 dB となる．それぞれのメディアに適した記録レベルであっても，テレビ放送される映画の台詞をテレビドラマのように明瞭に聞くためには，感覚的にはおよそ 4 倍音量を上げなければならない．そのために，映画を放送する場合には再生レベルが上がるようにするために放送局への納品メディアの音声記録レベルを上げればよいと考えられるが，ここでダイナミックレンジ（音量の振れ幅）の大きな違いが問題となる．映画の最大レベルはディジタル上映で + 15 dB 前後，かたやテレビでの最大レベルは + 3 dB 前後で収めている．台詞レベルから最大レベルまでの幅は映画で 30 dB，テレビで 6 dB とみなすと，その振れ幅は感覚的に 10 倍以上の開きとなる．映画の最適ミックスをテレビの規制値に収まるように大音量部のレベルを圧縮する操作が最も簡単だが，それでは台詞レベルは低いままなので聞こえにくい．その状態で放送される映画は台詞の音量が前後の CM や番組と比べて非常に低いままになる．

　映画のミックスをテレビに最適化するには，いまのところ機械的なプロセスではうまくいかない．全体レベルを底上げして大音量部分を叩く操作は，ほぼ確実に音圧レベルを上げるので映画全体のどこかで辻褄を合わせる操作が必ず必要となる．台詞のみを上げることはミックスバランスを崩すこととなるので，監督もしくはプロデューサーの同意を得るのが道義上正しい．予算を要する手順ではあるが，怠ると放送品質に関わることなので蔑ろにはできない．映画とテレビどちらが優れているかという話ではなく，各メディアに最適なバランスがあるゆえに避けては通れない．

4.5　音をデザインしながら考えていること

　われわれは非常に繊細に音響を構築する．再生環境が変化することによって，すぐにその効果がなくなってしまうほどもろいものを創ってしまうとプロフェッショナルとしては失格である．繊細かつ強靭な表現，これを成立させるための考え方について振り返る．

　〔1〕　**知覚と虚構**　　カメラには知覚がないゆえにすべてがぼんやりとらえ

られる。意識的に映像を切り取るのがカメラマンの仕事でありそれがアートでもあると聞く。音響は切り刻まれた映像に対して連続性を殺さない空気感を作り，映像を再接着する。

　もちろん音響の効果はそれだけにとどまらない。作品の中に現実世界には存在しない生き物，乗り物，ガジェットなどに創られる音響は，それが現実にはなくても作品内でリアルに描かれていれば映画の中では現実と同じである。現実として描いているがゆえに，その架空の物体が発する音響には存在感としての空気感が必要であり，それもまた音響表現すべきものとなる。それは単に空間での響きだけではなく前項末で触れた，あって然るべき意識外の細やかな物音もその範疇にある。

〔2〕 **記憶の再現**　記憶に残る印象的な現実音が単発で鳴るときには，その前後の時間が圧縮された感覚を観る者にもたらす。音の密度は高くはないが印象的に強く感じる音響，それは記憶のつまみを強く引っ張り，観る者の記憶を呼び覚ます。そのときその刹那が映画の時間ではなく，記憶に合致する心の時間に観客は引き込まれる。それは心の内側からもっていかれる感覚である。映像と音響だけで成立する作品には，その力が満ちている。

　一方，音楽からは心の表側から攻め込まれる感覚を感じる。怖いと感じることも感動して泣けてくることも表側から攻められるので表現としてわかりやすいし，解釈しやすい。非常に感動的なシーンに，それを増幅させる音楽がフワッと邪魔せず入ってきたら更なる感動をもたらす。

〔3〕 **音響デザインにおける音楽的ミックス**　台詞，音響効果，音楽すべてを混ぜるとき，感覚的には音楽のミックスに近い。台詞がボーカルで音楽と音響効果はバックトラックというような感覚で，その三つの素材がパズルのようにきれいにはまって，成りゆきで混ざった感がなくなれば感覚的に大変気持ちがよい。

〔4〕 **記憶の音のオノマトペ**　音を表現するときの言葉はオノマトペが多いが，ありきたりなオノマトペでは通じないときに，新たにそのニュアンスを作ってコミュニケーションをする。「もふっ」「つきーん」「ぎしゃっ」など思

いつく限り語感と音響を一致させる。思い返せば漫画の擬音表現には固有の音を表現する耳慣れない擬音の使用が多用されている。「バウー」「シャパッ」「ヴヲショー」「バボムバボム」それでなければ伝わらないニュアンスがその音韻にあるからだ。文学でも「ことこと」「ぐつぐつ」「ほとほと」「はらはらり」といった表現が多用される。

　定番の音は押さえるが，定番の表現はまったく追わない音響デザイン，背反するようだが，そうでなければデリケートな記憶が他者との共通認識にかきけされてしまう。「もふっ」が「ふかっ」になり，「つきーん」が「きーん」，「ぎしゃっ」が「ぐしゃ」，「バウー」が「バン」，「シャパッ」が「パン」，「ヴヲショー」が「ドカン」，「バボムバボム」が「バンバン」，二者並列の後者はありふれたお約束の表現だ。同じ現象を異なる音でとらえることができるときに，定番の表現を追う積極的理由はまったくない。「ことこと」じっくり，「ぐつぐつ」もうすぐ，「ほとほと」したたる，「はらはら」ほどける。音響もおいしい料理でありたいものだ。

4.6　お わ り に

　視聴覚融合をデザインする現場において，音響が映像に対してどのようにあるのか。複雑なシステムを構築しようが，技術の集積があろうが，学者の知見があろうが，きわめて優れた作品がほかにあろうが，音響の価値判断基準は制作者の記憶と結びついた心の中にある。

　映像がなにか 100 ％な感じのとき，意図的な音を加えると台無しになる。なぜならば，すでに映像だけで記憶にある音が心に鳴っているからである。40 ％のものを 80 ％くらいにまで音響で引き上げることはできる。なぜならば，潜在的にある記憶をより多く引き出す手練手管を音響制作者が知っているからである。

　細部は構造をなし，構造は事実を宿らせる。事実は内省を促し，内省は記憶を甦らせる。甦る記憶は細部に至り，細やかな音がこれらの鍵であることを知

る．目前に繰り広げられる映像と音響と，そして心が繋がることが，われわれがめざす 100 %な感じである．

引用・参考文献

1) 石巻良夫：発聲映画の知識，国際映画通信社（1929）
2) 田中純一郎：日本映画発達史 1，p. 86，中公文庫（1975）
3) 岩本憲児（編）：日本映画の誕生「大傍正規：12- 無声映画と蓄音機の音」, p. 335，森話社（2011）
4) 岩本憲児（編）：日本映画の誕生「上田学：7- 映画館の〈誕生〉」, p. 188，森話社（2011）
5) 東京中央放送局：JOAK 案内（1924）
6) 佐々健治：ラヂオ演劇―鑑賞と作法―，p. 15，同文館（1934）
7) 岩淵東洋男：私の音響史，p. 147，社会思想社（1981）
8) 佐々健治：ラヂオ演劇―鑑賞と作法―，p. 104，同文館（1934）
9) 佐々健治：ラヂオ演劇―鑑賞と作法―，p. 57，同文館（1934）
10) 佐々健治：ラヂオ演劇―鑑賞と作法―，p. 133，同文館（1934）
11) 長谷部慶次：映画におけるオトの噺（講座日本映画 3 トーキーの時代），p. 64，岩波書店（1986）
12) 橋本文雄，上野昂志：ええ音やないか，p. 278，リトルモア（1996）
13) 昭和キネマ：発聲映画第一回公開種目，p. 2（1927）
14) 昭和キネマ：発聲映画第一回公開種目，p. 15（1927）
15) 岡部 龍（編）：日本映画史素稿 10 資料 日本発声映画の創生期，p. 38，フィルムライブラリー協議会（1975）中，［小山内薫：『映画「黎明」の製作について』，映画時代，8 月号（1927）からの引用として］
16) 田中純一郎：日本映画発達史 2，p. 135，中公文庫（1976）
17) 和田 誠：和田誠切抜帳，p. 38，新書館（2007）
18) 佐々健治：ラヂオ演劇―鑑賞と作法―，p. 5，同文館（1934）
19) 佐々健治：ラヂオ演劇―鑑賞と作法―，p. 32，同文館（1934）
20) 復刻ダイジェスト版 無線と實驗 1924-1935，1926 年 9 月号，p. 82,83，誠文堂新光社（1987）
21) Digital Cinema System Specification V1.0：July 20（2005）
22) スーパーハイビジョン用 22.2ch に関する記述：NHK 放送技術研究所のホーム

ページ http://www.nhk.or.jp/strl/vision/vision01/03_01.html（2014 年 8 月現在）
23) ENG の由来についての記述：NHK アーカイブスカタログのホームページ http://www.nhk.or.jp/archives/archives-catalogue/shinkaron/shinkaron08_1.html（2014 年 8 月現在）
24) 特定ラジオマイク利用者連盟のホームページ　http://www.tokuraren.org/（2014 年 8 月現在）
25) V.T. Ament : The Foley Grail, Forcal Press（2009）
26) Sound Works Collection のホームページ　http://soundworkscollection.com/garyhecker（2014 年 8 月現在）
27) 映画『Johan Primero』（2010）の音作りについてのビデオ　http://vimeo.com/11554356（2014 年 8 月現在）
28) The Art of Foley のホームページ　http://www.marblehead.net/foley/jack.html（2014 年 8 月現在）
29) FilmSound.org のホームページ http://filmsound.org/foley/jackfoley.htm（2014 年 8 月現在）
30) D.L. Yewdall : Practical Guide of Motion Picture Sound, p. 402, Forcal Press（2007）
31) 岡見　圭：映画という仕事，p. 34, 35，平凡社（1989）
32) J. Williams, F. Karlin, and R. Wright : On the Track : A Guide to Contemporary Film Scoring Second Edition, Routledge（2004）
33) ISO2969 Second edition 1987-07-01 Cinematography -- B-chain electro-acoustic response of motion-picture control rooms and indoor theatres --Specifications and measurements
34) SMPTE RP-200（1999）Relative and Absolute Sound Pressure Levels for Motion-Picture Multichannel Sound Systems
35) 高木　創：「もののけ姫」に於ける録音スタジオと映画館の音圧レベル差について，（協）日本映画・テレビ録音協会　機関誌〈録音〉, No.156, 157（2000）
36) 音の百科事典編集委員会（編）：音の百科事典，p. 661，丸善（2006）
37) 高野　徹：封切り映画館における映画上映の現状と問題点，映画テレビ技術，**325**（1979）
　　注）　調査作品は 1979 年「黄金のパートナー」（東宝）（西村潔監督）のみ
38) 倉片憲治，久場康良，木塚朝博，口ノ町康夫：高齢者の聴力レベルとテレビの聴取音量の関係，日本人間工学会誌，**35**(3), pp. 169-176（1999）
39) 高木　創：一般人の若年層と高齢層における映画音響の受聴レベルについて（平成 12 年度文化庁インターンシップ），（協）日本映画・テレビ録音協会機関

誌〈録音〉, No.162 (2002)
40) 足立浩隆, 白石君男, 入交英雄：健聴者と高齢者共に聞き取りやすいTV放送用音源の処理に関する検討, 日本音響学会2008年秋季研究発表会1-R-2 (2008)
41) R. Altman : SILENT FILM SOUND, p. 154, Columbia University Press (2004)
42) 映画科学研究 (第五巻), 往来社 (1929)
43) 馬上義太郎(訳編)：音画芸術の方法論, 往来社 (1933)
44) 馬上義太郎(訳)：ルネ・クレール研究, 書林絢天洞 (1934)
45) 堀内敬三：トーキー音楽論, 日本大学出版部 (1936)
46) 中井将一：トーキー, 共立社 (1937)
47) 効果音のABC (NHK研究選書 (2)), 芸能局演出室 (部内用) (1965)
48) 国立劇場・芸能調査室(編)：御狂言楽屋本説, 国立劇場調査養成部・芸能調査室 (1967)
49) 藤浪與兵衛：芝居の小道具, 日本放送出版協会 (1974)
50) 川尻清潭：芝居おぼえ帳, 国立劇場芸能調査 (1978)
51) ルネ・クレール：映画をわれらに, フィルムアート社 (1980)
52) NHK制作業務局効果部：効果を考える part2, 部内用 (1984)
53) 日本オーディオ協会：オーディオ50年史 (1986)
54) 岩本憲児：キネマの青春, リブロポート (1988)
55) 八木信忠：映像制作の為のサウンド・レコーディング, (社) 日本映画テレビ技術協会 (1989)
56) 木村哲人：音を作る, 筑摩書房 (1991)
57) 吉田直哉：森羅映像, 文芸春秋 (1994)
58) (社) 日本映画機械工業会：シネマ100年技術物語, (1995)
59) 木村哲人：テレビは真実を報道したか, 三一書房 (1996)
60) 岩宮眞一郎, 大橋心耳(編)：音の感性を育てる, 音楽の友社 (1996)
61) (社) 日本映画テレビ技術協会：日本映画技術史 (1997)
62) 辻　亨二：心に残る音, (社) 日本演劇協会出版部 (1999)
63) 谷口高士(編著)：音は心の中で音楽になる, 北大路書房 (2000)
64) 前田秀樹：在るものの魅惑, 現代思潮社 (2000)
65) 沢口真生(編)：サラウンド制作ハンドブック, 兼六館出版 (2001)
66) ルイス・ジアネッティ：映画技法のリテラシー1, フィルムアート社 (2003)
67) F. Karlin and R. Wright : ON THE TRACK, Routledge (2004)
68) クラウス・クライマイアー：ウーファ物語, 鳥影社 (2005)

69) 加藤幹郎：映画館と観客の文化史，中公新書（2006）
70) 岩本憲児：サイレントからトーキーへ，森話社（2007）
71) 紅谷愃一：日本映画のサウンドデザイン，誠文堂新光社（2011）
72) JIS 普通騒音計　JIS C 1502-1990
73) 総合ユニコム：シネマコンプレックス開発・運営実態資料集（1999）
74) SAS Institute Inc. : JMP Introductory Guide Version 3, 日本語版（1994）

付　　表

付表（a）　基本技術発明期（1858～1891年の33年間）

西暦	和暦		海外
1858	安政	5	真空放電管の発明（J. H. W. Geissler：独） ネオンの祖
1871	明治	4	ゼラチン乾板の発明（R. L. Maddox：英） ネガ量産化基本技術
1873		6	セレニウムの特性発見（W. Smith：英） 光電池の原理
1876		9	電話機の発明（A. G. Bell：米）
1877		10	Phonograph（錫管）（T. A. Edison：米） 分解写真（E. J. Muybridge：英）
1878		11	白熱級の製造，カーボンマイクの発明（T. A. Edison：米）
1879		12	Phonograph 日本初公開
1880		18	Photophone（A. G. Bell：米）（光線電話：ラジオフォン）
1886		19	光学録音アイデア特許（A. G. Bell：米）
1887		20	Gramophone（E. Berliner：米）
1889		22	ディクソン（エジソン研究所）による映像/音声の同時録音再生実験
1891		23	Kinetoscope フィルムを用いた動画（覗き窓式）（Edison：米）

付表（b） トーキー映画実用化研究期（1892〜1920年の28年間でトーキー映画実用化技術の発展）

西暦	和暦	国内	海外	ディスク式トーキー映画	フィルム式トーキー映画
1892	25			Chronophotophone (G. Demny：仏)	
1895	28		Cinematographe (Lumiere：仏) 現在に通じる上映方式の映画誕生		
1896	29		『ものいう映画』(独)		
1897	30	シネマトグラフ公開・小西、英国よりカメラ輸入			
1898	31	『紅葉狩』(舞台) 日本映画現存最古	Telegraphone (V. Poulsen：デンマーク) 鋼線式磁気録音機特許		
1900	33	相撲映画に蝋管で呼び出し			
1901	34				Photographphone (E. Ruhmer：独) 光学録音実験
1902	35 明治	京都明治座＝松竹発足	『月世界旅行』(E. S. Porter：米)	Chronophone (L. Gaumont：仏)	ライトバルブの発明 (E. A. Lauste：仏)
1904	37	『征露の皇軍』連鎖劇の嚆矢	2極管の発明 (John Fleming：英)	Vivaphone (Hepworth：英) 速度表示によるマニュアル同期	
1905	38	Pathe映写機(仏)輸入開始	翌1906年、3極管の発明 (De Forest：米)	Cinephone (Jeapes：英)	アーク灯の音声変調
1906	39	Photocinemaphone：E. A. Lauste (仏) 今影式映像と音響並存の嚆矢	直流バイアス開発 (V. Poulsen：デンマーク)		
1907	40				
1908	41	シネマトグラフが暁れんパラへ移行			
1910	43			Kinetophone (映写+Phonograph) Edison：機械式手動同期	
1911	44	白瀬南極探検隊の記録映画：田泉			
1912	45	日本活動写真 (日活) (M. Pathe経営支援のもと4社合併) (1月)設立			
1913	2				Cinephone (E. Boyer：仏、E. Reis：米) 閃光ランプ使用 (濃淡式)
1914	3 大正	『活動写真の原理及応用』出版	第一次世界大戦開戦		Projectophone (D. Von. Mihaly：ハンガリー)：エリカ式
1918	7		第一次世界大戦終戦		Tri-Ergon (H. Vogt, J. Massolle, J. Engl：独)
1919	8		『イントレランス』(D. W. Griffith：米)		Phonofilm (De Forest：米) 日本輸入、ミナトーキー (濃淡式)
1920	9	松竹キネマ設立/蒲田撮影所開設	世界初のラジオ局 (米)		

付表（c） トーキー映画への移行期（1923〜1928年の5年間で世界は一気にトーキー映画へ移行）

西暦	和暦		国内	海外	ディスク式トーキー映画	フィルム式トーキー映画
1923	大	12	・関東大震災記録映画 ・Phonofilm 初公開	プラネタリウムの発明（独）		Klangfilm-Tobis：Tri-Ergon による成果（Ufa 採用）（濃淡式） Movietone Fox Case（T. W. Case：米, Fox フィルムと提携）（濃淡式）
1924	正	13	JOAK 設立			
1925		14	試験ク本放送　ラジオドラマ『炭坑の中』 演出：小山内薫	『戦艦ポチョムキン』(Sergei Mikhailovich Eisenstein：ソ連)	レコードの電気録音化：Western Electric	
1926	昭	15	A, B, CK 解散 NHK へ改編／日本パラマウント直営館開設（1月）	磁気テープアイデア（A. Nasavischwily：独, Joseph A O'Neill：米）	Vithaphone：Western Electric：ワーナーブラザース採用 以降、技術おおよびコスト面の優位さで光学式録音が普及し、ディスク式トーキー映画は廃れてゆく。ディスク式はここから約60年後のデジタル音声映画（dts）で一時期復活した。	
1927	和	2	・皆川芳造、Phonofilm 権利取得。ミナトーキーと銘打ち日本初のトーキー映画を制作。『黎明』（ミナトーキー）監督：小山内薫	『ジャズシンガー』 （Vithaphone によるパートトーキー映画）		Paraphotophone：Dr. Hoxie (RCA)：エリア式 以降、光学録音方式は、約80年後のディジタルシネマの普及でフィルムメディアが用いられることがなくなるまで、技術改良が加えられながら使い続けられる。
1928		3	ラジオ全国放送	『ニューヨークの灯火』（フルトーキー）		

付表（d） トーキー映画への転換期およびトーキー映画化完了
（1929～1934年の6年間で国内完全トーキー映画化）

	西暦	和暦		国内	海外
トーキー映画への転換期	1929	昭和	4	・『戻り橋』牧野省三（イーストフォン：レコード式：パートトーキー映画） ・新宿武蔵野館，浅草電気館にて，アメリカのトーキー『南海の歌』『進軍』封切り開始。	
	1930		5	『ふるさと』溝口健二（ミナトーキー：パートトーキー映画）	・鋼帯式磁気録音機がBBCに導入 ・フロイマー（Pfleumer）：独磁性粉を用いたテープ式記録メディアの製造法発表 ・『パリの屋根の下』ルネ・クレール（トーキー映画表現の初期完成形）
	1931		6	・『マダムと女房』五所平之助（土橋式フルトーキー映画） ・字幕スーパー版『モロッコ』パラマウント成功により，楽士，弁士失業決定	ラジオ映画劇放送好評
	1933		8	『音画芸術の方法論』出版	ワシントン－フィラデルフィア間伝送による3元立体再生の実験
	1934		9	・楽士，弁士各社全廃 ・『ルネ・クレール研究』出版	
トーキー映画化完了	1935		10		・テープ式磁気レコーダ〈マグネトフォン〉開発（独） ・世界初の立体映画（仏）
	1936		11	・松竹大船移転/東宝設立（東京宝塚，PCL,JO合併による） ・NHK東京放送局（AK）で擬音研究会発足	BBC，テレビ放送開始
	1937		12	『新しき土』日独初合作 ・日本で初めてのプラネタリウム（大阪市四ツ橋の電気科学館内）	米国テレビ試験放送
	1940		15		交流バイアス法の発明（日）

索　　　引

あ
アクセント構造の整列　124
アコースマティック　64
アフレコ　141

い
一体性の仮定　34
意味的調和　98
イメージ音　82

う
運動知覚　16

え
映画音楽パラダイム　124

お
音象徴　18
音と映像の変化パターンの
　調和　99
音と画の対位法　109
音の「遠近法」　70
音の「図と地」　69
音の「連続性」　70
オフライン　167
音響効果ライブラリー　178
音声-口形マッチング　41
オンライン　167

か
活動性　74
感覚の優位性　23
感覚モダリティ間対応　18
環境音　176
感情移入音楽　65
ガンマイク　162

き
キネトフォン　137
逆効力の法則　4
教訓的対位法　66
共鳴的効果　82

く
空間法則　4

こ
構造的調和　98
誇張音　82

さ
最尤推定　23

し
時間差　10
時間順序判断　10
時間法則　4
事象関連電位　50
シネマトグラフ　136
主観的同時点　10
馴化-脱馴化法　43
上丘　36
上側頭溝　48
冗長信号効果　20
情緒プライミング効果　90
唇音　34
シンクレシス　65
シンボリックな音楽　82

す
ステム　181

せ
選好注視法　42

そ
総合的評価　74
側頭皮質連合野　36

た
多感覚ニューロン　36

ち
知覚狭小化　43
超加算性　48
丁度可知差異　11
調和-連合モデル　125

て
テロップ　101

と
同時性の時間窓　10
同時性判断　10
トーキー映画　68, 137
読唇　31
読話　31
ドップラ・イリュージョン　116
ドルビーステレオ　147

な
生音　177

は
反応バイアス　7

ひ
非感情移入音楽　66
非唇音　34

索引

ふ
ファンタサウンド	146
フィルムスコアリング	180
フォノ・フィルム	142
腹話術効果	5
プリミックス	183
プロダクション	166

ほ
ホワイトスペース	162

ま
マガーク効果	33

み
ミキサ	159
ミスマッチ反応	47
ミッキーマウシング	99
民放連技術規準	198

も
文字情報	101
モダリティ適切性仮説	23

ら
ラベリアマイクロフォン	163

り
力動性	74
立体音響への歴史	148

れ
レコーダ	159
連合判断	124

わ
ワイヤレス送受信システム	160

A
AAF	167
A-chain	189
ARIB TR-B32	198
AUX	159

B
B-chain	189
BGM	82
BWF	156

C
compressor	169

D
DCI	150
diegetic sound	62

E
EBU	157
equalizer	169
ERP	50

F
Foley	173
FX	177

I
ISO2969	189
ITU-R BS.1770	198
ITU-R BS.1864	198

M
music editor	181

N
N1	50
NAGRA	154, 156
non-diegetic sound	62

O
offscreen の音	64
OMF	167
onscreen の音	64

P
P2	50

R
Re-recording Mixer	183

S
SD	74
SMARC	123
SMPTE	150
SMPTE RP-200	190

T
T-032	198

X
X カーブ	190

────── 編著者・著者略歴 ──────

岩宮　眞一郎（いわみや　しんいちろう）
- 1975 年　九州芸術工科大学芸術工学部音響設計学科卒業
- 1977 年　九州芸術工科大学専攻科修了
- 1977 年　九州芸術工科大学助手
- 1990 年　工学博士（東北大学）
- 1991 年　九州芸術工科大学助教授
- 1998 年　九州芸術工科大学教授
- 2003 年　九州大学大学院教授
　　　　　現在に至る

北川　智利（きたがわ　のりみち）
- 1995 年　東京都立大学人文学部心理・教育学科心理学専攻卒業
- 2000 年　東京都立大学大学院人文科学研究科博士課程単位取得退学（心理学専攻）
- 2001 年　東京都立大学助手
- 2003 年　博士（心理学）（東京都立大学）
- 2003 年　日本学術振興会特別研究員
- 2004 年　金沢工業大学講師
- 2005 年　NTT コミュニケーション科学基礎研究所勤務
　　　　　現在に至る

積山　薫（せきやま　かおる）
- 1980 年　早稲田大学教育学部教育学科卒業
- 1986 年　大阪市立大学大学院文学研究科博士後期課程単位取得退学（心理学専攻）
- 1986 年　日本学術振興会特別研究員
- 1987 年　ATR 視聴覚機構研究所研修研究員
- 1989 年　金沢大学助手
- 1995 年　博士（文学）（大阪市立大学）
- 2000 年　公立はこだて未来大学教授
- 2006 年　熊本大学教授
　　　　　現在に至る

金　基弘（きむ　きほん）
- 2000 年　群山大学（韓国）人文大学卒業
- 2004 年　九州芸術工科大学大学院芸術工学研究科博士前期課程修了（芸術工学専攻）
- 2007 年　九州大学大学院芸術工学府博士後期課程修了（芸術工学専攻）
　　　　　博士（芸術工学）
- 2009 年　九州大学学術研究員
- 2014 年　駿河台大学講師
　　　　　現在に至る

高木　創（たかぎ　はじめ）
- 1991 年　日本大学芸術学部映画学科卒業
　　　　　（株）東京テレビセンター勤務
　　　　　現在に至る
- 2000 年　文化庁芸術インターンシップ研修員
- 2001 年　九州芸術工科大学非常勤講師
- 2011 年　東京芸術大学大学院映像研究科非常勤講師

〈主な映画作品歴（録音・整音として）〉
- 2005 年　（富野由悠季）「機動戦士Ｚガンダム　3 部作」
- 2006 年　（宮崎吾朗）「ゲド戦記」
- 2009 年　（佐藤東弥）「カイジ　人生逆転ゲーム」
- 2012 年　（神山健治）「009 RE：CYBORG」
- 2013 年　（中尾浩之）「タイムスクープハンター」

笠松　広司（かさまつ　こうじ）
音響デザイナー，高校在学中より音響効果制作会社に参加。
(有) digitalcircus 主宰，現在に至る。

〈主な映画作品歴（サウンドデザインとして）〉
- 2002 年　（山村浩二）「頭山」
- 2004 年　（荒牧伸志）「アップルシード」
- 2006 年　（宮崎吾朗）「ゲド戦記」
- 2006 年　（千明孝一）「ブレイブ・ストーリー」
- 2010 年　（米林宏昌）「借りぐらしのアリエッティ」
- 2011 年　（宮崎吾朗）「コクリコ坂から」
- 2011 年　（曽利文彦）「あしたのジョー」
- 2013 年　（大友克洋ほか）「SHORT PEACE」
- 2013 年　（宮崎　駿）「風立ちぬ」
- 2014 年　（米林宏昌）「思い出のマーニー」

視聴覚融合の科学
Science of Audiovisual Integration　　Ⓒ 一般社団法人 日本音響学会 2014

2014 年 11 月 6 日　初版第 1 刷発行

検印省略	編　者	一般社団法人 日 本 音 響 学 会 東京都千代田区外神田 2-18-20 ナカウラ第 5 ビル 2 階
	発行者	株式会社　コロナ社 代表者　牛来真也
	印刷所	萩原印刷株式会社

112-0011　東京都文京区千石 4-46-10
発行所　株式会社 コロナ社
CORONA PUBLISHING CO., LTD.
Tokyo Japan
振替 00140-8-14844・電話(03)3941-3131(代)
ホームページ http://www.coronasha.co.jp

ISBN 978-4-339-01331-3　　（松岡）　（製本：愛千製本所）
Printed in Japan

本書のコピー，スキャン，デジタル化等の無断複製・転載は著作権法上での例外を除き禁じられております。購入者以外の第三者による本書の電子データ化及び電子書籍化は，いかなる場合も認めておりません。

落丁・乱丁本はお取替えいたします

音響サイエンスシリーズ
（各巻A5判）

■日本音響学会編

			頁	本体
1.	音色の感性学 ―音色・音質の評価と創造― ―CD-ROM付―	岩宮眞一郎編著	240	3400円
2.	空間音響学	飯田一博・森本政之編著 福留・三好・宇佐川共著	176	2400円
3.	聴覚モデル	森周司・香田徹編	248	3400円
4.	音楽はなぜ心に響くのか ―音楽音響学と音楽を解き明かす諸科学―	山田真司・西口磯春編著	232	3200円
5.	サイン音の科学 ―メッセージを伝える音のデザイン論―	岩宮眞一郎著	208	2800円
6.	コンサートホールの科学 ―形と音のハーモニー―	上野佳奈子編著	214	2900円
7.	音響バブルとソノケミストリー	崔博坤・榎本尚也・原田久志・興津健二編著	242	3400円
8.	聴覚の文法 ―CD-ROM付―	中島祥好・佐々木隆之・上田和夫・G.B.レメイン共著	176	2500円
9.	ピアノの音響学	西口磯春編著	234	3200円
10.	音場再現	安藤彰男著	近刊	
11.	視聴覚融合の科学	岩宮眞一郎編著	224	3100円
12.	音声は何を伝えているか ―感情・パラ言語情報・個人性の音声科学―	森大毅・前川喜久雄共著 粕谷英樹	近刊	

以下続刊

実験音声科学 ―音声事象の成立過程を探る―	本多清志著	音と時間	難波精一郎編著
水中生物音響学 ―声で探る行動と生態―	赤松友成・市川光太郎・木村里子共著	低周波音 ―低い音の知られざる世界―	土肥哲也編著
FDTD法で視る音の世界	豊田政弘編著	体験しよう！身近な音の世界	荒井隆行・佐藤史明編著
音のピッチ知覚	大串健吾著		

定価は本体価格+税です。
定価は変更されることがありますのでご了承下さい。

図書目録進呈◆